应用经济学论丛

教育部人文社会科学研究项目，批准文号：09YJA790148
项目名称：中低技术产业技术创新与我国传统工业振兴研究

中低技术产业技术创新研究

白玲　徐壘　著

南开大学出版社
天　津

图书在版编目(CIP)数据
中低技术产业技术创新研究 / 白玲,徐曌著. —天津:南开大学出版社,2013.6
(应用经济学论丛)
ISBN 978-7-310-04210-4

Ⅰ.①中…　Ⅱ.①白…②徐…　Ⅲ.①产业—技术革新—研究—中国　Ⅳ.①F124.3

中国版本图书馆 CIP 数据核字(2013)第 118303 号

南开大学出版社出版发行
出版人:孙克强
地址:天津市南开区卫津路 94 号　　邮政编码:300071
营销部电话:(022)23508339　23500755
营销部传真:(022)23508542　　邮购部电话:(022)23502200
*
河北昌黎太阳红彩色印刷有限责任公司印刷
全国各地新华书店经销
*
2013 年 6 月第 1 版　　2013 年 6 月第 1 次印刷
230×155 毫米　16 开本　14 印张　4 插页　212 千字
定价:26.00 元

如遇图书印装质量问题,请与本社营销部联系调换,电话:(022)23507125

前 言

随着经济全球化的推进和知识经济的到来，高技术产业已被世界各国视为未来经济发展的引擎，其发展受到各国政府的普遍重视。相比之下，“非高技术产业”（如中低技术产业）因传统的技术体系无法克服的高污染、高消耗、低产出和低效益等痼疾而备受诟病，甚至被视为“夕阳产业”，多少年来曾被不少国家政府和学者所忽视。

然而，欧洲“低技术政策与创新”（Policy and Innovation in Low-tech，PILOT）项目通过大量的案例研究发现，欧洲几乎所有的中低技术产业都是具有创新性的，其发展仍具有很大的潜力。相比之下，中国作为一个快速发展的发展中国家，国民经济由粗放型向集约型发展方式转变，产业结构正处于关键的调整时期。虽然中低技术产业对我国经济迅速发展起到了不可忽视的作用，但是长期以来，对中低技术产业的技术创新问题的理论研究滞后。虽然政府在国家创新体系的建设中发挥了重要作用，政府的研发支出逐年增加，年均增速远高于经济合作与发展组织（Organization for Economic Cooperation and Developmend，OECD）国家5%的平均水平，但是，研发投入的重点仍集中在高技术产业。而走新型工业化道路，以信息化带动工业化发展，不仅要重视高技术产业技术创新，也要为中低技术产业创新注入新的活力，选择适合提升中低技术产业竞争力的产业政策，从而实现国民经济的可持续发展。几年来，中央多次提出建立创新型国家，不仅关注高新技术产业，也要重视中低技术产业的创新和发展。特别是最近刚刚闭幕的党的十八大进一步提出了推动传统产业的振兴问题。可见，探讨和研究我国的中低技术产业如何发展，如何创新，如何制定并实施有利于中低技术企业实现创新的政策，提升我国传统产业竞争力等问题，有着非常重要的理论意义和现实意义。

鉴于此，本项研究课题组经过两年多的努力，完成了研究任务。最终成果分为两类，包括论文和专著。论文分别发表在《社会科学战线》、《经济纵横》、《天津商业大学学报》等重要学术期刊上；专著即本书《中低技术产业技术创新研究》，分设七章内容：第一章，技术创新研究的历史性透视；第二章，中低技术产业界定；第三章，中国中低技术产业技术创新能力综合评价；第四章，中国高技术产业技术创新的启示；第五章，欧洲、中国中低技术产业技术创新宏观比较；第六章，欧洲、中国中低技术产业技术创新案例比较；第七章，中低技术产业技术创新问题的理论分析和政策建议。在这部专著中，我们力图在界定“技术创新”和“中低技术产业”等相关概念的基础上，参照 OECD 的制造业技术分类，运用聚类分析，对我国中低技术产业作出科学分类，提出了 R&D 强度差异是中低技术产业区别于高技术产业的本质特征的观点；构建了产业技术创新能力评价指标体系，并对我国中低技术产业的技术创新能力进行综合评价，由此发现中低技术产业在科技经费投入、人力资源结构、创新力度等方面均存在不足。在对欧洲和中国中低技术产业的技术创新情况进行宏观比较和案例分析的基础上，构建了产业技术生命周期理论模型，对我国中低技术产业技术创新能力不足的现象进行了解释。对于我国中低技术产业技术创新能力较低的问题，究其深层原因，既有历史原因、政策因素，也有中低技术产业技术创新的自身因素。最后，为进一步提高中低技术产业对经济的作用的认识，重视中低技术产业与高技术产业之间的共生关系；进一步提高中低技术产业中的技术创新意识，针对中低技术产业技术创新特点，制定切实可行的有效政策；进一步提高对中低技术产业比较优势的认识，努力提高其创新能力，从而提高全社会经济竞争力水平，提出了具有针对性和可操作性的政策建议。

在本项课题研究中，我们力争做到在研究视角、研究内容和研究方法等方面的创新。研究视角的创新主要体现在，课题组没有单纯拘泥于中低技术产业本身进行研究，而是从中低技术和高新技术在创新方面的“共生”关系入手，强调中低技术产业在创新过程中的重要作用，探讨中低技术产业技术创新条件和政策选择，为提升社会经济整体创新能力和产业竞争力奠定理论基础，填补了国内对该领域研究的空白。研究内容的创新主要体现在，在分析促进中低技术产业技术创新的产业政策的过程中，通过梳理国外产业政策理论的最新进展和经验比较及案例分析，揭示其中低技术产业发展中产业政策手段的有效性，以及现代产业政策理论的发展趋势，提出我国中低技术产业技术创新应该采取的产业政策等。研究方法的创新主要体现在，运用比较方法，通过对芬兰、挪威等北欧国家在发展中低技术产业时的产业政策选择，东亚与拉美某些发展中国家在经济发展中历史经验的比较研究，为我国运用产业政策手段推动中低技术产业的技术创新与能力建设提供有益的参考。

中低技术产业的技术创新问题是一项较为前沿的新课题，课题组在现有的条件下提出了一些有价值的创新性观点和建议，但仍属于一个较为初步和探索性的研究。随着时间的推移和对该问题认识的不断深入，相信会有更多的学者关注该问题。由于课题组成员水平的局限性，研究成果不免有不妥之处，恳请各位学界同仁给予批评指正。

天 津 商 业 大 学
现代服务业研究基地，
天津商业大学宝德学院
白 玲
2012年11月

目 录

第一章　技术创新研究的历史性透视

技术创新在经济全球化竞争的背景下，更加体现为一种竞争实力。考察各国的优势产业发展的历程，可以清楚地看到，技术创新在产业发展特别是在传统产业振兴的过程中，发挥着巨大而且不可替代的作用。可以说，没有技术创新，产业振兴和发展也就无从谈起。因此，对技术创新与传统产业振兴的关系进行分析研究，探讨技术创新促进传统产业发展的政策选择，具有十分重要的意义。

第一节　技术创新与创新体系

一、什么是技术创新

什么是技术创新？理论界和实务界一直研究“技术创新”这个课题，探究其含义。“创新”一词是经济学家熊彼特于 1912 年首先提出来的，意指在生产体系中引入“新的组合”。这种新的组合包括：引进新的产品；采用新的技术；开辟新的市场；控制新的原材料供应来源；实现新的工业组织①。在生产体系中推陈出新是熊彼特“创新”概念的本质特征，有各个方面的创新。但现在我们说创新往往是指技术创新。由于科技的进步，技术创新的内涵不断变化，现在人们提出了不少大同小异的定义。

美国国家科学院前院长普雷斯说：“技术创新是运用新的科学知识

---

① [美]熊彼特著．何畏，易家详译．经济发展理论[M]．北京：商务印书馆，1990

或更巧妙的工程学去成功地设计、制造和营销新产品或者改进产品的过程。”[①]加拿大科技咨询委员会把创新简单地定义为“将新产品和服务推向市场的过程”[②]。美国竞争力委员会指出：“创新是指知识向新产品、新工艺和新服务的转化过程，它不仅涉及科学技术活动，还涉及对顾客需求的了解和满足。”[③]以上几个提法都强调了新产品和服务的商业化，所以，技术创新是以商业化为目的，与科技密切相关、向市场推出新产品和服务的活动。

技术是知识的一种形式。总体而言，技术是创新的一个基本源泉。今天的技术，尤其是高技术是以科学为基础的技术，今天的技术创新必须由科学来支撑，没有科学方面的突破，也就没有真正的、重大的技术创新。一个国家具有雄厚的科技实力才能进行自主的、持续的技术创新。以上概念也突出了技术转化，各国政府大力促进技术创新，就是要将可获得的、有商业化价值的科技成果转化，提高生产率，达到经济持续增长，提高生活质量。专家们把技术创新分为突破性创新和增量性创新。前者利用崭新技术推出全新的产品、工艺或服务，后者则着重于改进，推出质量更高、性能更好、功能更多的产品，或者使工艺效率更高。一个国家需要同时抓这两种创新。

技术创新在全球化竞争的背景下，更加体现为一种竞争实力。考察各国的优势产业发展的历程，我们可以清楚地看到，技术创新在产业竞争力的提升过程中发挥着巨大而且不可替代的作用。可以说，没有技术创新，一个国家的产业竞争力也就无从提高。正如江泽民所指出的：“创新是民族进步的灵魂，是国家兴旺发达的不竭动力。”[④]因此，对技术创新与产业竞争力的关系进行深入细致的研究，探讨如何促进和加速我国企业技术创新过程，通过技术创新来提升产业竞争力水平，具有十分重要的意义。

20 世纪 20 年代以来，科学技术得以迅猛发展。在 20 世纪前半叶发生的微观物理学革命的带动下，尤其是第二次世界大战以后，化学、天文学、地球科学、生命科学等领域取得了重大突破，以原子能技术、电

① 尚勇．当今世界技术创新与科技成果产业化[M]．北京：科学技术文献出版社．1999
② 尚勇．当今世界技术创新与科技成果产业化[M]．北京：科学技术文献出版社．1999
③ 尚勇．当今世界技术创新与科技成果产业化[M]．北京：科学技术文献出版社．1999
④ 江泽民接见《高技术研究发展计划纲要》实施十周年工作会议代表时讲话。

子技术、合成化学技术等主要技术为代表，形成了又一次技术革命[①]。在这次技术革命的基础上，出现了新兴工业部门，原有的工业部门也进行了大规模的技术改造，这些都有力地推动了产业竞争力的提高，促进了世界经济的高速发展。同时产业竞争力的提升，又有利于科技革命在全球的发展与扩散。

近几十年来，技术创新模式发生了重大变化。20 世纪 50 年代，工业技术创新是简单的“技术推动”的线性过程，这是技术推动模式。在 60 年代和 70 年代初期，“市场拉动”模式盛行，即根据市场或用户的需求进行创新。70 年代强调了营销和技术因素对成功创新的重要性，出现了科学、技术和市场相配合的“配合模式”。70 年代末和 80 年代初普遍采用被称为“一体化模式”的第四代模式，技术、设计、制造、管理和营销部门共同参与推出新的或改进的产品和工艺。现在的第五代模式为“系统一体化和网络模式”，它把创新看作是一个并行的过程。研究开发、原型开发、制造等系统职能同时参与；各公司之间进行合作，形成较紧密的网络。正是第五代创新模式的出现使得“国家创新体系”的概念应运而生。国家创新体系概念将政府、大学、研究机构、企业等有机地联系起来，把它们看成是创新活动中的不同角色和网络中的各个要素。而且国家创新体系又是对技术创新运作进行研究的新方法，专家们用之研究知识和信息在这个系统中的流动和传播方式。国家创新体系方法强调，技术与信息在人、企业和机构之间的流动是创新过程的关键。

二、技术创新体系

现在公认，健全创新体系和促进技术创新是各个国家及地区的一项重要而艰巨的事业。为加强国家创新能力，繁荣技术创新，必须健全国家创新体系。国家创新体系中有政府、大学、国家和私有科技机构、企业等各种角色，而企业要唱主角。但是，国家创新体系建设基本上是政府政策问题，属于政府的职责。政府要运用各种政策措施，补救市场对促进创新的失效，并使各个创新角色形成互动的网络，知识和信息在网络中顺畅流动，各角色协调活动。技术创新包括研究开发、设计、试验、

① 何骏．技术创新的国际互动链[M]．上海：上海财经大学出版社，2007

营销、信息服务、技术推广等各种活动，涉及知识的生产、传播、分配和应用。国家创新体系中，各种角色应当是优良的，也就是说，应当有大批优秀工程师，他们是国家的瑰宝，能正确引导国家科学技术事业走向未来，从胜利走向胜利。一些后起的工业化国家过去对研究和开发，尤其是基础研究重视不够，在发展信息经济或数字经济时遇到了新的困难，不能和美国等站在同一起跑线上，这是前车之鉴。科技信息收集、整理和传播服务是技术创新中的必要环节。但是，技术创新必须以产业化为落脚点，以科技成果实现商业应用为目标。科技研究成果只有产业化才能成为现实生产力，为增强一国的综合国力作出贡献，否则，研究和开发等活动基本上就仅是资源消耗，于国于民无利。所以，企业为了自身的生存和发展，必须将可获得的科技成果产业化。

当前，发达国家和新兴经济体制的政府都把健全国家创新体系和协调整个体系的运作作为一项优先任务，他们注意提高本国的创新能力和促进科技成果的商业应用。近几年来，欧盟、英国、韩国、南非等各大洲的许多国家和地区都制定了技术创新战略和计划。

三、技术创新与产业振兴

技术创新使发达国家的成熟工业得到振兴。经合组织（OCED）1998年发表的《科学、技术和工业展望》报告介绍了其成员国如何通过技术创新振兴纺织、汽车、钢铁和建筑工业。柔性生产、自动化、先进材料等被用于纺织业，一些国家的纺织和服装业生产率、劳动力投入的数量和素质、产品质量、生产结构和柔性均发生了巨大变化。电炉炼钢技术和电子信息技术的应用，不仅提高了钢铁工业的生产率，使钢的质量提高，品种增多，也使小钢厂具有了竞争力。汽车制造业中采用“精良”（lean）系统、微电子技术和以信息技术为基础的制造系统，使其状况发生了深刻变化，生产率提高，生产成本下降，汽车质量改进，自动化生产的柔性增大。由于采用先进技术，OCED已将汽车工业提升为中高技术产业。世界贸易组织（WTO）前总干事鲁杰罗说，现在，汽车工业不像是传统制造业，更像是以知识为基础的工业。电子系统现在可占到一辆高级轿车成本的70%，这样的汽车已可以称为“高技术产品”。

很多发达国家既强调新兴高技术产业的发展，也重视传统成熟产业振兴。它们将信息技术、新材料、节能技术、环保技术等应用于传统产业，使这些传统产业焕发了青春。它们的企业即使是将传统产业转移到海外，也注入了很多先进技术，而不仅仅是利用东道国的低成本劳动力取得优势。美国早在20世纪末就先后公布了汽车、钢铁、农业等产业“以技术为基础的21世纪战略”。科技成果产业化产生新的产业。克林顿政府指出，现代信息产业在几十年前几乎还不存在，而今通信信息产业已是美国最大的产业。1996年，全美有740万人在信息技术产业工作。因特网在1993年投入商用以后迅速扩展，形成了庞大的网络服务业，服务种类繁多。移动电话、数字化卫星直播电视、电子商务等都是新的产业。环保也成了一个新的产业。技术先进和经济发达的国家都致力于开创新的产业，寻找经济的新生长点，当这些新领域的盟主。全球卫星通信、太空旅游、纳米材料和器件、太阳能发电等，正逐渐成为新的产业。众所周知，蒸汽动力技术的应用（蒸汽机发明）导致了工业革命。电磁技术的应用导致了电力革命。20世纪60年代，全球人口爆炸对农业施加了巨大压力，由于化学和农业科学技术的进步，终于爆发了“绿色革命”。20世纪后期开始的信息技术革命即使在尚处初期时，其对全球经济和社会的影响便已十分明显。生命科学革命预计在21世纪初可能发生，农业、工业和医疗保健将因此而发生深刻变化。这些革命都是科技成果产业化的功绩，是世界科技进步到一定阶段和人类需求的压力达到一定程度的结果。现代产业革命可能发生于某一先进国家或地区，但从根本上说应是各大洲人民共同的贡献。在一次产业革命爆发前后，后进国家必须迅速跟上，以便缩小与先进国家或地区的差距。

支撑超级大国美国的基本力量是科技。1945年万尼瓦尔·布什的《科学——无止境的前沿》发表之后，美国一直奉行科技的发展和成果应用优先的国策。民主、共和两党在政府支持科学和技术的重点上常有曲解，但总目标向来无异。据估计，过去50年里，研究开发投资的私人的年回报率达20%～30%，为股票市场投资平均回报率的2倍，社会回报率甚至更高。技术创新对美国经济增长的贡献率为50%左右（法、德、英、日的这个数字分别为76%、78%、73%和55%）。任何一国经济的繁荣都取决于其生产率，即每个工作日或每个美元投资所创造的价值。同期内技术创新对美国生产率提高的贡献率达80%。尤其值得强调的是，美国依靠新兴技术的产业化开创了新产业，如喷气式飞机、复印机、个人计算机、光纤通信、电子商务等，使美国经济不断出现新的生长点，得到新的活力。技术创新也使美国的传统产业如汽车、化工、建筑、钢铁等得以振兴。克林顿上台后明确指出，“技术是经济增长的发动机”，科学则是这台发动机的“燃料”。“研究开发投入是对未来的一种长远投资。”克林顿根据冷战结束和全球化加快的形势，比过去历任总统更加强调技术开发和商业应用，以获得和扩大市场优势为目标。他要求国家实验室与产业合作进行技术创新，鼓励军转民。他鼓励企业将一切可获得的技术实现商业应用。不管这些技术是自己的还是别人的、国内的还是国外的。尤其是，他不失时机地推出了“国家信息基础设施”计划，而后又倡导“全球信息基础设施”计划。此举有力地促进了信息技术的开发和产业化，以及信息技术产品和服务在整个社会和经济中的利用。信息产业成了美国的战略产业和支柱产业，其近年增速比整个经济的增速高出一倍以上，其产值约为全球信息产业产值的一半。信息产业对美国经济 8 年持续增长、低失业率、低通胀率和国际贸易平衡作出了巨大贡献。信息技术为其他行业提供技术设备和服务，信息技术设备投资占全美企业设备投资的 45%，因此整个经济的生产率增长更快。信息产业的发展加大了市场对信息技术开发和商业化的拉动作用，使得技术创新活动十分活跃，成果源源不绝，新的产品和服务层出不穷。信息技术的应用也不断加快美国科技新发现和新发明的出现。信息技术还大大提高了美国军队的指挥、控制、侦察和通信能力及武器系统的精确度。

经济振兴要靠科技成果产业化。“二战”后，日本和前西德这两个战败国经过 30 多年的努力，在 20 世纪 80 年代成了美国的最可畏的经济竞争对手。这两个国家振兴经济的最重要的法宝，除了人民的辛勤劳动之外，就是技术创新，就是技术成果产业化。以日本为例，明治维新以后，日本一直重视科技和教育，“二战”结束之后更是如此。日本科技基础比较薄弱，难以望美欧之项背，在相当长的时期内甘当技术“模仿国”，实行“拿来主义”，但日本十分重视技术产业化。晶体管、彩色电视机、盒式录像机等一些美国的重要发明，首先在日本实现了产业化，并使日本成为这些产品的世界生产大国。在 20 世纪 50 年代，日本从卢森堡引进炼钢技术，经过自己的不断创新，在 60 年代后期成了世界第一钢铁生产大国。到了80年代，日本成了世界第二经济大国。仅次于美国，其依靠的主要是技术产业化。其实，日本不只是技术模仿国，也是技术创新国。将引进的技术产业化就是创新，而且是非常重要的创新活动，不断推出改进产品或升级换代产品也是创新。面对日本在新的全球竞争形势下所处的被动局面，日本国会于1995年通过了《科学技术基本法》，次年内阁根据该基本法提出的任务和要求制定了《科技基本计划》。1997年初，当时的桥本内阁打出了“面对大竞争时代”的“变革和创新”旗帜，决定进行全面的体制改革，向“科技创新立国”战略的转变遂告成功。日本政府根据以上战略提出了建设“开放的研究型社会”、理顺科技创新体制的构想，重点抓研究，抓人才培养，创造知识，打牢基础，蓄势待发。

日本建设“开放的研究型社会”构想强调了“开放”和“研究”。它有几层目标：一是针对日本人尤其是青少年轻视科学技术的倾向，在全国形成一种尊重科技、热爱研究和开发职业的文化；二是改变研究体制，加强产、学、研之间的研究合作和人员交流，改变终身雇佣制为任期制，重用年轻优秀研究人员，研究设施向社会开放，提高辅助人员比例，免除研究人员杂务负担，最充分地发挥研究人员的才智；三是改善研究环境，吸引国外优秀研究人员来日，帮助日本进行重大课题研究，并培养高级研究人员，尤其是有创造性的前沿学科带头人。这种环境包括硬件和软件。硬件即是研究设施设备，软件则指促进创造性科技发展的文化。

日本强调“研以致用”，为发展新兴产业而研究。日本把发展高新技术产业作为重振经济之本。桥本内阁于1996年提出了经济结构改革计划，1997年初又公布经济结构改革行动计划。这项计划要解决日本经济的两大问题，即产业空洞化问题和人口老龄化带来的经济活力下降问题。小渊内阁继续执行这项计划。日本政府认为，随着“大竞争时代”的来临，人、物、钱和信息超越国界自由流动，日本的高成本结构势必导致国内产业空洞化。现在，日本是对外投资先进国，但却是吸引外资的后进国。由于社会老龄化，劳动力减少，人民的税赋和其他公共负担已很沉重，日本的经济活力进一步下降，所以必须大力发展高附加值、高工资的工作岗位。该行动计划有三大要求：（1）形成一个有利于新商业活动的环境；（2）创造一个吸引国际商业的环境；（3）限制纳税人和企业的公共负担。它提出了15个有高速增长潜力的高新产业领域，到2001年要采取全面改善措施，包括发展基础设施，遵照国际惯例，取消国家干预，开发信息技术、生物技术和环境技术等核心技术，培训劳动力并促进劳动力向这些新兴领域流动。该行动计划预计，到2010年，这15个领域创造1800万个新的工作岗位，市场规模达550万亿日元。

德国前科尔政府的研教部长曾强调“创造知识”和“发展知识经济”的技术创新战略。在竞选期间，技术创新和发展高技术产业的问题在各主要政党竞选纲领中具有突出地位。

后进国家和地区的经济追赶也要依靠科技成果产业化。韩国、新加坡两国和我国台湾地区的经济就是靠技术产业化发展起来的。据西方人士分析，在20世纪60年代初，韩国和我国台湾地区与非洲加纳的经济处在同一水平。从20世纪60年代初开始，韩国历任总统都重视科技与教育，重视技术成果产业化，都为经济发展使出新招来促进技术创新。结果，韩国的产业结构每10年上一级新台阶。到了20世纪90年代，韩国经济发展已进入高技术产业主导的阶段，形成了相当强大的独立自主创新能力。1996年，韩国人均国民生产总值超过了1万美元，它现在是汽车、半导体生产大国。

新加坡曾提出建设“智能岛”的口号，现在又宣布要建设“以知识为基础的经济”。新加坡副总理陈庆炎指出，新加坡加强长期竞争力之道是发展知识经济，提高产品技术含量和附加值。前总理吴作栋指定成立的新加坡竞争力委员会提出了提高新加坡竞争力的战略。该委员会设想，在今后10年内新加坡要发展成为一个先进的有全球竞争力的经济体。为此，新加坡必须：（1）充分利用科学技术和创新作为竞争手段。技术创新可以提升现有工业群和商业群，形成核心能力，进而发展新兴产业；（2）以制造业和服务业作为推动经济增长的双引擎，实现产业多样化；（3）加强中小企业的基础；（4）提高本国企业形象，创出一批自己的世界级公司；（5）培养一支世界级的劳动大军。

我国台湾地区于20世纪60年代开始发展外向型经济。它建立了出口加工区，“筑巢引凤”，大量引进加工技术和设备。到了20世纪80年代，台湾当局又制定了本地区“科技导向”的经济发展战略，注重建立和发展技术密集产业。由于岛内科技的发展和收入水平的提高，当年出岛去美国留学和工作的科技人员纷纷回归，诺贝尔奖获得者李远哲也返台担当重任。进入20世纪90年代以后，台湾岛内产业结构经历了重大调整。为推进高技术产业发展，台湾当局着手进行产业结构调整，对传统产业、基础工业和技术密集产业进行重新定位，将技术密集产业从原来的第三位提升到第一位，而纺织、食品、日用品等传统产业从第一位降低到第三位。基础工业仍居第二位。信息、半导体、精密机械、通信、环保产品、生物制药和航空航天等被视为21世纪的明星高技术产业。台湾当局声称，本岛已成为仅次于北美大陆和日本列岛的世界第三大高技术产品生产地区，其高技术产品出口已占出口总额的四分之一。

以上总结了世界上几个典型国家和地区的产业发展战略目标。尽管它们的政治、经济和科技地位各不相同，但它们都顺应技术经济发展的大潮，依靠持续不断的技术创新和科技成果转化繁荣自己的经济。当然，正因为各个国家和地区存在多方面的差异，它们的长期战略目标以及措施也不尽相同。对本国或本地区的产业发展战略目标准确定位，实事求是，扬长补短，努力争取，措施细化，战略目标就可以实现。通过大力技术创新，发展高技术产业，加强基础产业，改造传统产业则是许多国家和地区提升自身产业竞争力的基点。

第二节　熊彼特主义的技术创新

从历史的发展我们可以明显看到，技术创新对于提升一个企业、一个产业乃至一个国家的竞争力具有特别重要的意义。一直以来，理论界对于技术创新的研究从未停止过。熊彼特是最早把“创新”引入经济学的学者，在他创立以“创新”为核心的经济发展理论之后的相当一段时间内，其描述资本主义经济发展规律性和解释世界经济不均衡增长的理论，并没有引起西方经济学界的重视。直到20世纪50年代，随着新技术革命的蓬勃兴起，西方经济快速增长，人们才越来越清楚地认识到技术进步对经济发展的显著作用。熊彼特的创新理论开始得到广泛重视，并得到进一步的发展。了解熊彼特创新理论的起源、内涵、发展及其影响，有助于正确理解技术创新理论的演变过程及其对产业竞争力的影响的内在联系。

一、熊彼特的创新理论

（一）熊彼特创新理论的起源

1912年，美籍奥地利经济学家约瑟夫·熊彼特在《经济发展理论》一书中首次提出“创新理论”这个概念。熊彼特以“创新理论”为核心，研究了资本主义经济发展的实质、动力与机制，探讨了经济增长和经济发展的模式和周期波动，预测了经济发展的长期趋势，提出了独特的经济发展理论体系。今天的许多创新研究，仍然局限在熊彼特当年制定的框架内。随着技术创新越来越为人们所重视，熊彼特的地位也日益得到提升。罗森堡曾这样说过，21世纪，熊彼特将是最重要的经济学家。

耐人寻味的是，古典经济学家亚当·斯密和马克思，都高度重视技术创新，但后继的经济学家们却背离了这一传统。熊彼特的许多灼见，也长期被人忽视，直到20世纪五六十年代，时代才将技术创新推上经济学舞台。因此，经济学家称五六十年代是技术创新的复兴时代。

1. 亚当·斯密的贡献

古典经济学家亚当·斯密在技术创新研究的历史上有着重要的地位。亚当·斯密的《国富论》可以说是一部关于技术进步和经济增长关系的著作。同样的思想还体现在他较早的《论警察》的讲演中①。亚当·斯密的中心思想是：国家的富裕在于分工，而分工之所以有助于经济增长，一个重要的原因是分工有助于某些机械的发明，这些发明将减少生产中劳动的投入，提高劳动生产率。

亚当·斯密指出：“任何社会的土地和劳动的年产物，都只能由两种方法来增加。其一，改进社会上实际雇用的有用劳动的生产力；其二，增加社会上实际雇用的有用劳动量。有用劳动的生产力改进，取决于：（1）劳动者能力改进；（2）他工作所用的机械的改进。”②这里，劳动者能力的改进、机械的改进，都与技术进步相关。从这段话里我们看到，

① [英]亚当·斯密著．[英]坎南编．陈福生，陈振华译．关于法律、警察及军备的演讲[M]．北京：商务印书馆，1982．172～244

② [英]亚当·斯密著．郭大力，王玉南译．国民财富的性质和原因的研究[M]下卷．北京：商务印书馆，1988．243

亚当·斯密已认识到：技术进步是除资本、劳动力之外又一个促进经济增长的重要因素。

2. 瓦尔拉斯的贡献

熊彼特的研究方法受到瓦尔拉斯的经济思想的影响。他认为瓦尔拉斯的一般均衡理论是经济理论方面的杰出成就。但是，熊彼特不满足于瓦尔拉斯的静态均衡分析，而用动态的方法创立了“动态的经济发展理论”。他认为经济发展不是由外部推动的，而是由来自资本主义经济内部的因素推动的，即它是“创新”的结果；而资本主义的灭亡和“社会主义”的胜利，正是由于“创新”的减退和消失。

可以看出，熊彼特在研究经济发展时采用的主要是动态均衡的分析方法，并侧重于从事物的内部寻求原因。其研究方法一方面直接来源于瓦尔拉斯的一般均衡分析，另一方面也受到了马克思的很大影响。

3. 马克思的贡献

马克思对发明、技术创新有过许多精辟的论述。罗森堡认为，马克思关于这些问题的论述，仍是当今对技术及其分支进行研究的出发点①。马克思把发明和创新看成是一个社会过程，科学技术在经济生活中具有巨大的作用。下面是人们经常引用的一段名言：

> 资产阶级在它的不到一百年的阶级统治中创造的生产力，比过去一切世代创造的全部生产力还要多、还要大。自然力的征服，机器的采用，化学在工业和农业中的应用，轮船的行使，铁路的通行，电报的使用，整个大陆的开垦，河川的通航，仿佛用法术从地下呼唤出来的大量人口，——过去哪一个世纪能够料想到有过这样的生产力潜伏在社会劳动里呢？②

但另一方面，马克思又对科学技术在资本主义社会中的作用采取了批判的态度。他认为“机器是生产剩余价值的手段”③；“使工人家庭全体成员不分男女老幼都受资本的直接统治”④。他同时赞同大卫·李

---

① N. Rosenberg: *Inside the Black Box*, London: Cambridge University Press, 1982, p. 34
② 马克思思格斯选集[M]第一卷．人民出版社，1972．256
③ 马克思．资本论[M]第一卷．人民出版社，1975．408
④ 马克思．资本论[M]第一卷．人民出版社，1975．433

嘉图的观点，认为机器的使用会造成“过剩的劳动人口”[①]。他还认为机器会使工人劳动强度增加。

可以看出，马克思关于科学技术与社会经济的相互关系的基本观点可概括为：科学和技术是社会经济或生产力发展的基本动力；反过来，社会经济又决定着科学和技术的发展，即科学—技术—社会经济是相互依赖、相互作用的辨证的发展过程。熊彼特十分欣赏马克思对技术发明和创新作用的观点，也在一定程度上接受了马克思剖析资本主义的观点和方法。正是在马克思关于技术发展和作用的观点的基础上，熊彼特深入地剖析了资本主义经济发展的过程的决定因素，创造性地提出了独特的创新理论。但要指出的是：熊彼特虽然在发展观上与马克思有一定的共同之处，但他却反对马克思的历史唯物主义，反对马克思的劳动价值理论和剩余价值理论，因而与马克思在世界观和立场方面有根本的不同，熊彼特夫人也指出了这一点，认为这一点导致了两个“极不相同的结果，它使马克思谴责资本主义，而使熊彼特成为资本主义的热心辩护人”。

自亚当·斯密和马克思之后，经济学家们一般把技术进步看成是不变的，并把它排除在经济学的分析框架之外。他们仅把资本和劳动看作是经济增长的要素。瓦尔拉斯的均衡分析、边际主义的分析方法，使众多的经济学家为之着迷。失业、通货膨胀、经济危机这些现实问题，不断地困扰着经济学家。凯恩斯革命，又使一大批经济学家被吸引去丰富和完善凯恩斯宏观经济学。所有这些，都使技术创新研究退缩到一个不为人所察觉的角落里。

（二）熊彼特创新理论的主要内容

熊彼特以创新理论为其经济学说的核心内容，对经济发展、经济增长和经济周期等展开研究，形成自成体系的理论学说。熊彼特创新理论的主要内容包括如下四个方面。

1. 创新的概念

熊彼特认为，“创新”就是把生产要素和生产条件的新组合引入生产体系，即“建立一种新的生产函数”，其目的是为了获取潜在的利润。

所谓生产函数，是指在一定时间内，在技术条件不变的情况下生产

① 马克思．资本论[M]第一卷．人民出版社，1975．447

要素的投入同产出或劳动的最大产出之间的数量关系，它表示产出是投入的函数。每一生产函数都假定一个已知的技术水平，如果技术水平不同，生产函数也不同。提高技术水平，生产函数也随之发生改变，或是生产要素和生产条件实现了“新组合”，其结果是获得更多的利润。

这种“创新”或生产要素的“新组合”包括五种情况：一是产品创新，即制造一种消费者还不熟悉的产品，或一种与过去产品有本质区别的新产品；二是生产方法创新，即采用一种产业部门从未使用过的方法包括新工艺和新技术来进行生产和经营；三是市场创新，即开辟有关国家或某一特定产业部门以前尚未进入的市场；四是资源开发创新，不管这种资源是已经存在的，还是首次创造出来的，实现一种新的资源供给；五是组织管理创新，即实行一种新的产业组织形式，建立或打破某种垄断。

由此可见，熊彼特的创新概念，主要强调的是把技术与经济结合起来，属于技术创新范畴，也涉及管理创新、组织创新等。这种创新是一个经济学的概念，在这里，他把发明与创新分开。创新不等同于技术上的发明，创新是指经济上引入某种“新”的东西，当新的技术发明被应用于经济活动时，才称其为“创新”。也就是说，他强调第一个将发明引入生产体系的行为才是创新。

2. 创新与企业家

熊彼特指出，“企业”是实现“新组合”的组织；“企业家”是实现“新组合”的人们。企业家活动的动力来源于对垄断利润或超额利润的追逐，其目的或结果是实现“新组合”或创新。可以说，创新的承担者(主体)只能是企业家，企业家的创新活动是经济兴起和发展的主要原因。

企业家把生产要素和生产条件的“新组合”引入生产体系，实现“创新”。企业家是资本的使用人、实现生产要素“新组合”的首创人。企业家可以同时是一个资本家或是一个技术发明者。但作为拥有资本的资本家或技术发明者如果不把他们的资本技术用于生产方式的新组合，没有创新行为，那他们就不能成为企业家。

在熊彼特看来，企业家应具备三个条件：一是有眼光；二是有胆识；三是有经营能力。企业家既能看到市场潜在的商业利润，又敢于冒经营风险，从而取得可能的市场利润；同时善于动员和组织社会资源，进行并实现生产要素的新组合，最终获取超额利润。企业家之所以创新，是因为他善于看到创新可能带来的盈利机会，勇于使潜在的盈利机会转变成现实的利润。经济发展的动力是利润，更是这种企业家精神。

3. 创新与经济增长

熊彼特认为，创新导致经济增长，但这种增长呈现周期性。创新之所以能够导致经济增长，是因为创新者不但为自己赢得利润，而且为其他企业起了示范作用，开辟了发展之路。创新一旦出现，往往会引起其他企业的普遍模仿，从而引发更大的创新浪潮，致使经济走向高涨。当众多企业模仿同一创新后，创新浪潮逐渐消逝、经济出现停滞。如果经济要再度增长，必须有新一轮的创新出现。企业只有不断创新、发展，才能保证经济持续增长。

资本主义经济增长的过程是通过繁荣、衰退、萧条和复苏的周期过程而实现的，而创新是决定这种周期的主要因素。经济危机是创新过程中不可避免的周期性的经济现象，繁荣之后便是衰退，衰退和萧条就是危机，摆脱经济危机只有通过创新。

4. 创新与经济发展

熊彼特认为，“创新”、“新组合”、“经济发展”是一个意思或同义语，创新就是实现生产方法的新组合，创新就是经济发展。经济发展是一种“质变”或生产方法的“新组合”，它与经济增长的最大区别在于：经济发展是一个动态的过程，而创新是一种创造性的破坏。在熊彼特看来，创新的过程，是不断破坏旧的结构、不断创造新的结构的过程，是一个创造性的破坏过程。一批又一批企业在创新浪潮中被淘汰，一批又一批新的企业在创新浪潮中崛起，具有创新能力和活力的企业不断发展。生产要素在创新过程中实现优化组合，经济就会不断发展。持续创新，持续破坏，持续优化，持续发展，这就是创新的经济发展逻辑。

综观熊彼特的思想发展过程，熊彼特的《经济发展理论》一书有两点显得格外突出：其一，他高度强调企业家的作用；其二，他把技术看成是外生的经济变量。在他看来，技术创新遵从如下的发展模式：（1）有一个与科学新发展相关但不能确定的基本发明流，它们大半处在现有企业和市场结构之外，基本上不受市场需求的影响，虽然可能受到潜在需求的影响；（2）有一群企业家意识到这些发明的未来潜能，准备冒发明和创新的风险，这种冒险行动是一般资本家或经理不敢采取的；（3）一旦成功地作出一项根本性的创新，它将使现有市场结构处于不均衡状态，成功的创新者将获得短期的超额垄断利润，但这种垄断会随着大量模仿者的进入而被削弱。

这一模式被后人称为熊彼特企业家创新模式，也就是熊彼特创新模式Ⅰ[①]。图 1-1 是该模式的图示。

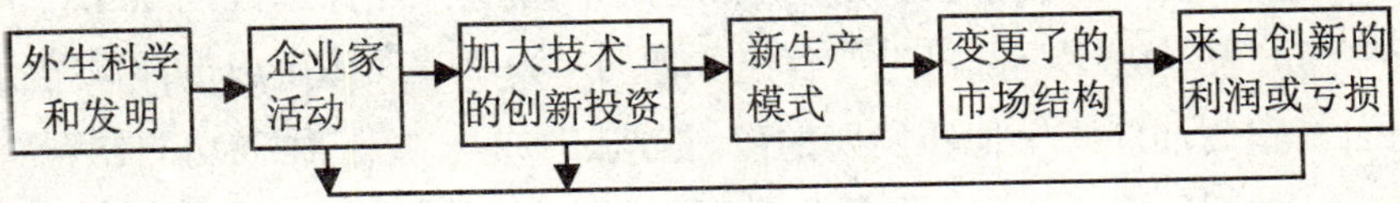

图 1-1　熊彼特企业家创新模式Ⅰ

熊彼特的这一模式不是没有缺陷的。首先，他把技术创新看作是一个黑箱，没有研究技术创新的过程和机制。其次，他把技术看成是一个经济系统的外生变量。但熊彼特的贡献是不可磨灭的，他首次向人们昭示技术创新对经济的巨大作用。他勇敢地批判了当时主流的经济学观念：经济系统是静态的、均衡的。

熊彼特的另一本富于创新的著作是《资本主义、社会主义和民主》。熊彼特在 1947 年出版的这本书中，发展了《经济发展理论》一书的思想，提出了许多新的见解。

首先，强调垄断企业在创新中的巨大作用。这使熊彼特站在了大多数仍迷恋于完全竞争的经济学家的对立面。因为在当时，大多数经济学家对垄断性企业表示不信任。

在这本书中，熊彼特从四个方面对当时流行的“完全竞争”观点进行了批驳。（1）完全竞争是现实生活中不存在的。即使在农产品上，也没有纯粹的完全竞争。（2）完全竞争是与经济进步不相容的。“完全竞争意味着自由进入任何产业。……但是完全自由进入一个新领域，也许就会使进入新领域成为根本不可能的事。很难设想完全竞争一开始就会采用新生产方法和新商品。这就是说，我们所称之为经济进步的东西，

① C. Freeman. *The Economics of Industrial Innovation*. The MIT Press, 1982, pp. 212-214

大部分和完全竞争是不相容的。”① （3）完全竞争会导致浪费。（4）完全竞争易被外来干扰击溃。

熊彼特最后得出结论说：“完全竞争不仅是不可能的而且是低劣的，它没有权利被树立为理想效率的模范。”②必须接受的事实是，大企业“已经成为经济进步的最有力的发动机，尤其已成为总产量长期扩张最有力的发动机”③。

其次，提出了技术创新是内生的思想。现代大企业都会把建立一个研究与开发（R&D）部门当作首先要做的事，“其间每个成员都懂得他的面包和黄油取决于他所发明的改进方法的成功”④。而成功的创新将会是一个正反馈，使该企业更重视研究和开发活动，进而增强了市场集中度。

我们把熊彼特的这一技术创新过程模式称为熊彼特技术创新模式Ⅱ，其内容包括：（1）技术来自企业内部的创新部门；（2）成功的技术创新使企业获取超额利润大，形成暂时的垄断；（3）大量模仿者的加入削弱了垄断者的地位。这一模式如图 1-2 所示。

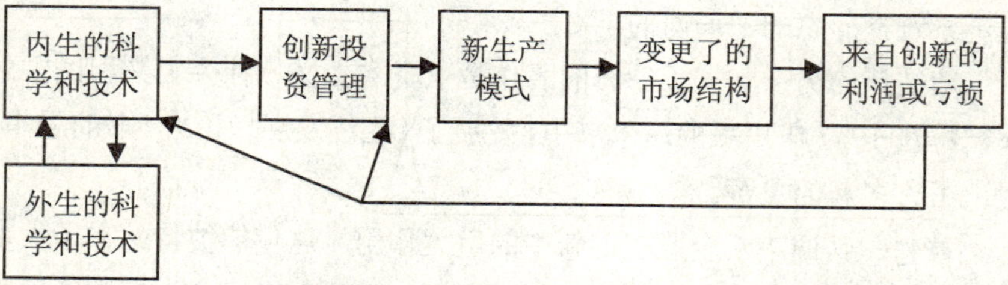

图 1-2　熊彼特大企业创新模式Ⅱ

熊彼特的这两个创新过程模式，各有特色，但并非是不相容的。熊彼特没有排除在大企业 R&D 部门越来越重要的情况下，仍有存在熊彼特创新模式 I 的可能性，他也没有完全排除企业家的作用。两个模式都可以在现实生活中找到例子。

① [美]约瑟夫·熊彼特著.绛枫译.资本主义、社会主义和民主主义[M].北京：商务印书馆，1979.131
② [美]约瑟夫·熊彼特著.绛枫译.资本主义、社会主义和民主主义[M].北京：商务印书馆，1979.130
③ [美]约瑟夫·熊彼特著.绛枫译.资本主义、社会主义和民主主义[M].北京：商务印书馆，1979.134
④ [美]约瑟夫·熊彼特著.绛枫译.资本主义、社会主义和民主主义[M].北京：商务印书馆，1979.165

二、新熊彼特主义的创新经济学

1934年，熊彼特的《经济发展理论》一书英文版出版后，受到学术界的注意。20世纪50年代以后，“新熊彼特主义”崛起并日见声势，一个重要标志是熊彼特的拥护者和追随者把“创新理论”发展成为当代西方经济学的另外两个分支：一是以技术变革和技术推广为对象的技术创新经济学；二是以制度变革和制度形成为对象的制度创新经济学。这样就形成了所谓的“新熊彼特主义”。

（一）技术创新经济学

技术创新经济学发源于熊彼特的创新理论，但不是熊彼特创新理论的一般演绎与分解，也不是简单地将创新理论的理论框架套在技术创新的范畴之上，而是把熊彼特的创新理论和研究方法同新古典学派的经济理论即微观经济理论结合起来，用于技术创新的研究。德国经济学家门斯等人的周期理论、英国经济学家弗里曼的技术创新政策体系以及卡曼等人的市场理论，是继承和发展熊彼特创新理论的几个具有代表性的技术创新理论。

以德国经济学家门斯为代表的周期理论，发展了熊彼特的长波技术论。门斯同熊彼特一样，把技术创新看成是经济增长和长期波动的主要动因，并运用统计资料证实了熊彼特的理论。但是，门斯认为，熊彼特理论最大的不足是只强调企业家的创新，而没有涉及这一创新所需要的环境和前提条件，因而没有解决技术创新周期性阵发的原因。门斯试图弥补熊彼特的不足，提出了基础技术创新的前提、环境及长波变动模式。门斯的著作《技术的僵局》尽管没有直接分析长波，但被看作是20世纪70年代长波理论复兴的代表作之一。门斯在下述两方面推进了熊彼特的理论：第一，他明确区分了基本创新（即建立新部门的产品创新）与工艺创新，提出基本创新是推动经济增长的最重要的动力，经济停滞则导源于基本创新的匮乏；第二，门斯力图以实证方法证实熊彼特的创新假说，他发现，资本主义历史上有若干关节点，在1830年、1880年、1930年，都有基本创新出现，而这些关节点又都正值经济萧条时期。在此基础上，门斯提出了萧条引致基本创新的假说，其理论的中心思想是：经济衰退和大危机刺激了技术创新，它是技术创新高潮出现的主要动力；危机会迫使企业寻求新技术，而大批技术创新的出现则成为经济发展浪潮的基础。

以英国经济学家弗里曼等人为代表的另一些新熊彼特主义者，虽然也认为技术创新和由技术创新所导致的新兴产业是推动长波上升、经济增长的主要动力，但他们不同意门斯的萧条触发创新的观点，提出了政府的科学技术政策对技术创新起重要作用的理论体系。弗里曼的技术创新政策体系，在把技术创新看作是经济增长的主要动力的同时，更强调技术创新对劳工就业的影响，强调科学技术政策对技术创新的刺激作用，为政府提出了下述三套科学技术政策，从而形成了一个比较完整的技术创新政策体系，以刺激技术创新、扩大劳工就业：第一套是扶持、资助和鼓励基础技术的发明和创新政策；第二套是推动和促进基础技术创新的传播和应用政策；第三套是改善对国外先进技术的进口，并促进其在国内广泛应用的政策。弗里曼的这套技术创新政策体系，为国家创新体系的提出打下了基础。

以爱德温·曼斯菲尔德、莫尔顿·卡曼、南赛·施瓦茨、理查德·列文、海纳等为代表的技术创新经济理论，研究了技术创新与垄断、竞争和企业规模之间的关系，认为竞争程度、企业规模和垄断力量是决定技术创新的三个重要因素：（1）竞争程度影响“技术创新”；（2）企业规模影响“技术创新”能力，影响所开辟的市场前景的大小；（3）垄断程度影响对市场的控制程度，垄断程度越高，越不容易被其他企业模仿，“技术创新”的利益就越能持久。对技术创新来说，最有利的市场结构是介于垄断和完全竞争之间的市场结构。在最优的市场结构下，存在两类技术创新：一类是垄断所推动的“技术创新”；另一类是竞争所推动的技术创新。

（二）制度创新理论

熊彼特在论述经济发展问题时，也很重视“制度”创新对经济发展的作用。但他由于受制度学派的影响，把“制度”看作是“体系”、“社会形式”或“经济组织方式”，以及市场结构，如垄断等。

美国经济学家兰斯·戴维斯和道格拉斯·诺斯继承了熊彼特的观点和方法。戴维斯和诺斯在1971年出版的《制度变革与美国经济增长》一书中提出制度创新理论。将制度变革引入经济增长过程。他们认为，所谓“制度创新”是指经济的组织形式或经营管理方式的革新，例如股份公司、工会制度、社会保险制度、国有企业建立等，都属于“制度创新”。这种组织和管理上的革新是历史上制度变革的原因，也是现代经济增长的原因。他们说：“经济理论同一种对制度变革的解释相结合，对于进一步了解过去、现在和未来的经济增长是有重要意义的。”

制度创新的过程分为五个步骤：

第一步，形成“第一行动集团”，即有预见力的决策者；

第二步，由第一行动集团提出制度创新方案；

第三步，比较和选定制度创新方案；

第四步，形成“第二行动集团”，即辅助第一行动集团的利益单位；

第五步，由第一、第二行动集团联合行动，共同实现创新。

20 世纪 50 年代，以微电子技术为主导的新技术革命的蓬勃兴起，推动了技术的进步和经济的增长，也促进了新熊彼特学派对技术创新理论的系统研究。新熊彼特学派的成就主要有以下几个方面：（1）发展了技术创新理论；（2）界定了技术创新的概念、内容和主要类型；（3）初步探讨、描述了技术创新理论的研究对象、主要任务和理论命题。这一时期技术创新理论研究的问题主要涉及技术创新过程，影响技术创新的因素，技术创新的市场体制、扩散模式，与企业经营的关系，对企业、行业、国民经济增长的贡献的测度方法等方面，同时也研究了企业的组织结构、管理策略、企业内外因素等与技术创新的关系。

新熊彼特学派对熊彼特的理论从不同的角度进行了研究和发展，为技术创新理论和制度创新理论的建立奠定了基础。通过系统的、科学的研究和探索，新熊彼特学派已经初步搭起了技术创新的理论框架，强调技术创新在“创造性毁灭过程”中的核心作用，并通过技术创新和变迁过程的相互作用，得出制度创新对技术创新的支持作用。

第三节　产业竞争力理论：波特钻石理论与部门创新体系

产业发展与振兴，主要是提升产业竞争力。“竞争力”是个古老而又崭新的概念。从经济研究的视角看，就包含竞争力分析的因素而言，竞争力理论可以追溯到古典学派经济理论，其代表是大卫·李嘉图的比较优势理论和马歇尔的集聚优势理论等[1]。这些理论框架虽然并未明确竞争力命题，但却清晰地揭示了国际分工体系下国家间绝对竞争优势和相对竞争优势的形成机理，因而被奉为市场性竞争力优势理论的基础。真正在一个明确或特定的竞争力概念下，以一套完整的理论体系或评价体系来揭示竞争力形成和演变规律的理论，则是到了20世纪80年代才逐渐形成。迈克尔·波特于80年代先后出版的两部重要著作《竞争战略》和《竞争优势》，从产业层面系统阐述了行业和企业竞争力形成和发展的规律，为竞争力研究提供了一套中观和微观框架。波特的理论创造，为竞争力研究提供了一套极富操作价值的系统性产业竞争力优势理论。

一、波特钻石理论模型

在1980～1990年间，波特提出了产业竞争的五种作用力和著名的价值链分析方法，代表作是《竞争战略：分析产业和竞争者的技术》、《竞争优势：创造和维持优良绩效》、《全球产业中的竞争》和《国家竞争优势》等四部著作，从此创立了分析国际竞争力来源的"国家竞争优势四因素模型"。波特的理论试图归纳在国际竞争力来源问题上各派提出的观点，从而对国际竞争力的优势来源提供一个比较完整的解释。波特的分析方法突破了各种传统理论的束缚，为后来的研究工作提供了新的理论分析方法和分析框架。

（一）产业竞争力及其影响因素

波特首先将产业定义为"一个产业是由一群生产相近替代产品的企业组成的"[2]，并认为影响产业竞争的因素有产业外部因素和产业内部因素两大类。产业外部因素对于产业内部所有企业的影响通常是相同的，因此，产业外部因素只是在相对意义上起作用，关键在于产业内的企业对外部影响的应变能力。

一个产业内部的竞争状态取决于五种基本竞争作用力（competitive forces）：进入威胁、替代威胁、买方砍价能力、供方砍价能力及现有竞争对手的竞争。如图1-3所示。

---

① 刘辉群．竞争力理论的古典经济学渊源[J]．北京工商大学学报（社科版），2003（2）

② Porter, Michael E. *The Competitive Advantage of Nations*. New York. The Free Press, 1990

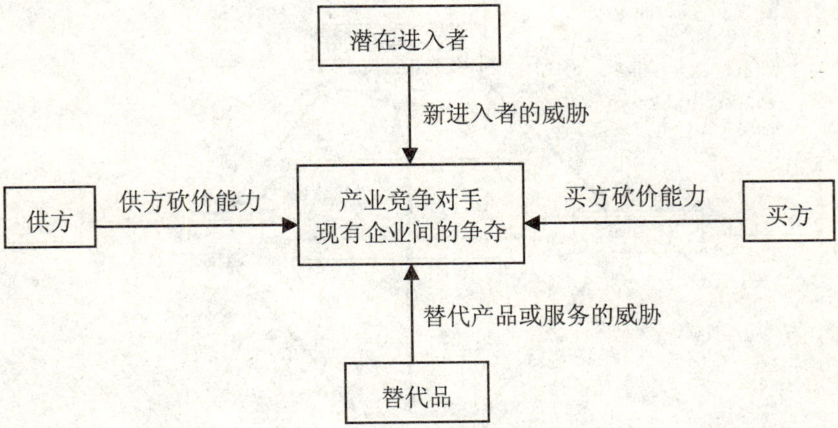

图 1-3 产业竞争的五种作用力

一个产业的“进入威胁”主要体现于进入壁垒及准备进入者可能遭到的已进入者的报复;“替代威胁”是指替代产品设置了产业中企业可谋取利润的定价的上限,从而限制了一个产业的潜在收益;“买方砍价能力”是指买方的产业竞争手段常表现为压低价格、要求较高的产品质量或索取更多的服务项目，这些都会降低产业的潜在利润;“供方砍价能力”是指供方可以通过提价、降低所供产品或服务的质量等手段来向产业中的企业施加压力，这些压力可以迫使一个产业因无法使价格跟上成本的增长而失去利润；而“现有竞争对手的竞争”是指一个产业内竞争企业之间的相互竞争行为也会影响产业的竞争程度。这些作用力汇集起来的合力决定着该产业竞争的强度及产业的最终利润潜力。

（二）国家竞争优势的影响因素

对于国家竞争优势，波特认为不能笼统而论。一个国家可以在某些行业遥遥领先，而同时在另一些行业远远落后。这主要是由于各个行业对其经营环境有不同的要求，相同的国内环境会特别有利于某些行业的发展，造成这些行业特别发达，同时严重阻碍另一些行业的发展，使其变得特别落后。因此，国家竞争优势，从根本上来说，是若干行业的竞争优势问题。国家竞争优势的分析应从行业的角度着手来考察一个国家的经济、社会、政治等环境如何影响各个行业的国际竞争力。

为了对国家竞争优势提供一个比较完整的解释，波特提出了“国家竞争优势四因素模型”。如图 1-4 所示。

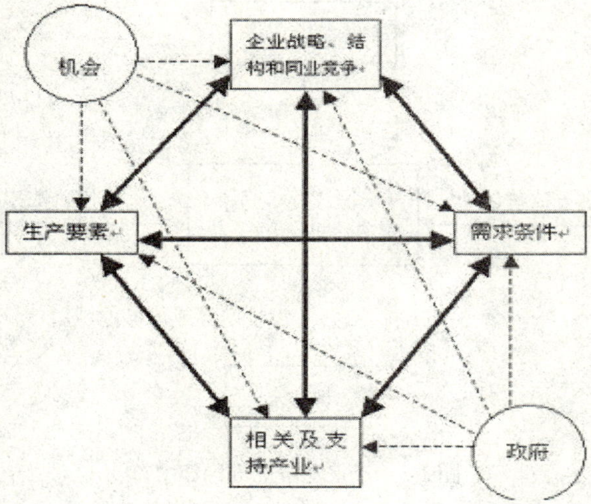

图 1-4 国家竞争优势四因素模型

资料来源：Michael Porter. The Competitive Advantage of Nations. New York. The Free Press, 1990. p.146.

“国家竞争优势四因素模型”的基本观点是，一国的国内经济环境对企业开发其竞争优势有很大影响，其中影响最大、最直接的因素有四项：生产要素、需求状况、相关和支持产业及企业战略组织和竞争。在一个国家的众多行业中，最有可能在国际竞争中取胜的是国内“四因素”环境特别有利的那些行业。因此，“四因素”是一国国际竞争力最重要的来源。

1. 生产要素

生产要素包括自然资源、人力资源、资本资源、知识资源及基础设施等，这些要素可进一步分为基本要素（basic factors）和高级要素（advanced factors）两类。

“基本要素”是指一国先天拥有的要素，如自然资源、地理位置、气候、非熟练或半熟练劳动力等；“高级要素”是指通过长期投资或培育才能创造出来的要素，如现代化的基础设施、高质量人力资源、高新技术等。随着世界贸易结构越来越转向以制成品为主，以及基本要素的普遍可供性，其供给是相对丰裕的。一个国家基本要素的重要性正在日渐下降，而高级要素的重要性则与日俱增。

高级要素的创造需要长期大量的人力资本投资，而且要有适宜生长的社会经济、政治法律环境，其供给是相对稀缺的。因此，高级要素的获得和培育对于企业的国际竞争来说具有极为重要的意义，高级要素的优势是企业国际竞争力的一个持续而可靠的来源。

2. 需求状况

国内需求是影响一国国际竞争力的另一重要因素。波特认为，国内需求状况的不同会导致各国竞争优势的差异。波特将国内需求分为三类：（1）细分的需求；（2）老练挑剔的需求；（3）前瞻性的需求。

三类不同的需求对企业产生的影响不同。一国在某一个细分市场上的需求量大，这个国家在此细分市场上将占优势。老练挑剔的需求对企业构成经常性的压力，消费者的这种需求是企业所不能回避的，只能通过不断的技术创新来生产出适应消费者需求的产品。一国国内的前瞻性需求若能在国外市场上迅速铺开，则该国产品就具有别国产品所不可比拟的竞争优势。

3. 相关和支持产业

一个国家的产业要想获得持久的竞争优势，就必须在国内具有在国际上有竞争力的支持产业和相关产业。

支持产业通过以下方式为下游产业创造竞争优势：以最有效的方式及时地为国内企业提供最低成本的投入；不断与下游产业合作，促进下游产业创新；促进信息在产业内的传递，加快整个产业的创新速度。相关产业是指因共用某些技术、共享同样的营销渠道或服务而联系在一起的产业或具有互补性的产业。一个国家如果有许多相互联系的、有竞争力的产业，该国就很容易产生新的有竞争力的产业。因此，有竞争力的相关产业往往同时在一国产生。

4. 企业战略组织和竞争

企业战略组织和竞争是影响企业国际竞争力的又一重要因素，包括企业建立、组织和管理的环境及国内竞争的环境两方面。各个国家由于环境不同，需要采用的管理体系也就不同，适合一国环境的管理方式能够提高该国的国家竞争优势。一个国家内部市场的竞争结构也会对该国企业的国际竞争力产生重大影响，激烈的国内竞争是创造和保持竞争优势的最有力的刺激因素。国内竞争会迫使企业不断更新产品、提高生产效率，以取得持久、独特的优势地位。此外，激烈的国内竞争还会迫使企业走出国门，在国际市场上参与竞争。因此，经过国内激烈竞争锻炼的企业往往更加成熟，更具有国际竞争力，更容易在国际竞争中取胜。

除了上述四种主要影响因素外，还有两个重要变量可能对国家竞争优势产生重要影响，这就是机遇和政府。机遇是那些超出企业控制范围内的突发事件，如技术的重大创新、石油危机、战争等。机遇可以打破现存的竞争环境、竞争秩序，创造出“竞争断层”。这种断层的出现虽然可以使原有国家的竞争地位丧失殆尽，但也提供了新的机会，使原来竞争力弱的国家可以后来居上。机遇对竞争优势的影响不是决定性的，同样的机遇对不同的企业可能造成不同的影响，能否利用机遇以及如何利用机遇，还是取决于四种基本因素。政府通过在资本市场、补贴、生产标准、竞争条例等方面的政策直接影响到企业、产业的国际竞争力。政府还可以通过为投资提供稳定的环境，并且为政策的有效贯彻提供所需的机构等来影响企业的国际竞争力。

（三）国家竞争优势的发展阶段

迈克尔·波特不仅给产业国际竞争力下了一个准确的定义，而且提出了产业国际竞争力四阶段学说，即产业国际竞争力的成长阶段大致分为四个依次递进的阶段：要素驱动阶段、投资驱动阶段、创新驱动阶段和财富驱动阶段。其中，前三个阶段属于产业国际竞争力的上升时期，后一个阶段属于衰落时期。

1. 要素驱动阶段

在这个阶段，基本要素上的优势是竞争优势的主要源泉。产业竞争主要依赖于国内自然资源和劳动力资源的拥有状况，具有竞争优势的产业一般是那些资源密集型产业。在这一阶段，产业技术层次较低。

2. 投资驱动阶段

在这个阶段，产业竞争优势的获得主要来源于资本要素。具有竞争优势的产业一般是资本密集型产业。处于这一阶段的相关和支持产业还不够发达，产品的生产主要依赖于国外的技术、设备，某些产业的技术水平虽然较高，但产业整体技术水平仍然落后于世界先进水平。

3. 创新驱动阶段

在这一阶段，产业竞争优势主要来源于产业的创新。具有竞争优势的产业一般是技术密集型产业，如高新技术产业或被高新技术改造过的传统产业。在这一阶段，企业能够在广泛的领域成功地进行市场竞争，并实现不断的技术升级；一些率先进入创新驱动阶段产业，不断实现新的升级，并向其他产业扩散，进而形成一系列产业以及产业群的横向扩展能力和新的产业发展领域，致使产业结构优化升级，越来越多的企业进入高水平的服务业，高水平的服务业具有愈来愈高的国际地位。

4. 财富驱动阶段

在这个阶段，产业竞争的动力不足，更多地是依赖于已获得的财富。投资、经理人员和个人的动机转向了无助于投资、创新和产业升级方面，企业回避竞争，更注重的是如何保持已有的垄断地位，而不是进一步增强国际竞争力，实业投资下降，产业竞争力逐渐衰退。

（四）理论的贡献与不足

1. 波特钻石理论的贡献

波特的国家竞争优势理论，作为一种研究国际竞争力较为成熟的理论，为我们提供了一个新视野。其主要贡献可以概括为如下六个方面。

（1）将静态的国家比较优势发展为动态的国家竞争

国际经济学中传统的比较优势理论包括古典学派李嘉图提出的比较成本学说和 20 世纪赫克歇尔与俄林提出的生产要素比例说等。前者指不同国家生产不同产品存在着劳动生产率的差异或成本差异。各国分工生产各自具有相对优势的产品；后者指出各个国家的资源禀赋存在差异，各国分工生产使用本国最丰富的生产要素供给的产品，经过国际贸易获得最大的福利。比较优势理论从总体上讲是静态的。而波特的国家竞争优势理论则强调动态的国家竞争优势，特别是要素创造（Factor-Creation）而不是一般的要素禀赋，即国家或地区、企业如何利用某些部门（如产品设计、营销或服务）作为国际竞争的基础，其国家竞争优势来源于企业内各部门的效率。随着科技的发展，新能源、新材料的大量问世，动态的国家竞争优势的重要性会进一步发挥其作用。

（2）理论分析从宏观层面转入微观层面

波特的国家竞争优势理论的出发点就是国民经济运行的微观主体——企业的国际竞争力。企业行为影响产业发展和政府行为，从而影响到产业的国际竞争力，乃至国家的国际竞争力。由此可见，理论分析从产品、企业和产业入手，使整个理论体系有着较为坚实的现实微观基础，更具有令人信服的说服力。也只有这样，国际竞争力研究才更具有实际意义。

（3）提出了国内需求使一国国家竞争优势增加的观点

波特的国家竞争优势理论较为重视国内需求的重要性。传统的国际贸易理论，仅林德尔的相似需求理论的逻辑分析中较多地强调了一国国内需求对国际贸易形成的重要性，多数理论谈之甚少。波特理论指出，国内需求是一国国家竞争优势重要决定因素。国内消费者的需求规模、层次与结构都直接影响着本国企业生产的竞争力，进而影响了一国国家竞争优势。

（4）国家竞争优势理论弥补了传统贸易理论的不足

波特的国家竞争优势理论划分了国家竞争的发展阶段，从而弥补了传统国际贸易理论在研究总体思路、框架上的不足。根据波特划分的国家竞争发展阶段，各国可以就目前情况正确评价自身发展水平与国际竞争力地位，从而规划本国的发展前景。

（5）提出了提高跨国公司国际竞争力的战略思路

波特的国家竞争优势理论对跨国公司的战略管理理论也作出了贡献。他将产业部门作为基本的竞争环境，并用“价值链”的概念描述了跨国公司的战略管理模式：首先，跨国公司在组织价值链上各环节的经营活动时，需从整合的角度考虑这些活动在世界各地的区位布局；其次，跨国公司在不同国家展开各环节经营活动时，需注意它们之间在价值链中的相互关系。这无疑为提高跨国公司国际竞争力提供了一条明晰的战略思路。

（6）国家竞争优势理论有着福利经济学的价值判断

国家竞争优势理论有着较为深远的福利经济学含义。现有福利经济学一般只通过收入增长和分配、就业说明问题或用“消费者剩余”、“帕累托最优”等概念作为准则，而忽视了国家作为一个特殊的福利单位，同样增加了消费者剩余。国家竞争优势理论分析了国际商务中的激烈竞争，认为在衡量一国的国际竞争力时，该国对全球附加价值有何贡献也是至关重要的，包含了更强的福利经济学分析乃至价值判断。

总之，波特的国家竞争优势理论为国际经济学、战略管理研究提供了一种重要的分析方法。从长期的、动态的、系统的角度考察各国国际竞争力不失为一种好的方法、好的视角。

2. 波特理论的局限

波特的国家竞争优势理论并非十全十美。笔者认为这一理论至少在以下几个方面值得探讨①。

（1）迈克尔·波特是一位研究产业组织理论的国际竞争力专家，他以管理学为基础建立起来的国际竞争力的评价目标和控制系统，受到了管理学界和企业界极高的评价。波特的这一理论极其重视企业或产业的国际竞争力，这是其可取之处，但同时也使这一理论不可避免地忽视了国家层次的国际竞争力，尽管波特已经认识到国家层次上国际竞争力的存在。国家层次上的国际竞争力是不同国家在一定历史时期内关于国家总体水平的比较，是国家生产力和经济基础的比较，而这种生产力是与一定生产关系相对应的生产力；这种经济基础是与其相对应的上层建筑紧密相关的经济基础。一些反映国际化程度的宏观经济指标体现了国际竞争力的历史与现实基础；一国对外开放不仅包括经济上的对外开放，还包括文化的、政治的以及科技和教育等方面的对外开放。开放的范围越大、程度越高，国际竞争力就越能在宏观层面充分体现出来。

（2）波特理论中提出的“价值链”概念令人耳目一新。利用价值链，可以将跨国公司分解为战略性相关的许多活动。但他在借此分析国家竞争优势时，却忽视了一个极为重要的因素，即文化。在各国推动财富创造活动背后起推动作用的是人民的道德价值观，其来自那个社会的文化。任何企业产品的品质，首先决定于创办人的价值观，其后则决定于整个企业的工作价值观。国家文化的来源是该社会深层的信念结构，它们是规范一个社会经济活动的根本力量。

（3）对于不同的国家、不同的经济发展阶段，波特分析范式也未必一成不变。例如，就我国当前情况而言，体制因素的影响就非常大，很难将其排除于企业、产业、国家竞争优势的研究视野之外。政府决策对社会经济环境所起的作用，特别是政府与市场力量之间的相互影响。处理好这两者关系，也就成为促进其国际竞争力的动力。

① 刘辉群．竞争力理论的古典经济学渊源[J]．北京工商大学学报（社科版），2003（2）

二、部门创新体系[①]

从知识经济一直到“自主创新”一词在国内持续升温，人们日益认识到知识与创新在经济发展过程中所发挥的重要作用。我们认为，以新古典经济学范式为基础的主流产业经济学、产业组织理论等，在研究知识与创新等问题上面临着严峻的范式困境。近年来，以演化经济学为基础的部门创新体系研究框架逐渐形成，部门创新体系这一分析框架不仅极大地扩大了产业经济学的研究视野，而且，对我国正在进行的创新型国家建设也具有十分重要的启发作用。

下面，笔者将在回顾和总结部门创新体系研究框架的形成和发展过程的基础之上，对其理论贡献进行系统的概括；然后，针对部门创新体系研究框架忽视后发工业化国家产业追赶这一研究缺陷，围绕历史上的一些曾相对落后、后来迅速崛起的国家或地区，如德国、美国、日本以及韩国等，重点探讨这些地区是如何通过战略产业部门的创新体系建设带动经济发展走上“创新型国家”道路，并总结其经验。

（一）部门创新体系概念的形成与发展

部门创新体系（Sectoral Systems of Innovation，SSI）[②]是一个从系统的视角研究产业或部门层面上的技术、组织和制度等创新问题的新兴的研究领域。作为对国家创新体系研究的深化和补充，部门创新体系着眼于特定部门，主要研究部门体系之间在创新活动的速度、类型及其组织方式等方面存在的差异，以及这些差异的影响因素。此外，部门创新体系还关注部门的转变以及部门创新模式的历时变迁等问题。部门创新体系的核心在于运用一种多学科的、整体的和动态的方法研究产业部门中的创新问题。

部门创新体系是从国家创新体系的概念中演化出来的。国家创新体系的概念则是由英国学者弗里曼1987年在其专著《技术与经济绩效：来自日本的教训》中首次提出的，这一概念经由《技术变迁与经济理论》这个著名的论文集而广为学术界所知。伦德瓦尔（Lundwall，1992）和

① 贾根良，张文杰．部门创新体系：理论、经验及对自主创新的意义．产业自主创新与创新政策选择论文集．北京：中国商务出版社，2007

② 虽然部门实际上就是产业，我们也曾考虑翻译为“产业创新体系”，但考虑到“部门”比“产业”在含义上更丰富，具有层次性的内在含义，因此认为部门创新体系这一概念更具有一般性。

纳尔逊（Nelson，1993）两部书名同为“国家创新体系”的著作的出版，进一步推动了国家创新体系的应用研究。两类研究被艾德奎斯特（Edquist，1997）概括为创新体系的交互学习学派（又阿伦堡学派，Aalborg School）和历史学派。自此之后，创新体系在政策制定者和学者们中间广泛流行。创新体系因其在明确地分析系统内各组织间知识的创造、扩散和应用方面的优势，被经济合作与发展组织（OECD）和欧盟等许多国际组织和政府部门作为分析知识经济问题的重要工具。随着研究的深入和国际经济、技术及社会环境的变化，创新体系的研究逐渐派生出许多分支。国家创新体系关注国家边界、非企业组织和制度的作用。区域创新体系或地方创新体系则更强调区域的作用。技术体系（或系统）理论则主要分析由主体所构成的网络在技术的形成、扩散和运用中的交互作用，关注点是技术而不是部门。“部门创新体系”的研究框架就是在这种背景之下应运而生的。

随着创新体系研究的深入，人们逐渐认识到国家创新体系本身存在的一些局限性，例如，部门体系的跨国界联系使国家创新体系在分析具体部门方面受到一定的限制；以社会制度背景分析为主的国家创新体系分析框架很难对与创新活动相关的技术、组织和制度等不同层次之间的内在关系作深入探讨；等等。实际上，创新问题因国家、区域、部门等的不同而呈现出不同的特点。作为创新体系在产业或部门层面上的体现，部门创新体系推动了国家创新体系研究的深入，一定程度上弥补了其不足之处。

部门创新体系的形成，在很大程度上基于演化经济学和创新体系的思想。实质上，创新体系研究与演化经济学尤其是其主要流派——新熊彼特学派密不可分，创新体系研究一定程度上可以看作演化经济学的一种应用。动态性、过程和变化是演化经济学的关键性概念，学习和知识通常被认为是经济系统演化的要素；演化理论强调认知方面因素的作用，如信念、目标和预期等，这些因素受到历史和过往经验的影响；多样性生成和选择过程作为演化机制推动着经济的演化过程。创新体系文献普遍认为，创新是行为主体之间交互作用过程的结果，并非企业的孤立行为，它应当被看成是一个集体协作的过程；在创新过程中，企业之间以及企业与非企业组织如大学、研究中心等相互影响、交互作用，其中制度发挥着重要的作用；联系和网络是创新及生产过程中的关键要素。

有关部门间创新活动的差异问题的论述，可以追溯到熊彼特的贡献。在其1911年的《经济发展理论》中，熊彼特主要关心的是企业家和创业型小企业的创新作用，而他在后来的《资本主义、社会主义和民主》一书中，则把关注的焦点转向大企业的作用。熊彼特的这一转变被后人察觉到，前后两种不同的创新模式分别被称为熊彼特创新模式Ⅰ（创业型模式）与熊彼特创新模式Ⅱ（惯例型模式）。温特（Winter，1984）在比较分析两种创新模式的基础上，提出了“技术型式”（technological regime）的概念，这一概念现已成为部门创新体系的核心概念之一。罗森伯格（Rosenberg，1976，1982）结合部门经验，研究了部门之间技术创新的不同来源。帕维特（Pavitt，1984）在一篇题为“技术变迁的部门模式”的论文中，在经验数据的基础之上根据制造业的不同技术特点，提出了部门创新模式的四分法：（1）供应商主导型，如农业和建筑业；（2）规模密集型，如汽车工业；（3）特殊供应商型，如机械和仪器制造业；（4）科学基础型，如电子行业和化学工业。帕维特的这一部门体系分类方法目前仍然被许多学者所采用，对后来部门创新体系的形成起到了重要的促进作用。此外，卡尔森等人（Carlsson *et al.*，1991）提出的“技术体系”（technological system）理论也是部门创新体系的一个重要思想来源。

在许多早期成果的基础之上，布雷奇和马莱巴（Breschi and Malerba，1997）提出了“部门创新体系”的概念，即它是由“特定部门中参与产品的开发和生产以及技术的研发和使用的企业所构成的系统（或群体）”[①]。尽管上述定义具有开创性的地位，然而存在的问题也是很明显的，例如，该定义仅考虑到企业的作用而对参与部门创新活动的其他主体如大学和融资机构等并未提及。Malerba（2002，2004，2005）在上述论文的基础之上，对部门创新体系的定义、构成要素和分析框架等都进行了比较充分的研究，其内容包括：（1）马莱巴（Malerba，1997）对定义作了修正和完善，把企业以外的其他行为主体明确考虑进去，指出部门创新体系是“基于市场与非市场联系的参与产品的开发、生产和销

① cf. Spilling, Olav R. & O. A. Rosenberg (june 2005). Technology regimes, innovation systems and evolution of the telecommunication sector: the case of Norway. Paper presented at Knowledge and Regional Economic Development. Open Conference, Barcelona, Spain. p. 2.

害的系列主体的集合”；（2）明确了部门创新体系的构成要素，主要包括知识、技术、行为主体、网络和制度因素以及用户需求的作用等方面；（3）部门边界与部门体系的动态演化被纳入部门创新体系的分析框架中；（4）马莱巴还对部门创新体系的理论基础和思想来源进行了考察。

近年来，以马莱巴为代表的一批国际学者以部门创新体系分析框架为基础，对包括制药、化工等在内的欧洲六大部门体系进行了经验研究，在此基础上由马莱巴担任主编，于2005年出版的《部门创新体系：概念、问题与欧洲六部门分析》论文集推动了部门创新体系研究在理论和经验方面不断深化，并提高了其国际影响；《演化经济学杂志》2006年第1～2期合刊专门以“创新、产业动态发展与结构变迁”为主题做了一期“部门创新体系”专刊。此外，霍格里斯（Per Högselius，2002）和吉尔斯（Frank W. Geels，2004）等人也对部门创新体系作出过一定的贡献。

马莱巴（Malerba，2004）概括了部门创新体系的五个研究特点：（1）同时强调供给、需求和用户在创新过程的作用；（2）企业与其他行为主体共同推动创新过程；（3）市场因素与非市场因素作用并重；（4）强调制度因素的作用；（5）部门体系的边界不再被视为既定的和静态的，强调部门体系的动态变化过程。这五点特征概括出了部门创新体系研究的整体特点以及近期发展动态，这与其他产业或部门研究方法存在明显区别。

（二）部门创新体系的分析框架与理论贡献

部门创新体系的分析框架主要由知识与技术、行为主体与网络、制度与需求或用户的作用所构成。部门创新体系的这几个构成要素之间是紧密联系的。以知识与技术、行为主体与网络和制度与需求这三个方面为例，它们之间实际上存在着密不可分的相互影响。具体表现为：首先，部门创新活动的技术和知识基础特点影响着创新活动的组织方式；其次，技术变迁的主体是组织，创新活动的组织方式在很大程度上决定着技术创新的类型和方向；最后，就主体行为和技术变迁而言，制度同时发挥着约束和促进的作用，技术变迁推动制度变迁，其中制度变迁则由组织来实施[①]。

部门创新体系的分析框架包含以下几个方面。

---

① Högselius, P. (2002). Connecting Systems of Innovation: An Analysis of Innovation in the Estonian Telecommunications Sector and its Reorientation towards Sweden and Finland, pp. 7-8.

1. 技术特性产生不同的创新模式

不同部门之间在创新活动的知识基础方面存在着巨大差异，知识基础的历时变化影响着部门创新体系的边界和结构以及创新活动的组织方式。知识在创新和生产过程中发挥着重要的作用，创新体系尤其强调知识的意会性特点，知识的获取与企业的学习过程和能力密切相关。部门之间在知识基础方面存在的差异，分别体现在部门创新活动的科学技术基础和部门产品的应用需求这两个方面。不同部门体系在知识基础方面的差异集中体现在所谓的“技术型式”这一概念上。

技术型式反映了一系列部门的特点的集合。布雷奇和马莱巴（Breschi and Malerba，1997）提出了“技术型式”的四个构成要素：技术机会、可占有性、累积条件和知识基础。这四个要素的含义分别为：技术机会指对研究项目进行一定投资后产生创新的可能性；可占有性指保护创新不被模仿以及从创新活动中获利的可能性；累积条件指创新活动所具有的路径依赖性特点；而（部门）相关知识基础的特点则指支撑企业创新活动的知识特点。技术型式的基本作用表现在，它限定了企业问题解决的范围，并为企业寻找问题解决的答案提供某种指引。

关于技术型式与部门创新模式之间的关系，布雷奇和马莱巴（Breschi and Malerba，1997）结合技术型式的四个要素对熊彼特创新模式Ⅰ与熊彼特创新模式Ⅱ的区别进行了阐释。他们认为，部门创新体系的这两种基本创新模式之间的差别主要表现在：熊彼特创新模式Ⅰ以“创造性毁灭”为特征，其特点可以概括为进入壁垒较低、企业家和新企业在创新活动中的重要作用等；而熊彼特创新模式Ⅱ则以“创造性累积”为特征，其特点主要表现在创新厂商规模较大、新创新者较高的进入壁垒等方面。一般说来，较高的技术机会、较低的可占有性和累积性条件会导致熊彼特创新模式Ⅰ的出现，反之，则导致熊彼特创新模式Ⅱ的产生。两种创新模式在一定条件下存在相互转化的关系。

2. 行为主体与网络在部门创新体系的主体地位

企业因其在技术创新和产品的生产销售过程中发挥的重要作用而成为部门创新体系的关键主体。然而部门创新体系的一个重要特点就在于它不仅强调企业的作用，更对大学、研究机构等的作用给予特别关注。部门创新体系的主体包括个人和组织：个人如消费者、企业家、科学家；

企业组织包括用户、生产者、供应商在内；非企业组织有大学、金融机构、政府机构等。各行为主体具有不同的学习方式、能力、信念、目标、组织结构和行为等，它们之间通过交易、合作、竞争和命令等市场或非市场关系彼此联系。部门创新体系在组织层面上以各行为主体及其组成的网络关系为研究对象，重点探讨包括企业、大学、用户、供应商以及融资机构、政府机关等在内的不同组织之间合作是如何实现的。基于演化经济学的原理，各主体的异质性是部门体系的一个重要特征，尤其是企业的异质性在部门体系差异和动态演化过程中所发挥的作用需要特别关注。在部门体系中，异质性主体之间通过市场或非市场联系形成组织网络。相关研究表明，在不确定和激烈变化的环境中，网络的出现并不是因为主体之间的相似性，而恰恰是因为它们是不同的。在现代经济中，网络变得越来越重要。

3. 制度的作用

关于创新体系，以前的文献中存在把“制度”和“组织”两个概念混同的误区。尽管在英文中“制度”一词有时有“特定组织（如大学和政府机构等）”的含义，但是这里我们对这两个概念加以明确区分，“制度”的含义主要遵从诺斯有关“博弈规则”的经典定义，而大学和政府机构等列入组织层面的主体与网络要素。制度包括规范、惯例、规则、法律和标准等，制度可以分为正式制度与非正式制度两种类型。根据其对部门体系的不同影响，制度具有不同层次，如国家层次制度、部门特定制度以及地方制度等，部门特定制度如部门劳动市场体系和部门特定融资体系。制度影响着部门中各创新主体的认知、行动及其彼此之间的交互作用，进而对部门体系中技术变迁的速度、创新活动的组织方式和创新成果等产生影响。制度的特定表现形式随部门体系的不同而异。国家制度对部门体系有影响作用，不同的国家制度形式会对部门体系中的创新活动产生不同影响；同一部门在不同国家之间存在一定区别，国家制度与部门的特点之间适应与否和部门创新活动紧密相关。学者们认为，与部门创新活动相关的制度是由部门和国家变量之间交互作用的结果，也是企业组织或非企业组织的有意设计与个体的自发行为之间交互联系协同作用的结果①。

① Malerba, F. (2002). Sectoral systems of innovation and production, p. 257

4. 用户、需求对部门体系动态演化过程中所发挥的作用

需求在部门体系和创新过程中的作用集中体现在用户、顾客、公共采购等方面。需求由单个消费者、企业和公共部门组成。与企业的异质性同样道理，不同的用户个体在学习过程、能力和目标因素上存在差异。需求对部门之间创新活动和部门体系的演化有着重要的影响。由于熊彼特本人主要关注与创新活动相关的供给方面的因素，因此，在一定程度上受熊彼特本人对需求在创新活动中消极观点的影响，有关需求方面的研究开展得比较晚。希普尔（Eric von Hippel）对若干产业的实证研究表明，在不同的产业中，制造商、供应商以及用户在创新过程中的作用有较大的差异，因此，在每个产业的价值链上，各个环节都可能成为创新的源泉，希普尔对用户主导的创新进行了深入研究。克里斯滕森（Clayton Christensen，1997）在研究磁盘驱动器行业的基础之上论述了需求在突破性技术（disruptive technologies）产生过程中的作用。需求与部门创新体系的关系的相关研究目前仍处于起步阶段，相关的理论和经验研究仍有待于深化。

部门与创新体系研究的理论贡献在于，首先，部门创新体系的演化一直是熊彼特研究的中心，在熊彼特看来，“经济发展是一个由创新驱动的、以历史事件为背景的、性质不断变化的过程”[①]。直到 20 世纪 70 年代末至 80 年代初，部门创新体系的动态演化，作为熊彼特研究的主题，才部分得到恢复。人们逐渐认识到，部门创新体系是一个伴随路径依赖、锁定与路径创造的复杂过程，其中技术、制度、需求等因素交互作用，协同演化。部门创新体系的动态演化遵循着两条基本机制，即多样性生成与选择过程。这两种过程对产业的动态过程和部门创新体系之间的差异构成重大影响；多样性生成体现在产品、技术、企业和制度以及战略和行为等方面，多样性生成与进入、研发、创新机制密切相关。与部门创新体系的动态演化相关的理论探索与部门经验研究正在为越来越多的学者所关注。

其次，部门创新体系是在国家创新体系研究的基础上形成的，但相对于后者，部门创新体系有两大优势：一方面，经验研究表明，创新的

① Malerba, F. (2005). Innovation and the evolution of industries. Working paper n.172 Universita Commerviale ‘Luigi Bocconi’ Milano. p. 3

系统特点在不同部门之间存在着明显的差异，国家创新体系未能深入剖析学习方式和部门特定制度等问题；另一方面，部门创新体系的跨国界联系使得部门创新体系分析不能局限在国界范围内，而国家创新体系的研究则受到了一定的限制。因此，国家层次分析并不总是分析部门创新体系的结构和变迁的最合适维度。大量经验研究表明，某些产业仅位于特定区域，而这些属于特定区域内的公司，在创新过程中彼此相互合作，但却和其他特定区域或其他国家相互竞争。然而有些产业却与大型公司在全球性层次上展开竞争，而与当地某些专业化的制造商紧密合作。因此，在部门创新体系分析框架中，不同产业可能会有不同的竞争性、互动性及组织的界限，而这会是超越国界的。

再次，部门创新体系研究不仅丰富了创新体系的研究内容，对于产业经济学研究的多元化发展也具有重要意义。就我国现实情况而言，部门创新体系的意义更在于它有助于我们理解和把握自主创新的含义，部门创新体系对于我国“创新型国家”的建设有着重要的启示作用。

（三）自主创新与部门创新体系研究的历史经验及其启示

部门创新体系分析框架近年来初步形成，在经验研究方面也取得了一些进展，然而，部门创新体系的研究，很多都是在结合发达国家实践的基础上展开的，如何使部门创新体系的研究框架与发展中国家经济发展的研究相结合，目前几乎仍处于空白状态。本书后两部分将重点讨论在一些创新型国家或地区（如德国、美国、日本、韩国等）历史上作为欠发达经济体时，它们是如何通过战略部门的创新体系建设推动自主创新能力的发展，并最终实现经济追赶或跨越的。

从经济史的角度来看，世界主要国家之间经济追赶是贯穿世界经济发展史的一条主线。自英国工业革命以来，典型的追赶例子包括，19世纪末至20世纪初德美两国对英国的追赶和“二战”以后日本的经济追赶，等等。德国的追赶很大程度上是基于钢铁、化学和电力工业的发展，而美国对英国的跨越则是靠着钢铁、电力和汽车工业。“为什么有些国家在某些时期能在某些关键产业取得显著的技术领先地位，并将这种优势维持一段时期？其他国家是怎样赶上来的？”[①]这一问题当然非常复

① 纳尔逊著．汤光华译．经济增长的源泉[M]．北京：中国经济出版社，2001．266

杂，需要从经济、政治、历史和文化背景给予多层次考虑，不过有一点可以明确，那就是，离开自主创新，这些国家或地区的经济赶超是绝对不可能实现的。

基于技术、组织和制度等不同维度，部门创新体系为我们研究产业部门中的创新活动提供了一个全新的视角。历史经验表明，关键部门的选择及其部门创新体系的构建和完善，在落后国家对领先国家的成功赶超过程中往往发挥着十分重要的带动和支撑作用。后发国家自主创新的实现离不开技术创新，但是没有组织创新和制度创新的保障作用，技术创新也只能是昙花一现。此外，成功的经济追赶更离不开政府积极作用的发挥。目前的发达国家如德国、美国和日本等，在历史上实现其经济追赶的过程中，无一例外都曾借助旨在保护本国幼稚工业的产业政策的实施。在全球化的今天，发展中国家如何在新的国际竞争环境下发挥政府在产业政策与创新政策等方面的有效作用，是值得我们深入思考的。国家作用的发挥既要有利于发展本土工业、培育自主创新能力，又要防止政府过度干预可能造成的危害，在这一方面，韩国的发展经验值得我们借鉴。

19 世纪后期到 20 世纪前期，德国成功地实现了对英国的超越。在 1870 年至 1914 年间，德国的追赶在很大程度上是基于钢铁、化学和电力工业的自主创新，而企业技术实验室的建立以及企业与大学科研合作关系的确立，则是推动这些部门创新体系得到发展的非常重要的创新制度。以合成染料工业为例，在 19 世纪六七十年代左右，合成染料工业技术开始出现，该技术以大学培训的化学家作为关键性投入。现代工业研究实验室的诞生为德国化学工业的繁荣创造了制度和组织条件，它组织化学家们协同为其雇主而工作，并对年轻化学家们进行系统的训练。在此之前，“传统老式企业没有工业研究实验室，他们只是通过小规模的投资过程缓慢地获得新的合成染料，而‘新’式企业则对工业研究实验室进行了投资，由于这种投资，他们要比老式企业以更快的速度获得新的合成染料”。[①]最初的时候，英国的企业比德国企业数量更多而且规模更大，然而，由于英国“没有一个企业建有工业研究实验室”，而“德

① 纳尔逊著. 作为经济增长驱动力的技术与制度的协同演化. 约翰·福斯特和梅特卡夫主编. 演化经济学前沿. 北京：高等教育出版社，2005. 11

国大学所培养的化学家数量超过了德国和英国企业对化学家有限的需求”。随着新技术的出现，“因为大多数现有化学家是由德国培养出来的”[①]，因此德国企业也就拥有了比英国企业更为明显的优势。

日本战后工业的振兴同样离不开组织创新和制度创新的重要作用。20 世纪 60 年代，以丰田公司为首的日本制造业根据日本的文化传统和日本企业的特点，将“福特制”与弹性生产方式有机结合，改组为丰田生产方式。“丰田制”在保留福特制大规模生产优点的同时，又有效地克服了其缺点。以丰田制和准时生产制为代表的组织变革为“二战”后日本工业的振兴奠定了基础，而汽车工业、电子工业和钢铁工业等一批战略部门的崛起则为日本工业腾飞制造了条件。

以汽车工业为例，日本汽车工业由弱到强的过程就是一个不断实施自主创新的过程。日本汽车制造企业通过大量引进、消化、吸收当时的美国先进技术，加上丰田制等经营管理创新，以及充分抓住了第二次石油危机后的节能需求所提供的机遇，造就了日本汽车业在当今全球的霸主地位。日本企业每引进一项技术，总会花更多精力和物力进行消化、吸收；企业不仅要完全学会和掌握这项技术，而且要以这项技术为基础，通过创新，研究和开发出拥有自己知识产权的专利技术。日本企业这种充分把技术引进与改造相结合的自主创新精神，为企业培育和发展自主品牌创造了有利条件。运用贸易保护主义来保护民族工业的发展也为日本汽车工业的崛起产生了积极作用。“二战”后的日本政府对汽车产业实施了有关保护政策，先后颁布了一系列扶持汽车工业发展的法规、政策，借助优惠信贷、减免税收、鼓励出口等多方面手段，有力地促进了日本汽车产业快速发展。日本对汽车产业的支持体现出了一定的弹性特点，在汽车工业发展过程中，政府不直接干预企业的生产活动，而是通过政策和法规去扶持和引导企业完善国内市场，参与国际竞争，增强企业的自主创新能力。

韩国在战后四十多年的时间内成功地完成了工业化进程，成为“亚洲四小龙”之一，可谓举世瞩目。在这一进程中，汽车工业、电子工业等主导部门的迅速发展为韩国经济的振兴发挥着关键的引擎作用。韩国

① 纳尔逊著．作为经济增长驱动力的技术与制度的协同演化．约翰·福斯特和梅特卡夫主编．演化经济学前沿．北京：高等教育出版社，2005．11

汽车工业从技术引进到自主创新所走过的道路值得我们借鉴。从发展过程来看，韩国汽车企业的技术引进与自主创新过程经历了三个主要阶段：首先是以技术引进和吸收为主导初期阶段（1962～1973 年）；然后是以零部件国产化为核心的消化改进阶段（1962～1973 年）；最后是从 20 世纪 80 年代初期开始，韩国汽车进入自主开发阶段。[①]在韩国实现自主创新期间，企业与政府同心协力，通过技术引进和坚持不懈的国产化，发展出独立、完整的汽车工业体系，为韩国的崛起奠定了工业基础。

韩国汽车企业之所以能够成功地从技术引进转向自主开发，其中一个重要原因就在于自主创新战略的作用。“韩国生产商向外国跨国公司学习了很多技术，但是在管理控制权以及市场战略投资方面保持着自己的独立性”[②]。政府在推动产业发展中所发挥的“柔性角色”也是韩国自主创新的一条宝贵经验。韩国政府的“柔性角色”表现在政府作用的注重实效并且具有一定的选择性等方面[③]。在产业发展初期，韩国制定的一套产业发展目标和促进战略对于提高本国产品的竞争力发挥了明显的作用。随着时间的推移，产业技术水平有了一定的基础之后，政府作用也相应发生了变化，从直接开发转变为间接扶持。

总结以上讨论，经济追赶和跨越的成功实现主要体现在“技术经济范式”的转换方面。伴随着技术经济范式的转换，主导产业和高新技术产业有一个不断演化的替代过程。如何在“技术经济范式”转变过程中抓住新兴产业发展提供的“机遇窗口”，通过创建部门创新体系，对于发展中国家能否成功实现后来居上至关重要。

---

① 陈德智．技术跨越．上海：上海交通大学出版社，2006．177～178

② 金麟洙．从模仿到创新．北京：新华出版社，1998．188

③ Lall, S. (2004). Reinventing industrial strategy: The role of government policy in building industrial competitiveness. paper for the Intergovernmental Group on Monetary Affairs and Development (G24). p. 20.

第二章　中低技术产业界定

随着技术经济的发展，中低技术产业在经济中的重要性日益被人们所忽视，对中低技术产业的政策支持也日渐减少。纵观各国经济的发展，不仅依赖于高科技产业的持续创新，也依赖于中低技术产业的创新与发展，二者缺一不可。但什么是中低技术产业？如何界定中低技术产业？学术界有着不同的见解。本章着重从制造业分类、技术创新测度等方面入手，着重探讨中低技术产业和高技术产业的界定标准、产业分类及其内涵，为后续各章的分析和研究奠定基础。

第一节　制造业的分类和中低技术产业的界定

一、中低技术产业界定

“中低技术产业”是一个相对的概念，它的出现与“高技术产业”的界定密切相关。自 OECD 首次对高技术产业进行科学的界定以来，中低技术产业的概念和范围才逐渐为人所知。

1986 年，OECD 以 R&D 经费强度（R&D 经费占产值比重）为界定指标，选择比较典型的 13 个成员国 1979～1981 年的有关数据进行加权处理，将《国际标准行业分类》第二版（ISIC-Rev.2）中的 22 个制造业部门划分为高技术（high-tech）、中技术（medium-tech）和低技术（low-tech）三个产业类别。其中，得到正式界定的高技术产业的范围得到了世界各国的普遍认可。

随着时间的推移，经济活动中的知识、技术因素急剧增长，制造业各部门的 R&D 经费投入发生了重大变化。1994 年，OECD 借鉴美国 DOC3[①]的经验，考虑了间接 R&D 经费[②]，选用 R&D 总经费（直接 R&D 经费+间接 R&D 经费）占总产值比重、直接 R&D 经费占总产值比重和直接 R&D 经费占增加值比重等三项指标，以 10 个更为典型的成员国 1973～1992 年的数据为依据进行了逐年计算，最终依据 1980 年和 1990 年的数据，将制造业重新划分为高技术、中高技术（medium-high-tech）、中低技术（medium-low-tech）和低技术四个产业类别。

随着《国际标准行业分类》第三版（ISIC-Rev.3）的逐步推广并在世界各国得到普遍应用，OECD 于 2001 年根据 13 个成员国 1991～1997 年的平均 R&D 经费强度（R&D 经费占产值和增加值比重）对制造业的技术分类标准进行了重新修订。在 OECD 2003 年的《科技和工业记分牌》（Science, Technology and Industry Scoreboard）中，OECD 以 12 个成员国 1991～1999 年数据为依据，再次对 2001 年的分类结果予以确认，并一直沿用至今。

除了选用 R&D 经费强度作为界定指标，OECD 秘书处也曾尝试用多种标准来鉴别一个产业的技术含量，但由于缺乏数据而未能量化。结果，R&D 强度成为的唯一的界定指标。

OECD 对制造业进行技术分类，其目的是研究高技术产业对经济增长的贡献，并非针对中高技术、中低技术和低技术产业。“低技术产业”、“中低技术产业”的概念虽然与高技术产业同时出现在 OECD 的各种文件中，受到的关注程度却远逊于高技术产业。直到 2002 年，由欧盟委员会资助的 PILOT 项目才对欧洲的低技术产业政策与发展状况进行了较

① 1971 年，美国商务部依据某类产品销售额中 R&D 支出的比重和科学家、工程师、技术工人占全部职工的比重均大于 10%为标准，结合本国的《工业标准分类》SIC（Standard Industrial Classification）确定了高技术产品目录，该分类方法称 DOC1。1977 年，由于《国际标准贸易分类（SITC）》的出现，美国为分析技术创新对国际贸易产生的影响，在 DOC1 的基础上进一步完善，并考虑了 SITC 的分类，改进了原有的高技术产品目录，称为 DOC2。1982 年，美国在高技术产品分类方法上的研究进一步深入，提出确定高技术产品不仅要依据最终产品用于 R&D 经费的多少，同时还要考虑中间产品（即最终产品的零部件）所支出的 R&D 经费。把某类 R&D 支出大大超出其他产品，确定为高技术产品，即称为 DOC3 的方法。

② 关于间接 R&D 强度指标，必须计算从国内市场购买或进口的中间品和资本货物中的固化技术（R&D 经费）。当从事研发的产业把蕴含其 R&D 投入的产品卖给用这些产品作为生产投入品的其他产业时，技术便由一个产业（一个国家）转移到其他产业（国家）。在利用投入一产出矩阵计算间接 R&D 强度时，会用到制造业产业技术系数。对于给定的一种投入和其制造出来的多种产品，假设包含在产值中的 R&D 经费比例保持不变，则用投入一产出系数乘以直接 R&D 强度就得到每种产品的间接 R&D 强度。

为深入的研究，人们对这些“非高技术产业”的关注度才有所提高。由于低技术产业和中低技术产业具有相似的创新特征，明显有别于中高技术产业和高技术产业，PILOT将前两类产业合称为LMT产业①。正是借鉴了PILOT项目，本书所研究的中低技术产业在范围上与LMT产业较为相似，只是具体内容存在些许差别。

由于我国与OECD成员国的经济发展水平存在差距，国家统计局和科技部在对国内的高技术产业进行界定时并未完全采用OECD的产业技术分类标准，也没有引入“中低技术产业”等相关概念，仅有少数几位学者在其论述中略有提及，他们或采用OECD有关产业技术分类的标准或直接套用中低技术产业的定义。游光荣（1998）从我国的科技国情出发，推断出我国工业在整体水平上属于低技术产业；张红和李燕义（2000）也认为我国大中型工业企业乃至全部企业从整体上都属于低技术产业。也有学者如郭克莎（2003）根据OECD的划分口径，结合我国工业统计和发展的实际，将国内的制造业划分为高技术密集度产业、中高技术密集度产业、中低技术密集度产业和低技术密集度产业四种类型；江剑和官建成（2008）在分析我国中低技术产业创新效率时也作出过类似的界定。尽管这些学者对我国中低技术产业的界定作出了开创性的贡献，但是，由于各研究机构和学者主要侧重于高技术产业的研究，对中低技术产业普遍缺乏兴趣，加之研究历史较短，对产业技术分类标准及“中低技术产业”的概念还存在较大争议，目前尚未形成统一的认识。

二、中低技术产业技术创新研究

1. 早期研究

1998年，英国的《经济学家》杂志曾提到一个有趣的现象：美国加州的低技术产业仍具有“神奇的生命力”（strange life），在全球化过程中并未消失。这是较早涉及中低技术产业技术创新的论述之一，但该现象并未引起普遍关注。

几乎在同一时期，国内也有学者把目光投向了中低技术产业。游光

① 在PILOT项目中，也有一些学者将中高技术产业、中低技术产业、低技术产业合称为LMT产业；还有一些学者根据OECD在1986年的产业技术分类标准，将除高技术产业以外的中技术产业、低技术产业合称为LMT产业。

荣（1998）指出：低技术产业仍然举足轻重，即使在发达国家也是如此。我国的制造业整体上仍处在低技术水平，中低技术产业的发展与升级是矛盾的主要方面。面对国际和国内两个市场的激烈竞争，无论是高技术产业，还是中低技术产业的发展，都必须高度重视技术创新；即便是低技术产业，也必须高度重视研发。

张红和李燕义（2000）认为，在产业结构高级化过程中，中低技术产业并非只是无足轻重的被动接受者，技术创新会使其脱胎换骨、重新焕发生机。针对高技术产业与中低技术产业发展脱节、重技术引进轻消化吸收等倾向，他们提出应以行业技术进步为动力，努力寻找高技术产业与中低技术产业的结合部，提高技术引进的层次，在引进技术的消化、吸收、开发、创新上有新的突破。

总之，这一时期国内外对中低技术产业技术创新问题的研究，主要还是停留在以往传统的认识上，即过于强调R&D在技术创新中的作用，系统性和深入性的研究较少。但是，这些学者已经初步意识到技术创新对中低技术产业发展的重要性，为后续研究提供了十分重要的借鉴。

2. PILOT项目研究

PILOT项目始于2002年，由9个欧洲国家[①]的11个小组（包括大学和研究机构）构成。具体研究对象涉及11个OECD成员国5个产业的34家企业，最终报告完成于2006年1月，共历时三年多。PILOT项目提出了许多不同于传统创新理论的新观点，主要包括以下几个方面。

（1）OECD成员国大部分的经济增长和就业仍然源于LMT产业，LMT企业也是技术创新的相关来源[②]。

在OECD成员国，LMT产业的许多企业在研发投入方面并不存在优势，但是比高技术产业聘用了更多的人。先进经济体的增长轨迹依赖于ICT部门和生物技术部门，也同样依赖于食品加工、纺织、服装等部门。

（2）创新并非只存在于高技术产业，LMT产业的很多活动也可以被归结为创新。

OECD的产业技术分类经常被误用于识别创新及其相关部门。正是

① 德国、瑞典、挪威、芬兰、奥地利、意大利、爱尔兰、西班牙、波兰。

② 英国苏塞克斯大学科技政策研究中心（SPRU）依据创新对技术发展的影响将创新划分为四类，即渐进的创新、根本的创新、技术系统的创新和技术—经济范式的创新。

基于这种对R&D强度的误解，巨大的创新潜力被忽视了。在LMT产业内部，有很多活动可以被归类于创新，但正如奥斯陆手册所承认的，这些创新没有明确的“技术高度”，难以处理，因此不予考虑。

（3）创新是以企业对所拥有资源的特定配置为基础的，而不是仅仅依靠大量的研发投入。

研发只是创新的一个方面，但不一定是最重要的先决条件，即使在LMT产业内部也有很多并不从事研发的创新组织。LMT企业的创新源泉可归结为企业的创新实现能力（Innovation Enable Capability，IEC）。它由转换能力（transformative capability）和配置能力（configurational capability）两方面构成。前者构成一个组织的持久能力，侧重于将外部的一般知识转化为组织内部的具体知识和能力；后者构成一个组织的综合持续能力，重点在于重新配置各种资源以实现形式与内容之间的匹配，不但包括现有的不同领域分散的知识和技术，而且涉及拥有相关知识、技术和能力的行为者。

（4）内部组织实践——特别是知识管理和人事政策——对LMT产业的竞争力和创新发挥着重要作用。

（5）LMT部门与高技术部门的内在联系对于产业创新具有重要意义。

制造业的各个部门之间存在着千丝万缕的联系。作为高技术部门的客户，LMT产业是非常重要的，仍然充满活力。高技术产业要求得生存和发展，将不可避免地与LMT产业发生相互联系，这种共生关系往往被忽视。

PILOT主要以案例分析和定性研究为主，该项目对LMT产业的创新研究给我们提供了一种全新的思路，可以预计，其研究成果将对欧洲各国科技政策的制定产生重要影响，对我国的高技术产业发展和国家创新体系建设也具有借鉴意义。此外，PILOT充分认识到创新源泉的多样性，提出了一套新的由六个指标构成的指标体系，这对于中低技术产业技术创新能力评价指标体系的构建研究是具有开创性的。正因如此，PILOT将其研究成果视为“反思创新研究、创新与经济政策制定的一次飞跃，特别是在产业结构和创新与经济增长方面”的飞跃。

3. 其他相关研究

在PILOT项目基础上，国内学者对我国的中低技术产业创新问题进行了研究。其中，白玲和邓玮（2008）认为高度重视中低技术产业的科技创新对我国自主创新和创新型国家建设具有更加重要的意义；江剑和官建成（2008）使用数据包络分析法（Data Envelopment Analysis，DEA）和技术创新的两阶段模型来测度我国中低技术产业技术创新活动的相对效率，并分析影响产业创新绩效提高的关键因素，结果表明：低技术产业拥有比高技术产业更高的创新效率，提高技术成果转化的效率是关键；中低技术产业在创新活动的各阶段主要表现为显著的规模报酬递增，因此，加大中低技术产业的创新投入更有经济价值。

4. 我国中低技术产业的概念界定

目前，国家统计局、科技部和各学术机构均未正式提出“中低技术产业”的概念，相关学者对高技术产业以外的工业或制造业部门往往冠之以“传统产业”或“传统制造业”。严格来讲，这种提法是值得商榷的。本书以 OECD 的产业技术分类方法为参考，结合中国制造业的发展现状，运用聚类分析对国内的中低技术产业进行科学界定。

第二节　技术创新的分类与测度

一、技术创新的分类

最初，熊彼特把创新活动归结为五种类型，即新产品、新的生产方法和新工艺、新的供应源、新市场、新的企业组织方式。此后，国内外学者出于自身的研究需要，从不同的角度出发对技术创新进行了分类。

1. 渐进性创新（Incremental Innovation）与根本性创新（Radical Innovation）

渐进性创新也称为增量创新或累进性创新，它是指以现有技术为基础，通过渐进的、持续的技术改进逐步使现有技术系统发生微小的变化。这种创新常常出自于直接从事生产的工程师和技术工人之手，与企业生产活动有着直接的联系。从个体角度来看，每次渐进性创新所带来技术变化并不明显，产生的经济效益也不足以影响技术发展趋势。但是，这种渐进性创新的累进效应不可忽视，它们可能具有极高的潜在商业价值，还可能在市场上引发连锁反应。现实中，大量的技术创新就属于渐进性创新。

根本性创新也称为激进创新或技术革命，它是指突破原有的技术体系或实现技术体系的根本变革。这种创新往往与发明或研发活动有关。历史上，这种根本性的技术变革往往对人们的生产和生活产生极为深远的影响。以蒸汽机的大量应用为标志，人类社会经历了由工场手工业发展到机器大工业生产的一次飞跃，进入了“蒸汽时代”；以1831年英国科学家法拉第发现的电磁感应原理为基础，电力作为一种优良的新能源得到广泛应用，人类社会从此步入“电气时代”。

需要指出的是，渐进性创新和根本性创新二者之间并不是彼此孤立的，在根本性创新发生前后，往往伴随着一系列渐进性创新的累积；看似微不足道的个别渐进性创新不断汇聚，为根本性创新积聚力量。可以说，渐进性创新和根本性创新是量变和质变的辩证关系。

2. 产品创新和过程创新

产品创新是以开发新产品为目的，旨在获得全新的产品或对原有产品进行重大改进的创新行为。产品创新还可再分为全新产品创新和改进产品创新。前者是指产品的用途及其原理发生显著性的变化，后者主要是基于市场需要对现有产品进行功能上的扩展和技术上的改进。

过程创新也称为工艺创新或流程创新，这种创新方式往往与成本、效率、质量相联系，是指通过运用新的生产技术、操作方法和规则体系，提高技术水平、产品质量和生产效率的活动，包括应用新工艺、新设备等。

产品创新和过程创新二者之间也不是彼此孤立的。新产品开发过程往往伴随着对现有生产工艺的重新设计和改进，而引进新的生产工艺不仅降低生产成本、提高生产效率和产品质量，也包含渐进性的产品创新过程。

3. 自主创新、模仿创新与合作创新

自主创新指创新者通过自身的研究和探索产生技术成果，它以取得自主知识产权为目标，独立完成创新的全过程并获取创新利润。这种创新的特点是易于协调和控制，但对创新者的技术、生产和组织管理能力要求极高。国内外许多大型企业实力雄厚，资金、人才、技术能得到充分保障，创新多以自身力量为基础。

模仿创新指通过模仿他人的创新思路、经验和行为，购买或破译他人的核心技术，根据市场需要加以改进和完善，并作进一步的深入开发。

近年来频繁出现的“山寨现象”具有模仿创新的成分。由于有一定的参照，这种创新的技术风险相应降低，但很可能会引发知识产权纠纷。从全球角度看，发展中国家为尽快摆脱经济落后的局面，不可避免地会表现出技术上的跟随性，由于无法迅速掌握核心技术，这些国家只能根据自身需求对国外的先进技术作出局部的创新。历史上，日本、韩国和中国香港都曾采用过这种创新模式。

合作创新是指企业间、企业与科研院所之间共同参与，以合作方式进行的创新行为，风险共担、成果共享。这种创新的特点在于可以充分发挥各方优势，但由于涉及各方利益，组织和协调较为复杂。随着科技的迅猛发展，许多技术创新活动单凭个别企业自身的力量是无法承担的，合作创新正在成为一种重要的创新方式。

二、技术创新的测度

对于侧重于定性研究和案例分析的学者而言，创新就其内在特性来说是不可量化和不可测度的。从创新的某些方面如“干中学”、“用中学”来讲，这种说法并无不可，“但创新的总体特征并不排斥对创新的过程及其结果的主要方面进行测度”，特别是就狭义技术创新而言尤其如此。目前，已经在创新分析中使用的指标主要有两类：一是 R&D 数据；二是专利数据。

R&D 数据的收集迄今为止最为成功。OECD 出版的《弗拉斯卡蒂手册》系统阐述了 R&D 活动的基本定义和基本准则、统计范围、统计方法、各种分类的详尽说明和统计调查的案例。作为衡量创新的重要指标，R&D 数据有其优势，如具有较长的收集使用时间、详尽的分类细则、较强的国际通用性，等等。但是，考虑到 R&D 数据只衡量投入不考虑产出，并且在实际应用中数据收集的复杂性，将其作为创新指标是有其局限的。具体到产业方面，以 R&D 强度作为界定高技术产业的唯一指标，暗含着 R&D 是提高生产率的主要来源这一观点，致使非 R&D 的技术创新和中低技术产业发展被忽视，这已使其备受诘责。作为直接 R&D 补充的间接 R&D 数据，由于投入—产出表的不易获得，其应用范围也受到相当大的局限。

专利数据是唯一有长达几个世纪历史记录的创新指标，这意味着可以使用专利数据进行很长时期的相关数量问题研究。但是，准确地说，专利在更多时候是衡量发明的指标，它代表着新技术原理的发现，却不一定有商业价值——发明和创新毕竟是有所区别的。许多专利实际上并不具有技术或经济上的直接意义。

由于直接应用 R&D 数据和专利数据存在诸多缺陷，近年来，人们不断尝试设计一些新的指标，以便对创新加以直接测度，在这方面最重要的进展是构建了一些基于调查的指标。

一般来说，创新调查可分为两大基本类别：一类侧重于企业层面的创新投入和创新产出，如以《奥斯陆手册》为指导的共同体创新调查（Community Innovation Survey，CIS）；另一类则聚焦于具有重大意义的技术创新，如苏塞克斯大学科技政策研究中心创立的 SPRU 数据库。它们都是以熊彼特的创新概念为理论基础，即创新是新技术（工艺）或新产品的商业化，只是侧重点有所不同。

PILOT 也意识到应用 R&D 强度指标衡量产业技术创新的局限。在前人研究的基础上，PILOT 提出了一种新的、由 6 个指标组成的指标体系，它们分别是：

R&D 强度（R&D intensity）；

设计强度（Design intensity）；

技术强度（Technological intensity）；

技能强度（Skill intensity）；

创新强度（Innovation intensity）；

组织创新（Organizational innovativeness）。

该指标体系旨在对中低技术产业与创新能力相关的各个方面加以描述，以此为企业发展创新能力提供方向。

第三节　R&D 强度与产业技术分类

一、R&D 强度与产业技术分类

“R&D 强度”亦称“R&D 密度”，是指 R&D 经费与某种产出指标之间的比值。就某一行业而言，通常是 R&D 费用与总产值、增加值或其他产出指标之比。R&D 强度在某种意义上可以代表产业的技术密集度，较高的技术密集度正是高技术产业区别于其他制造业部门的本质特征。正因为如此，OECD 界定高技术产业选择了 R&D 强度这一指标。

在最初的产业技术分类界定中，OECD 只选择了 R&D 经费占总产值比重这一个强度指标。在 1994 年对产业技术分类标准进行修订时，OECD 已充分认识到应用这一指标的局限，受美国 DOC3 经验的启发，将间接 R&D 经费纳入进来，界定指标变为：R&D 总经费（直接 R&D 经费＋间接 R&D 经费）占总产值比重、直接 R&D 经费占总产值比重和直接 R&D 经费占增加值比重三项。间接 R&D 强度的引入，使一个产业所使用的资本和中间产品中包含的 R&D 得到了正式承认，这些“已获得的技术”（acquired technology）虽然不是直接产生于产业内部，但是对该产业的发展却具有极其重要的意义。通过对制造业各部门 R&D 强度的分析，可以发现一种有趣的现象：从高技术产业、中高技术产业到中低技术产业，再到低技术产业，随着直接 R&D 强度的下降，间接 R&D 强度总体上尽管也在下降，但间接 R&D 与直接 R&D 之间的比值却呈逐渐增加的趋势。高技术产业的直接 R&D 强度和间接 R&D 强度虽然远高于 LMT 产业，但 LMT 产业的间接 R&D 更具有比较优势。间接 R&D 强度的引入虽然不足以对制造业技术分类及高技术产业的界定产生颠覆性的影响，但对 LMT 产业却具有一定的积极意义。那些所谓的 LMT 产业并不是通过直接 R&D 创造获取知识，间接 R&D 才是这些产业技术创新的主要途径。

在计算间接 R&D 强度时需要用到投入—产出表中的数据。由于这些数据的获取十分困难，目前可收集到的最新的投入—产出数据是 1990 年的，这也就决定了间接 R&D 强度的应用局限。在 2001 年第三次修订产业技术分类时，OECD 没有考虑间接 R&D 经费，只应用了 R&D 经费占产值比重和 R&D 经费占增加值比重这两个指标。

根据 OECD 的产业技术分类标准（见表 2-1 和表 2-2），航空航天器制造、制药、电子、通信设备和精密仪器的制造等产业就是人们所熟知的高技术产业。LMT 产业也称非研究密集型产业，包括一些更为传统和成熟的部门，如食品加工、造纸、出版和印刷业、木材和家具业、金属制品业以及塑料制品的生产。

表 2-1　制造业产业的技术分类[a]

	ISIC 第 3 版	1999				1991			
		R&D 占产值的比重		R&D 占增加值的比重		R&D 占产值的比重		R&D 占增加值的比重	
		总体强度[b]	中值强度	总体强度[b]	中值强度	总体强度[b]	中值强度	总体强度[b]	中值强度
高技术产业									
航空航天器制造	353	10.3	10.4	29.1	27.5	13.9	12.9	34.7	32.1
制药	2423	10.5	10.1	22.3	25.8	9.4	8.7	20.6	19.7
办公、会计和计算机设备	30	7.2	4.6	25.8	15.1	10.9	6.4	29.4	15.2
广播、电视和通信设备	32	7.4	7.6	17.9	22.4	7.9	8.2	17.0	21.5
医疗、精密和光学仪器	33	9.7	5.6	24.6	11.9	6.6	6.1	15.6	12.5
中高技术产业									
电气机械和设备	31	3.6	2.3	9.1	6.7	4.2	2.6	9.3	5.9
汽车、挂车及半挂车	34	3.5	2.8	13.3	11.7	3.7	3.0	14.3	11.9
化学制品（不含制药）	24 不含 2423	2.9	2.2	8.3	7.1	3.4	2.8	9.8	8.0
铁路机车及其他交通设备	352+359	3.1	2.8	8.7	7.9	2.9	2.1	7.6	5.4
其他机械设备	29	2.2	2.1	5.8	5.3	1.9	2.0	4.6	4.7
中低技术产业									
船舶制造和修理	351	1.0	1.0	3.1	2.9	0.9	0.9	2.8	2.6
橡胶和塑料制品	25	1.0	1.1	2.7	3.0	1.0	0.6	2.6	1.5
焦炭、炼油产品及核燃料	23	0.4	0.3	1.9	2.7	1.2	0.7	5.4	3.8
其他非金属矿物制品	26	0.8	0.6	1.9	1.3	1.0	0.6	2.4	1.5
基本金属和金属制品	27-28	0.6	0.5	1.6	1.4	0.7	0.6	2.0	1.6
低技术产业									
其他制造业、再生产品	36-37	0.5	0.5	1.3	1.2	0.5	0.4	1.2	0.9
木材、纸浆、纸张、纸制品、印刷和出版	20-22	0.4	0.1	1.0	0.3	0.3	0.1	0.8	0.3
食品、饮料和烟草	15-16	0.3	0.3	1.1	1.0	0.3	0.3	1.1	1.1
纺织、纺织品、皮革及鞋类制品	17-19	0.3	0.4	0.8	1.0	0.2	0.3	0.7	0.7
全部制造业	15-37	2.6	2.2	7.2	6.5	2.5	2.0	7.0	5.7

注：a. 基于 12 个 OECD 国家的数据：美国、加拿大、日本、丹麦、芬兰、法国、德国、爱尔兰、意大利、西班牙、瑞典、英国。

b. 总体 R&D 强度是把各国的 R&D 经费、增加值和产值按 GDP 购买力平价折算后进行计算而得来的。

资料来源：OECD. ANBERD and STAN database, May 2003

表 2-2 1991～1999 年 12 个 OECD 国家的总体 R&D 强度[a]

	ISIC 第 3 版	1991	1992	1993	1994	1995	1996	1997	1998	1999	平均强度 1991～1999
航空航天器制造	353	13.9	13.9	13.5	13.9	16.2	14.8	12.8	10.7	10.3	13.3
制药	2423	9.4	10.1	10.8	10.9	10.6	10.3	11.0	11.1	10.5	10.5
办公、会计和计算机设备	30	10.9	10.4	9.3	8.8	7.5	9.1	10.4	8.9	7.2	9.2
广播、电视和通信设备	32	7.9	8.3	7.9	7.8	7.7	8.2	8.0	8.6	7.4	8.0
医疗、精密和光学仪器	33	6.6	6.8	7.1	7.7	7.7	7.4	8.0	8.0	9.7	7.7
电气机械和设备	31	4.2	4.0	4.0	3.8	4.0	3.9	3.9	4.0	3.6	3.9
汽车、挂车及半挂车	34	3.7	3.4	3.5	3.4	3.5	3.7	3.5	3.3	3.5	3.5
化学制品（不含制药）	24 不含 2423	3.4	3.3	3.4	3.1	2.8	3.1	2.7	3.1	2.9	3.1
铁路机车及其他交通设备	352+359	2.9	2.4	2.4	2.7	2.6	3.2	3.5	3.0	3.1	2.9
其他机械设备	29	1.9	2.0	2.0	2.1	2.0	2.1	2.1	2.1	2.2	2.1
船舶制造和修理	351	0.9	1.0	1.0	0.9	0.9	1.0	0.8	1.0	1.0	1.0
橡胶和塑料制品	25	1.0	1.0	0.9	1.0	0.8	0.9	0.9	0.9	1.0	0.9
焦炭、炼油产品及核燃料	23	1.2	1.2	1.1	1.0	0.9	0.8	0.7	0.9	0.4	0.9
其他非金属矿物制品	26	1.0	0.9	0.9	0.9	0.8	0.9	0.9	0.9	0.8	0.9
基本金属和金属制品	27-28	0.7	0.7	0.7	0.6	0.6	0.7	0.7	0.6	0.6	0.6
其他制造业、再生产品	36-37	0.5	0.5	0.5	0.4	0.4	0.4	0.4	0.6	0.5	0.5
木材、纸浆、纸张、纸制品、印刷和出版	20-22	0.3	0.3	0.3	0.3	0.3	0.4	0.3	0.4	0.4	0.3
食品、饮料和烟草	15-16	0.3	0.3	0.3	0.3	0.3	0.3	0.4	0.4	0.3	0.3
纺织、纺织品、皮革及鞋类制品	17-19	0.2	0.3	0.3	0.3	0.3	0.3	0.3	0.3	0.3	0.3
全部制造业	15-37	2.5	2.5	2.5	2.4	2.6	2.6	2.6	2.6	2.6	2.5
高技术产业		9.4	9.5	9.3	9.3	9.3	9.3	9.5	9.3	8.7	9.3
中高技术产业		3.1	3.0	3.1	3.0	3.1	3.1	2.9	3.0	3.0	3.0
中低技术产业		0.9	0.9	0.9	0.8	0.8	0.8	0.8	0.8	0.7	0.8
低技术产业		0.3	0.3	0.3	0.3	0.3	0.4	0.4	0.4	0.4	0.3

注：a. R&D 强度为直接 R&D 支出占产值（总产出）的百分比，按 GDP 购买力平价折算后的各国的 R&D 经费和产值计算。

资料来源：OECD. ANBERD and STAN database, May 2003

OECD 用 R&D 经费强度指标对制造业进行技术分类，不仅明确了高技术产业的范围，借此强调其在经济发展中的重要作用，还对中高技术、中低技术和低技术产业进行了较为科学的界定。该界定方法表明，产业技术分类的主要依据是制造业各部门的 R&D 经费强度。在一定时期内，制造业各部门的 R&D 经费强度较为稳定，变化不大，但是，随着经济的发展和科技不断进步，R&D 经费强度不会长期固定不变，也要相应发生较大波动。此外，由于产业技术分类是基于国际标准行业分类中的各制造业部门，而 ISIC 也要随着经济发展不断修订和更新。随着

ISIC-Rev.4 的正式公布并得到各国的广泛认可，它将逐步取代目前普遍使用的 ISIC-Rev.3，OECD 的产业技术分类标准也会随之作出调整和修改。因此，产业技术分类的标准并不是一成不变的，技术分类本身就是一个动态的发展过程。

二、我国高技术产业的界定

国内对高技术产业的研究起步较晚，对高技术产业的权威性界定也相应滞后。最初，我国学者曾设想从高技术产业的定义出发，借鉴国外基于产业的方法，尝试利用 1995 年工业普查的数据，计算我国制造业中 549 个小类行业的技术密集度，然后按高低依次排序，将技术密集度明显高的那些部门划入高技术产业的范围。考虑到数据的可获取性，共选择了五项反映技术密集度的指标：R&D 经费支出占工业总产值的比重、R&D 经费支出占工业增加值的比重、R&D 经费支出占销售收入的比重、R&D 人员占职工总数的比重和科技人员占职工总数的比重。但是，由于我国的高技术产业特征并不明显，并没有出现与高技术产业定义相符的聚类现象，这一设想最终未获成功。

此后，学者们又试图以 OECD 确定的高技术产业目录为依据，对照我国的国民经济行业分类，找出与之相同或相近的部门，在此基础上采用专家评判法，进一步对上述待选部门进行甄别与筛选，最终确定我国的高技术产业目录。这种思路得到了广泛认可，界定的结果也较为理想。2002 年 7 月，由国家统计局正式公布的《高技术产业目录》[①]在很大程度上正是以此为基础的。

我国高技术产业目录的确定，虽没有完全采用 OECD 的分类方法和分类结果，但在内容上是与其相通的，且符合我国的具体国情。高技术产业本身是一个动态的、相对的概念，不同国家在不同的经济发展阶段上都会有不同的范围和内容。在高技术产业的界定问题上，各国都会充分考虑到国别差异。但是，高技术产业又是一个全球性的概念。OECD 对制造业进行技术分类，不是依据某个国家几类产业的指标和数据，而是以一批有代表性的成员国制造业各部门的相关指标和数据为基础的，

① 国家统计局公布的高技术产业目录不仅涉及制造业，也涉及服务业。

这就避免了由个别国家、个别产业所造成的局限。正因为如此，OECD对高技术产业的界定不仅为发达国家普遍接受，也得到了许多发展中国家的认可。在进行国际比较研究时，许多国际组织和学者都会以OECD界定的高技术产业为基准。

三、我国中低技术产业的界定

在我国的高技术产业界定过程中，国家统计局、科技部并未相应引入“中高技术产业”、“中低技术产业”和“低技术产业”的概念，国内的研究机构和学者也鲜有提及。除高技术产业以外，其他“非高技术”制造业部门往往被冠之以“传统产业”或“传统制造业”。实际上，“非高技术”产业与传统产业是两个不同的范畴。“非高技术”产业与高技术产业的本质区别在于R&D强度的差异，全新的经济形态则是新兴产业区别于传统产业的本质特征；“传统产业”这一概念只是针对“新兴产业”，与高技术产业相对应的只能是中高技术产业、中低技术产业和低技术产业。目前，许多人对高技术产业的理解只停留在字面意义或定性认识上，对其具体内容所知有限。为深入分析“非高技术”产业对经济发展的影响，引入“中低技术产业”的概念并对其作出科学的界定是非常有必要的。

本书借鉴OECD的产业技术分类方法，采用R&D强度指标对我国制造业各部门进行技术分类，在此基础上确定我国中低技术产业即LMT产业的范围。本书所使用的数据主要来源于2004～2010年《中国统计年鉴》及《中国科技统计年鉴》有关大中型企业的统计数据。这是由于多年来我国大中型工业企业的R&D经费支出占全部工业企业R&D经费支出总额的比重一般在95%以上，可以代表全部工业企业的R&D数据。此外，由于制造业各部门工业增加值数据部分年份缺失，且年鉴中的投入—产出表并非按国际标准行业分类设计，使得R&D经费占增加值比重和间接R&D强度这两个指标难以计算。综上考虑，在现有统计数据的基础上，本书最终选择直接R&D强度——R&D经费占工业总产值比重——作为界定中低技术产业的唯一指标。

本书以2003～2009年这七年平均直接R&D强度为依据，使用统计软件SPSS 18.0对相应数据进行K-means聚类分析。在实际运算时，参考了 Hatzichronoglou 的分组方法，先将 29 个制造业大类行业划分为高技术、中高技术、中低技术和低技术四个类别。但是，聚类分析结果并不理想，划入高技术产业类别的只有专用设备制造业和医药制造业两个部门，仪器仪表及文化、办公用机械制造业因平均 R&D 强度不高而被归入了中低技术产业。这样一来，就与 OECD 的分类结果和国家统计局公布的《高技术产业目录》存在严重冲突。实践表明，以现有统计为基础进行四分类的 K-means 聚类分析是不现实的。

因此，本书刻意淡化高技术产业与中高技术产业、中低技术产业与低技术产业的差异，先将制造业各部门划分为 2 个产业类别，即高技术和中高技术（High-tech and Medium-high Tech，HMT）产业、低技术和中低技术（Low-tech and Medium-low Tech，LMT）产业，聚类分析结果（见表 2-3）较为理想，《高技术产业目录》中的绝大部分高技术产业归入到 HMT 产业中。综上分析，不妨将整体 R&D 强度较高的产业类别简称为中高技术（HMT）产业，将整体 R&D 强度较低的产业类别称为中低技术（LMT）产业，既可以避免与现有《高技术产业目录》的冲突，又符合我国实际，更便于作国际间的比较分析。

从聚类分析结果看，大体上可以得出以下五点结论。

第一，由于统计数据所限，多数行业代码为三位数、四位数的制造业部门 R&D 数据收集困难且不完整，产业技术分类仅限于行业代码为两位数的行业大类。此外，为避免造成与现有《高技术产业目录》的严重冲突，聚类分析仅将制造业各部门归为 2 个产业技术类别。与 OECD 的产业技术分类相比，本书对中低技术产业的界定略显粗糙。

第二，在内容上，本书所界定的 LMT 产业与 OECD 较为相似，但个别行业的归属存在一定差异。如船舶制造业，在 OECD 的产业技术四分类中属中低技术产业，由于我国交通运输设备制造业的 R&D 强度较高，本书将其与交通运输设备制造业一并归入 HMT 产业；再如橡胶制品业，在 OECD 的产业技术四分类中亦属中低技术产业，但我国橡胶制品业的 R&D 强度相对较高，在聚类分析中也被划入了 HMT 产业。

表 2-3　2003～2009 中国制造业各行业 R&D 强度 [a]

行业名称	行业代码	2003	2004	2005	2006	2007	2008	2009	平均强度 2003～2009[b]
高技术和中高技术（HMT）产业		1.17	1.13	1.21	1.27	1.29	1.36	1.49	1.28
专用设备制造业	36	1.32	1.18	1.56	1.66	1.91	1.90	2.29	1.69
医药制造业	27	1.47	1.36	1.50	1.72	1.75	1.65	1.78	1.60
电气机械及器材制造业	39	1.50	1.36	1.34	1.44	1.39	1.45	1.62	1.44
通用设备制造业	35	1.38	1.14	1.23	1.43	1.50	1.54	1.76	1.43
交通运输设备制造业	37	1.04	1.17	1.35	1.38	1.39	1.43	1.41	1.31
通信设备、计算机及其他电子设备制造业	40	1.20	1.12	1.18	1.19	1.15	1.25	1.41	1.21
橡胶制品业	29	0.82	0.86	0.81	1.16	1.25	1.25	1.28	1.06
仪器仪表及文化、办公用机械制造业	41	0.76	0.91	0.89	0.77	0.99	1.18	1.58	1.01
化学原料及化学制品制造业	26	0.89	0.89	0.90	0.86	0.98	1.00	1.07	0.94
低技术和中低技术（LMT）产业		0.45	0.43	0.48	0.50	0.51	0.55	0.63	0.51
化学纤维制造业	28	0.55	0.58	0.60	0.79	0.83	1.04	1.16	0.79
黑色金属冶炼及压延加工业	32	0.77	0.61	0.73	0.78	0.80	0.81	0.87	0.77
饮料制造业	15	0.53	0.71	0.72	0.69	0.75	0.76	0.86	0.72
有色金属冶炼及压延加工业	33	0.60	0.60	0.75	0.70	0.62	0.69	0.81	0.68
塑料制品业	30	0.53	0.60	0.53	0.61	0.50	0.78	0.88	0.63
金属制品业	34	0.50	0.39	0.60	0.59	0.70	0.77	0.83	0.63
造纸及纸制品业	22	0.56	0.48	0.55	0.57	0.51	0.65	0.79	0.59
非金属矿物制品业	31	0.65	0.49	0.58	0.53	0.47	0.57	0.65	0.56
木材加工及木、竹、藤、棕、草制品业	20	0.53	0.59	0.77	0.48	0.56	0.51	0.42	0.55
印刷业和记录媒介的复制	23	0.53	0.39	0.40	0.35	0.61	0.52	0.76	0.51
工艺品及其他制造业	42	0.57	0.58	0.39	0.55	0.49	0.42	0.54	0.51
纺织业	17	0.36	0.49	0.45	0.43	0.46	0.53	0.66	0.48
食品制造业	14	0.42	0.39	0.38	0.43	0.46	0.42	0.61	0.44
文教体育用品制造业	24	0.30	0.39	0.36	0.38	0.39	0.50	0.76	0.44
纺织服装、鞋、帽制造业	18	0.44	0.38	0.38	0.31	0.28	0.30	0.33	0.35
家具制造业	21	0.10	0.29	0.30	0.27	0.34	0.31	0.43	0.29
农副食品加工业	13	0.18	0.20	0.20	0.26	0.29	0.30	0.34	0.25
烟草制品业	16	0.21	0.20	0.32	0.22	0.24	0.22	0.26	0.24
皮革、毛皮、羽毛（绒）及其制品业	19	0.14	0.19	0.15	0.14	0.18	0.18	0.25	0.18
石油加工、炼焦及核燃料加工业	25	0.12	0.10	0.10	0.12	0.12	0.14	0.18	0.13
全部制造业		0.83	0.79	0.85	0.88	0.90	0.94	1.06	0.89

注：a. R&D 强度为直接 R&D 支出占总产值的百分比，按当年价格计算。
b. 平均 R&D 强度为 2003～2009 年历年 R&D 强度的简单平均。
资料来源：根据 2004～2010 年《中国科技统计年鉴》及《中国统计年鉴》有关数据计算整理。

第三，OECD 的产业技术分类并不仅仅针对某个国家的几类产业，而是依据一批典型国家的制造业各部门的数据，这样就避免了由于一国或几国经济结构的局限而影响产业技术分类的结果。根据 R&D 强度来划分产业技术分类，虽然适用于 OECD 整体，但具体到经济环境不同的某个国家，其应用可能存在很大局限。截至目前，我国制造业各部门间的 R&D 强度差距远不如 OECD 明显，聚类特征并不显著。鉴于我国与 OECD 成员国处于不同的经济发展阶段以及我国的具体国情，可以预测，随着全球经济一体化的不断推进和科技进步，未来我国制造业各部门的 R&D 强度会逐渐呈现出与 OECD 的某种趋同。

第四，尽管用 R&D 强度指标界定高技术产业在中国未获成功，但依据这一方法界定国内的 LMT 产业却是适用的。OECD 的产业技术分类也许更适合用来进行国际比较研究，本书对 LMT 产业的界定适用于国内的研究需要。

第五，无论是在 OECD 成员国还是中国，多数 LMT 产业的 R&D 强度较为稳定，波动幅度不大，我国 LMT 产业的 R&D 强度还呈现出稳中有升的趋势，反映出国内 LMT 产业对 R&D 活动的重视程度日益加强。从宏观统计角度看，制约产业发展的 R&D 投入不足、R&D 强度过低等现象在我国的 LMT 产业中似乎并不明显。

四、对中低技术产业概念的理解

所谓中低技术产业，并不是指这些制造业部门的生产工艺落后、技术水平低下，只是由于这些行业的 R&D 强度低于高技术产业和 HMT 产业。但是，低研发强度是否意味着低技术水平，R&D 强度能否真正代表产业的技术高度，是值得商榷的。从历史的角度看，大部分 LMT 产业经历了较为漫长的成长和发展过程，在目前属于较为成熟的产业，生产工艺和技术水平已达到了相当的高度。另外，由于存在技术外溢，高技术完全有可能成功扩散到低技术部门，真正的低技术产业几乎不会存在。从推动高技术产业快速发展的角度看，OECD 的产业技术分类具有一定的积极意义，但是，从字面意义理解，这种划分对中低技术产业的发展却具有一定的消极作用。图兹曼和阿查认为，分类本身“对学术分析的作用已越来越小”。中低技术产业之所以被称为“中低技术”，完全是受 R&D 强度的拖累，称之为“中低 R&D 强度”产业似乎更为妥当。

需要指出，LMT 产业并不等于通常所说的传统产业，二者之间的关系并非如此简单。高技术产业、HMT 产业和 LMT 产业主要是就《国际标准行业分类》中的制造业而言的，而新兴产业和传统产业的区分显然已超越了制造业的范畴。随着经济发展和科技进步，在成熟的 LMT 产业中也可以孕育出新兴产业。

还应指出，产业技术分类侧重于产业层面，不能将其直接应用于企业和产品。产业技术分类与企业技术分类、产品技术分类有相通之处，但也同样存在差异。在高技术产业内部，不仅存在大量的高技术企业，也存在数量可观的 LMT 企业；在 LMT 产业内部，尽管 LMT 企业占据主导地位，但也可以发现高技术企业的存在。同理，LMT 产业内部也有高技术活动存在，也可以生产部分高技术产品。总之，高技术、中技术和低技术企业普遍存在于制造业的各个部门，各部门生产的产品并不一定与该部门所属的技术分类完全一致，各种不同技术水平的活动在各产业类别中是普遍存在的。

第三章　中国中低技术产业技术创新能力综合评价

产业技术创新能力的评价，是以制造业各部门在技术创新方面存在的比较优势为基础，重点分析分属不同技术类别（LMT 产业或 HMT 产业）的各个部门在技术创新的各个方面存在的差异及其主要影响因素。因此，各个产业的技术创新能力是相对的，在一定程度上可以量化测度，即通过构建评价指标体系加以比较和分析。理论上，可以将产业技术创新能力作为具有内在逻辑关系的多种因素产生的一种“合力”，以此为评价指标体系的构建提供基础。

第一节　产业技术创新能力评价指标体系

一、评价指标体系的构建原则

在充分利用现有统计资料的基础上，评价指标体系的构建不仅要反映中低技术产业技术创新的现实状况，还要对各种影响因素进行综合性分析。因此，评价指标体系的构建必须遵循以下几项原则。

1. 科学性原则

指标体系的科学性是确保评价结果准确、合理的基础，指标的确定、数据的选取以及评价方法的选择都必须以公认的创新理论（如熊彼特的创新理论）为依据，从而在整体上客观、真实地体现出 LMT 产业的技术创新。

2. 系统性原则

在构建产业技术创新能力评价指标体系时，可供选择的经济指标、科技指标和创新指标有很多，这些指标分别从不同的侧面反映了各个产业的技术创新状况。但是，任何一种评价指标体系的构建都不可能将所有相关因素考虑在内。如果指标选取过多，在一定程度上虽可保证指标体系的全面性、保证评价的完整性，却不免使评价工作的复杂性和难度大为增加，甚至影响关键指标作用的体现。出于各种评价目的的需要，待选指标必须要有所取舍。如果指标选取过少，固然可以减轻评价的工作量和难度、突出关键指标的作用，但评价对象的综合特征有时难以全面体现。因此，指标选取的规模必须采取适度原则。在保证评价体系完整性的前提下，各个指标之间应相互协调，各有侧重，形成一个全面、清晰的有机整体，从不同的角度体现出中低技术产业技术创新的实际状况。

3. 可行性原则

所谓可行性，是指评价指标体系的设计不仅要有理论依据，更要在实践中具有可操作性。具体而言，是指选取的指标含义明确、口径统一，数据收集没有困难，评价方法易于掌握，从而保证评价结果的客观性与合理性。迄今为止，有不少学术机构和学者提出过各种各样的指标体系。从学术角度看，这些指标体系堪称完美，很有价值，但是，其中也存在着诸多缺憾，如指标含义模糊、数据收集困难、评价方法过于复杂、不易操作等，因此大都只限于理论层面的研究和探讨，真正能应用于实践的毕竟不多。

二、指标选取与评价指标体系设计

从本质上讲，产业技术创新能力评价指标体系是从系统角度对制造业各部门的技术创新进行抽象和描述的概念模型。为准确、客观评价中低技术产业各部门技术创新的真实状况，体现出 LMT 产业的技术创新相对于 HMT 产业（特别是高技术产业）的差异和比较优势，根据以上构建原则，本书设计了产业技术创新能力评价指标体系，如表 3-1 所示。

该指标体系包括科技经费比重、专利、技术应用强度、技能强度、创新力度五个方面，共由 11 个具体指标组成，具体构成项目有如下几项。

1. 科技经费比重

科技活动有研发性活动和非研发性活动之分，科技经费也相应分为研发经费和非研发经费两种。其中，R&D 经费投入一直是衡量技术创新的重要指标之一。在工业化初期，“干中学”、“用中学”曾是欧美国家许

表 3-1　产业技术创新能力评价指标体系

一级指标	二级指标	三级指标	指标解释
产业技术创新能力 A	科技经费比重 B1	R&D 经费比重 C1	R&D 经费占主营业务收入比重（%）
		非 R&D 经费比重 C2	科技经费中的非 R&D 经费占主营业务收入比重（%）
	专利 B2	实用新型、外观设计专利比重 C3	实用新型专利、外观设计专利申请所占比重（%）
		发明专利比重 C4	发明专利申请所占比重（%）
	技术应用强度 B3	其他技术活动经费比重 C5	技术改造、技术引进、消化吸收、购买国内技术等其他技术活动经费占主营业务收入比重（%）
		引进技术的消化吸收比重 C6	消化吸收经费与引进技术经费之比（%）
	技能强度 B4	科技活动人员比重 C7	科技活动人员占从业人员比重（%）
		科学家与工程师比重 C8	科学家与工程师占科技活动人员比重（%）
	创新力度 B5	有科技活动的企业比重 C9	有科技活动的企业占全部企业比重（%）
		新产品销售收入比重 C10	新产品销售收入占主营业务收入比重（%）
		有科技机构的企业比重 C11	有科技机构的企业占全部企业比重（%）

多企业技术积累的主要方式，时至今日仍是 LMT 产业技术创新的重要驱动力。近年来世界各国创新政策的制定逐渐向高技术产业倾斜，决策者非常看重 R&D 对经济增长的作用，非研发性的科技活动一度受到了冷落。随着人们对“技术创新”概念的理解逐渐深入，以“干中学”、“用中学”为代表的非研发性的科技活动将再次受到重视。为此，本书除了选择 R&D 经费比重作为测定科技投入的指标，还选择了非 R&D 经费比重这一指标。

2. 专利

专利包括发明专利、实用新型专利和外观设计专利三种类型，它主要反映拥有自主知识产权的科技和设计成果。其中，实用新型专利和外观设计专利更多地体现为一种专业性的设计成果，但是这两种基于设计活动的专利与 R&D 并没有任何直接的联系。发明专利则要复杂得多。通常认为，发明和创新之间存在很大差别，前者是指提出一种新产品或新工艺的想法，而后者则是首次尝试将这一想法付诸实施。有些时候，发明和创新又是紧密联系的，特别是在具体的行业背景下，发明可以在产业内迅速实现商业化应用，此时的发明即可视为一种技术创新。为此，本书不仅选择发明专利比重这一指标，还选取了实用新型专利和外观设计专利比重这一指标，力图全面反映 LMT 产业的专利情况。

3. 技术应用强度

技术改造、技术引进、消化吸收、购买国内技术等四项活动在历年的统计年鉴中都被称为“其他技术活动”。这些技术活动与 R&D 活动在性质上存在着根本性的差异，在知识经济时代所产生的社会影响也并不显著，甚至不能称为正式的创新。但是，技术改造和消化吸收活动的背后往往隐藏着以“干中学”和“用中学”为基础的增量创新和模仿创新，技术引进和购买国内技术的过程也就是将间接 R&D 收归己用的过程。我国制造业发展水平整体上落后于西方发达国家，这些其他技术活动在国内的制造业中长期占有重要地位，对 LMT 产业的技术创新及产业内升级具有非常重要的意义。本书以其他技术活动经费比重、引进技术的消化吸收比重这两个指标对这类活动加以测度。

4. 技能强度

21 世纪的竞争是人才的竞争，人力资源结构特别是人力资源的技术结构对于一个行业的发展是非常重要的，它体现了该产业技术创新的潜力。作为技术创新的参与者和主要行为者，技术人才的数量对一个产业的技术创新具有直接影响。为此，本书选取了科技活动人员比重、科学家与工程师比重这两个指标。

5. 创新力度

目前，对技术创新的测度研究已逐渐转向寻找衡量创新的直接指标，新技术的采用和新产品的开发正是产业技术创新两种直接的重要形式。

为此，本书选取有科技活动的企业比重和新产品销售收入比重这两项指标。另外，组织创新是创新活动的重要形式之一，常常与产业技术创新联系在一起，但长期的相关研究主要限于案例分析和大规模的组织创新调查，不可避免地带有一定的主观倾向。本书选择有科技机构的企业比重这一指标，力图对组织创新进行客观评价。

第二节　LMT 产业技术创新能力评价方法

国内外关于技术创新能力的评价方法主要分为单项指标评价和综合指标评价两种。单项指标评价通过选取具有最广泛代表性的某一具体指标，通过定量分析确定技术创新能力大小。单项指标评价可以反映技术创新能力的某一具体方面，如 OECD 对制造业各部门进行技术分类时所选取的直接 R&D 强度就是一种典型的单项指标，它在一定程度上代表了产业的技术密集度。至于综合指标评价，它从多种角度反映了评价对象满足评价主体的需求程度，比单项指标评价更为有效，实际应用也更为广泛。综合指标评价不仅可以弥补各种单项指标评价所固有的单一性、片面性的缺点，还可以对评价体系中的各种构成指标加以协调和互补。在众多的综合指标评价方法中，层次分析法（Analytical Hierarchy Process, AHP）是最重要的评价方法之一，本书所采用的正是层次分析法。

一、层次分析法（AHP）简介

层次分析法是由美国匹兹堡大学教授托马斯·萨蒂（T. L. Saaty）于 20 世纪 70 年代提出的。它将定性分析与定量分析加以综合，模拟人的决策思维过程，可以对多因素的复杂系统进行分析，也适用于难以定量描述的社会系统。目前，AHP 已成为分析多目标、多准则的复杂公共管理问题的有力工具。

1. 层次分析法的特点

层次分析法的特点可以概括为：

（1）分析思路清晰，可以将分析人员的思维过程系统化、数学化和模型化；

（2）所需的定量数据不必太多，但要求对问题所包含的具体因素及其相互关系有非常清晰的认识；

（3）适用于多准则、多目标的复杂问题的决策分析，特别是难以完全量化描述的复杂系统。

2. 应用 AHP 解决问题的基本思路

首先，把待解决的问题层次化。也就是依据问题的性质和总目标，将该问题分解为不同的组成因子，根据各因子之间的相互影响和隶属关系进行分层聚类组合，形成一个递阶、有序的层次结构模型。

其次，依据人们对客观现实的判断，对模型中每一层次因子的相对重要性予以量化处理，再利用数学方法确定每一层次全部因子相对重要性次序的权重。

最后，通过综合计算各层因子之间相对重要性的权值，得到最低层（方案层）相对于最高层（目标层）的相对重要性次序的组合权值，以此作为评价和选择方案的依据。

二、层次分析法的基本过程

1. 明确问题

在用 AHP 分析待解决的问题时，首先要对该问题有明确的认识，将复杂问题概念化，弄清研究对象所包含的各种主要因素，确定各个因素之间的关联关系和隶属关系。

2. 阶梯层次结构模型的建立

根据对问题的分析和了解，将问题所包含的各种因素按照是否具有某些共同的特征加以归纳分组，并把它们之间的共同特性看成是系统中较高层次中的一些因素，这些更高层次中的因素按照另外的共同特性重新组合，直到最终形成单一的最高层次因素。如图 3-1 所示。

在这个阶梯层次结构模型中，复杂问题被分解成各个元素。这些元素又按照共同属性分成若干组，从而形成不同的层次。同一层次中的元素作为准则对其下属元素起支配作用，同时也要受更高层次元素的支配。这些层次一般可分为三类：

（1）最高层，也称目标层，这一层次只有一个元素，是分析问题的预定目标；

（2）中间层，也称为准则层，也就是为实现预定目标所涉及的各个中间环节，可以由若干层次组成，包括准则、子准则和各种具体指标；

（3）最低层，也称为措施层或者方案层，是指为实现预定目标可供选择的各种措施或决策方案。

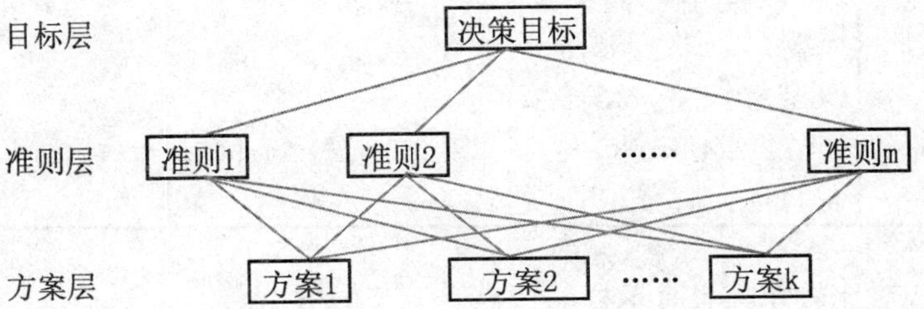

图 3-1　简单的阶梯层次结构模型

3. 建立两两比较的判断矩阵

判断矩阵表示在某层次中受上一层次某个元素支配的各个元素之间相对重要性的两两比较。一般取如下形式：

$$
\begin{array}{c} \\ A_1 \\ A_2 \\ \vdots \\ A_n \end{array}
\begin{array}{c} \begin{array}{cccc} A_1 & A_2 & \cdots & A_n \end{array} \\ \begin{bmatrix} a_{11} & a_{12} & \cdots & a_{1n} \\ a_{21} & a_{22} & \cdots & a_{2n} \\ \vdots & \vdots & & \vdots \\ a_{n1} & a_{n2} & \cdots & a_{nn} \end{bmatrix} \end{array}
\tag{3-1}
$$

在层次分析法中，为了使矩阵的判断结果定量化，关键在于设法使任意两个方案基于某一准则的相对优越程度得到定量的描述。对单一准则来说，两个方案进行比较一般总是能判断出优劣。在众多的标度方法中，层次分析法普遍采用 1～9 标度法，对判断矩阵给出数量标度。具体的标度方法为：

比较第 i 个元素与第 j 个元素相对于上一层次某个因素的重要性，用相对权重 a_{ij} 进行赋值。以下为标度定义与说明（见表 3-2）：

表 3-2 1～9 标度法

标度	含义
a_{ij}=1	元素 i 与元素 j 对上一层次因素的重要性相同
a_{ij}=3	元素 i 比元素 j 略重要
a_{ij}=5	元素 i 比元素 j 重要
a_{ij}=7	元素 i 比元素 j 重要得多
a_{ij}=9	元素 i 比元素 j 极其重要
a_{ij}=2n	n=1, 2, 3, 4，元素 i 与 j 的重要性介于 $a_{ij}=2n-1$ 与 $a_{ij}=2n+1$ 之间
a_{ij}=1/n	n=1，2，…，9，当且仅当 $a_{ji}=n$。

成对比较矩阵具有这样的特点：

（1）当 $i=j$ 时，$a_{ij}=1$；

（2）$a_{ij}=\dfrac{1}{a_{ji}}$；

（3）$a_{ij}=\dfrac{a_{ik}}{a_{jk}}$ （i, j, k=1, 2, …, n）。

比较判断矩阵中的 a_{ij} 是以历史资料、专家意见和分析经验为根据，再经过反复推敲后确定的。应用层次分析法，保持判断思维的一致性非常重要，只有矩阵中的 a_{ij} 满足上述三条关系式时，判断矩阵才具有完全的一致性。

比较判断矩阵的一致性指标 CI（Consistency Index）为

$$CI=\frac{\lambda_{\max}-n}{n-1} \tag{3-2}$$

式中，$\lambda_{\max}$ 是矩阵 A 的最大特征值。一致性指标 CI 的值越大，表明判断矩阵对完全一致性偏离的程度越大；CI 的值越小，表明判断矩阵越接近于完全一致性。一般来说，判断矩阵的阶数 n 越大，人为造成的偏离完全一致性指标 CI 的值便越大；n 越小，人为造成的偏离完全一致性指标 CI 的值便越小。

对于多阶的比较判断矩阵，引入平均随机一致性指标 RI（Random Index），表 3-3 给出了 1～10 阶正互反矩阵计算 1000 次得到的平均随机一致性指标。

表 3-3　平均随机一致性指标 ***RI***

N	1	2	3	4	5	6	7	8	9	10
RI	0	0	0.58	0.90	1.12	1.24	1.32	1.41	1.45	1.49

当 $n<3$ 时，判断矩阵永远具有完全一致性。判断矩阵的一致性指标 CI 与同阶平均随机一致性指标 RI 之比称为随机一致性比率 CR（Consistency Ratio）。

$$CR=\frac{CI}{RI} \tag{3-3}$$

当 $CR<0.10$ 时，便认为判断矩阵具有可以接受的一致性。当 $CR\geqslant 0.10$ 时，就需要对判断矩阵进行调整和修正，使其满足 $CR<0.10$，从而具有满意的一致性。

4. 层次单排序

层次单排序就是本层次各元素对上一层某元素排出重要性顺序，这需要计算判断矩阵的最大特征向量，方根法与和积法是最常用的两种方法。本书主要介绍方根法。

方根法具体计算步骤：

（1）将判断矩阵的每一行元素相乘，得到公式（3-4）：

$$M_i=\prod_{j=1}^{n}a_{ij}\quad (i=1, 2,\cdots, n) \tag{3-4}$$

（2）计算 M_i 的 n 次方根 m_i，见公式（6-5）：

$$m_i=\sqrt[n]{M_i}\quad (i=1, 2, \cdots, n) \tag{3-5}$$

（3）将方根向量进行正规化处理，即得特征向量 $W=(W_1,W_2,\cdots,W_n)^t$ 的第 i 个分量 W_i，见公式（3-6）：

$$W_i=\frac{m_i}{\sum\limits_{i-1}^{n}m_i}\quad (i=1, 2, \cdots, n) \tag{3-6}$$

（4）计算判断矩阵的最大特征根 $\lambda_{\max}$，见公式（3-7）：

$$\lambda_{\max}=\frac{1}{n}\sum_{i=1}^{n}\frac{(AW)_i}{W_i} \tag{3-7}$$

式中，$(AW)_i$ 为向量 $AW=\left((AW)_1,(AW)_2,\cdots,(AW)_n\right)^t$ 的第 i 个分量。

（5）层次综合排序

利用上述层次单排序的计算结果，经过进一步的综合分析，可以得出对更上一层次的重要性排序。

第三节　LMT 产业技术创新能力综合评价

一、层次分析法确定指标权重

1. 建立递阶层次结构

根据产业技术创新能力评价指标体系中的各项指标，首先建立产业技术创新能力综合评价的层次结构，如图 3-2 所示。最高层为目标层，记为 *A*；中间层为准则层 *B* 和指标层 *C*，准则层分别记为 *B1*、*B2*、*B3*、*B4*、*B5*，指标层分别记为 *C1*～*C11*，指标层中的 11 个指标分属于准则层中的 6 个准则；最低层为方案层，为标准行业分类中的制造业各大类行业，在图中不一一列出。

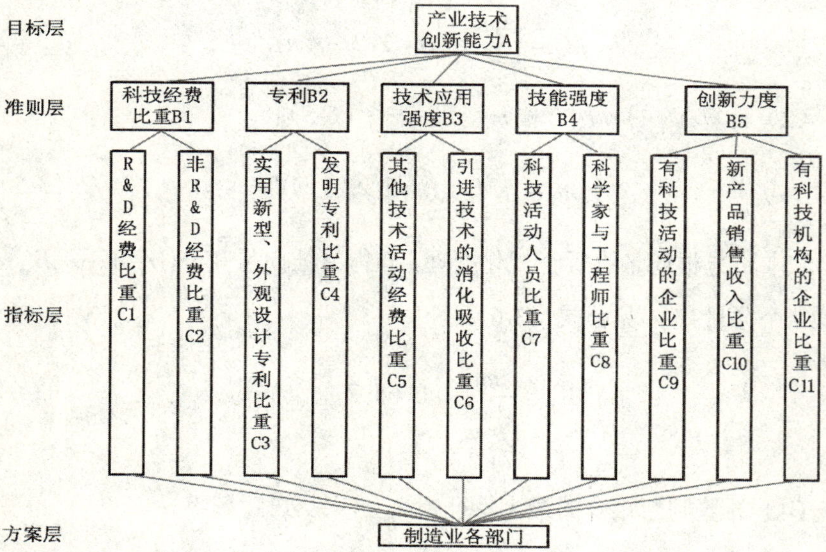

图 3-2　产业技术创新能力层次结构分析模型

2. 建立两两比较的判断矩阵

综合各种因素考虑，经反复试错比较后，得到 6 个比较判断矩阵。其中，准则层对目标层的比较判断矩阵为：

$$A=\begin{matrix} & B1 & B2 & B3 & B4 & B5 \\ B1 & 1 & 4 & 2 & 1 & 3 \\ B2 & \frac{1}{4} & 1 & \frac{1}{3} & \frac{1}{4} & \frac{1}{3} \\ B3 & \frac{1}{2} & 3 & 1 & \frac{1}{2} & 1 \\ B4 & 1 & 4 & 2 & 1 & 2 \\ B5 & \frac{1}{3} & 3 & 1 & \frac{1}{2} & 1 \end{matrix}$$

指标层对准则层的比较判断矩阵分别为：

$$B1=\begin{matrix} & C1 & C2 \\ C1 & 1 & 2 \\ C2 & \frac{1}{2} & 1 \end{matrix},\quad B2=\begin{matrix} & C3 & C4 \\ C3 & 1 & \frac{1}{2} \\ C4 & 2 & 1 \end{matrix},\quad B3=\begin{matrix} & C5 & C6 \\ C5 & 1 & 2 \\ C6 & \frac{1}{2} & 1 \end{matrix},$$

$$B4=\begin{matrix} & C7 & C8 \\ C7 & 1 & 2 \\ C8 & \frac{1}{2} & 1 \end{matrix},\quad B5=\begin{matrix} & C9 & C10 & C11 \\ C9 & 1 & 3 & 3 \\ C10 & \frac{1}{3} & 1 & 1 \\ C11 & \frac{1}{3} & 1 & 1 \end{matrix}。$$

3. 层次单排序与一致性检验

本书是利用 Excel 2007 进行层次单排序及一致性检验的，具体分析结果如下。

（1）判断矩阵 A 的最大特征值 $\lambda_{\max}=5.0595$。

归一化特征向量 $W_i=(0.3248\quad 0.0637\quad 0.1624\quad 0.2995\quad 0.1497)^{\mathrm{T}}$。

一致性指标 $CI=\dfrac{\lambda-n}{n-1}=\dfrac{5.0595-5}{5-1}=0.0149$。由 n=5，在随机一致性指标数值表中查得 RI=1.12，故一致性比率 $CR=\dfrac{CI}{RI}=\dfrac{0.0149}{1.12}=0.0133$

<0.1，A 通过了一致性检验。

（2）同理，将指标层对准则层的比较判断矩阵 $B1$、$B2$、$B3$、$B4$、$B5$ 分别求层次单排序的权向量，其结果如表 3-4 所示。

表 3-4 层次单排序及一致性检验结果

B_k	$B1$	$B2$	$B3$	$B4$	$B5$
k	1	2	3	4	5
ω_{k1}	0.6667	0.3333	0.6667	0.6667	0.5098
ω_{k2}	0.3333	0.6667	0.3333	0.3333	0.2451
ω_{k3}					0.2451
λ_k	2.0000	2.0000	2.0000	2.0000	3.0904
CI_k	0.0000	0.0000	0.0000	0.0000	0.0452
RI_k	0.0000	0.0000	0.0000	0.0000	0.5800
CR_k					0.0780

注：ω_{ki}(k=1，2，3，4，5；i=1，2，3)为 C 层 i 个因素对上层 B_k 因素的层次单排序权向量

由于当 $n<3$ 时，判断矩阵永远具有完全一致性，且 $CR_5=0.0780<0.1$，故 $B1$、$B2$、$B3$、$B4$、$B5$ 均通过了一致性检验。

4. 层次总排序

根据计算公式 $\beta_{ki}=W_k\,\omega_{ki}$（$k$=1，2，3，4，5；$i$=1，2，3），所得各个指标的权重如表 3-5 所示。

表 3-5 产业技术创新能力评价指标体系指标权重

一级指标	二级指标	三级指标	评价指标权重
产业技术创新能力 A	科技经费比重 B1	R&D 经费比重 C1	0.2165
		非 R&D 经费比重 C2	0.1083
	专利 B2	实用新型、外观设计专利比重 C3	0.0212
		发明专利比重 C4	0.0425
	技术应用强度 B3	其他技术活动经费比重 C5	0.1083
		引进技术的消化吸收比重 C6	0.0541
	技能强度 B4	科技活动人员比重 C7	0.1997
		科学家与工程师比重 C8	0.0998
	创新力度 B5	有科技活动的企业比重 C9	0.0763
		新产品销售收入比重 C10	0.0367
		有科技机构的企业比重 C11	0.0367

二、数据原值的采集与标准化处理

上述产业技术创新能力评价指标体系中的定量数据主要取自 2009 年和 2010 年《中国科技统计年鉴》，为 2008 年和 2009 年度数据。由于篇幅所限，制造业各部门具体指标的数据原值不在此一一列出。

需要指出的是，尽管指标体系中的各项指标数据均为比值，但仍具有一定的实际意义，为慎重起见，需要对搜集得到的原始数据进行无量纲的标准化处理。数据的标准化方法有很多种，本书采用公式（3-8）进行处理：

$$C_i = \frac{x_i}{x_{\max}} \times 100 \tag{3-8}$$

式中：C_i 是指标的标准化值；x_i 是指标的实际值，$x_{\max}$ 是该项指标的基准值（最大值）。将采集到的各指标原值经公式（3-8）标准化处理后，得到新的指标值，如表 3-6 所示。

表 3-6　产业技术创新能力实证分析标准化值

行业代码	标准化值										
	C1	C2	C3	C4	C5	C6	C7	C8	C9	C10	C11
C13	12.23	18.35	71.58	51.89	6.20	20.02	15.67	84.89	19.39	11.08	12.52
C14	24.46	45.87	65.91	59.53	6.18	5.34	25.26	83.25	30.95	13.14	24.75
C15	42.45	59.63	84.95	33.86	12.73	5.16	39.30	87.32	33.40	12.53	27.87
C16	15.83	41.28	69.58	54.59	12.48	100.00	51.70	93.52	100.00	18.63	100.00
C17	20.86	32.11	94.00	21.66	11.29	23.26	17.08	62.31	25.35	27.07	12.14
C18	10.79	17.43	100.00	13.58	2.59	10.41	5.73	62.40	14.96	13.52	5.06
C19	7.91	18.35	99.88	13.74	1.99	10.60	6.67	50.36	26.99	12.76	10.71
C20	12.95	21.10	81.02	39.16	7.76	16.45	12.63	61.88	12.70	11.21	7.67
C21	10.79	21.10	97.03	17.58	2.84	18.53	9.12	69.36	16.52	13.16	10.41
C22	27.34	43.12	73.58	49.19	21.98	2.13	22.11	78.77	16.77	20.66	10.62
C23	20.14	34.86	83.63	35.64	11.33	4.01	18.25	74.75	15.29	11.52	8.56
C24	21.58	37.61	98.21	16.00	7.31	11.23	10.64	59.23	23.51	21.06	15.98
C25	9.35	12.84	35.89	100.00	26.28	7.21	39.77	87.96	24.68	11.22	20.36
C26	48.92	64.22	46.98	85.06	24.37	6.65	58.83	82.77	41.53	27.90	32.38
C27	100.00	100.00	43.96	89.12	12.12	21.27	100.00	89.92	92.76	26.31	89.67

续表

行业代码	标准化值										
	C1	C2	C3	C4	C5	C6	C7	C8	C9	C10	C11
C28	59.71	68.81	77.44	44.00	26.43	9.80	62.22	83.21	37.72	74.30	30.23
C29	60.43	76.15	82.99	36.50	12.51	5.86	37.08	72.95	30.64	33.58	23.57
C30	27.34	34.86	80.72	39.58	6.14	17.91	21.64	74.99	21.50	18.54	12.14
C31	21.58	38.53	62.59	64.02	9.84	20.36	21.05	77.98	20.19	10.15	13.32
C32	48.20	71.56	68.39	56.20	100.00	13.14	62.92	83.49	22.62	57.99	15.94
C33	34.53	47.71	69.47	54.74	33.17	15.16	52.98	83.55	35.63	30.09	25.38
C34	27.34	33.03	86.45	31.84	8.03	16.82	24.09	79.83	21.09	19.23	12.35
C35	65.47	67.89	82.53	37.13	14.95	11.72	56.02	82.42	39.83	35.99	27.11
C36	94.24	98.17	78.04	43.18	19.06	10.19	78.83	88.63	55.21	42.35	40.30
C37	85.61	98.17	86.26	32.10	20.95	10.26	80.23	86.35	47.49	78.14	34.36
C39	78.42	78.90	81.33	38.74	13.75	7.83	60.12	89.71	52.51	51.36	39.17
C40	86.33	59.63	44.36	88.59	10.36	1.35	75.32	100.00	74.51	100.00	55.23
C41	82.73	88.07	81.14	39.00	11.47	5.03	82.92	93.77	87.02	40.64	63.32
C42	16.55	21.10	95.39	19.80	3.76	14.53	13.33	79.83	19.05	12.91	10.79

三、综合分值的计算与排名

确定了各指标权重并将指标数据标准化处理后，还要通过计算把多个指标对产业技术创新能力不同方面的权重值综合起来，以得到一个整体性的评价。对综合分值的计算采用加权算术平均法来处理，具体计算方法见公式（3-9）：

$$A=\beta_{ki}C_i \tag{3-9}$$

式中 A 表示每个制造业部门技术创新能力的综合得分；C_i 为各个产业每一具体指标的标准化值，β_{ki} 为相应的权重。根据公式（3-9），代入相应的权重和标准化值，可以得到制造业各部门技术创新能力的总得分，如图 3-3 所示。

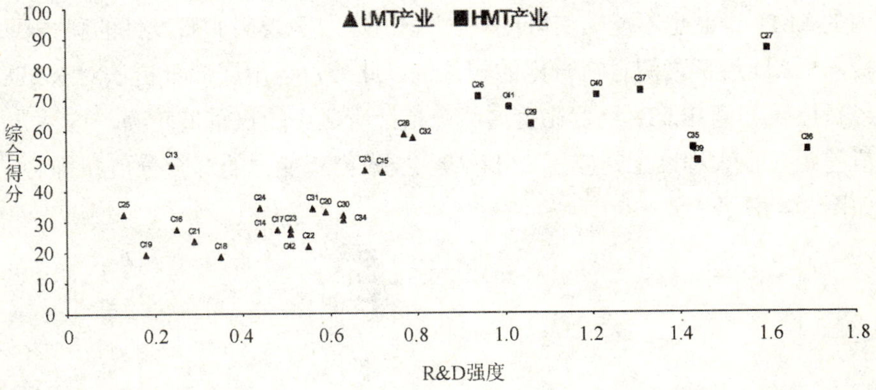

图 3-3　产业技术创新能力实证分析标准化值

从制造业各部门的综合排名来看，结果显而易见，属于 LMT 产业的各部门技术创新能力整体上不及 HMT 产业各部门。即使就单个行业的综合排名而言，绝大多数的 LMT 产业也不能与 HMT 产业相比。在 LMT 产业中，只有黑色金属冶炼及压延加工业、化学纤维制造业这两个部门的综合得分较高，分列第 7、第 8 位，领先于通用设备制造业、化学原料及化学制品制造业、橡胶制品业等 HMT 产业。

从综合得分的排名中也可以看到，除医药制造业（综合得分 86.61，排名第一，领先排名第二的专用设备制造业 13.69）以外，排名相邻的任意两个制造业部门之间的综合分值差距都不大。也就是说，总体上 LMT 产业技术创新能力不能与 HMT 产业相比，但制造业各部门技术创新能力综合分值的聚类特征并不明显，HMT 产业并未体现出绝对的优势，LMT 产业也未表现出绝对的劣势。

通过具体指标分析，LMT 产业技术创新与 HMT 产业相比主要表现出以下一些特征。

1. 科技经费比重较低

与 HMT 产业相比，LMT 产业的科技经费比重明显是偏低的。LMT 产业的 R&D 经费比重较低容易理解，因为这本就是 LMT 产业有别于 HMT 产业的主要特征。在 OECD 成员国中，LMT 产业的 R&D 经费比重与 HMT 产业相比差距更大①。但是，在非研发性的科技经费方面，国

① 见第二章，表 2-1 显示，在 OECD 的 12 个成员国中，1999 年制造业的 R&D 总体强度以制药业为最高，达 10.5，而以食品、饮料、烟草、纺织等产业为最低，仅为 0.3。表 2-3 显示，2008 年中国制造业大类行业的 R&D 强度以专用设备制造业为最高，但也仅为 1.90，石油加工、炼焦业及核燃料加工业为最低，为 0.14。

内的LMT产业也不能与HMT产业相比，这似乎表明非研发性的科技经费与R&D经费之间存在一定的相关性。此外，运用层次分析法对R&D经费比重和非R&D经费比重这两个指标所赋予的权重值较高，这种分值差距在很大程度上影响了LMT产业技术创新能力的综合分值和排名。如图3-4所示。

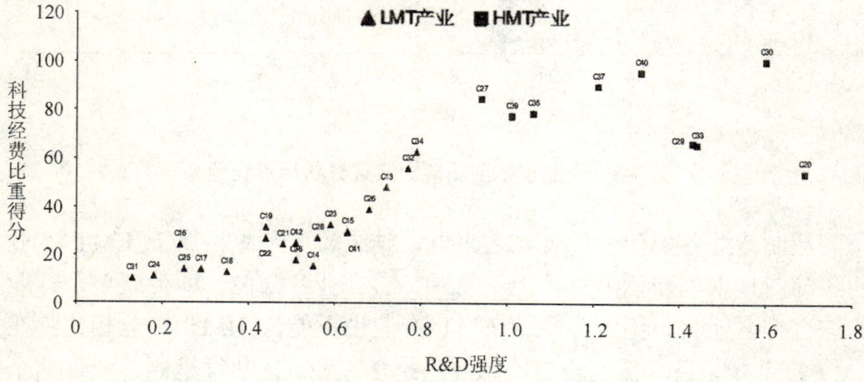

图3-4 制造业各部门科技经费比重得分

从个别行业来看，只有化学纤维制造业、黑色金属冶炼及压延加工业这两个部门的科技经费比重分值较高，分列第9、第10位。但是，个别行业的分值和排名靠前并不能改变LMT产业这一类部门的技术创新能力有限这一总体态势。

2. 专利方面的差异并不明显

有些LMT产业的实用新型专利、外观设计专利比重较高，在制造业中具有一定的比较优势，但总体上LMT产业的这种比较优势并不明显。在发明专利申请方面，无论是LMT产业还是HMT产业，都不占有明显的比较优势，二者难分伯仲。由此可见，与HMT产业的各部门相比，LMT产业在专利申请方面虽有一定的比较优势，但这种比较优势并不突出。如图3-5所示。

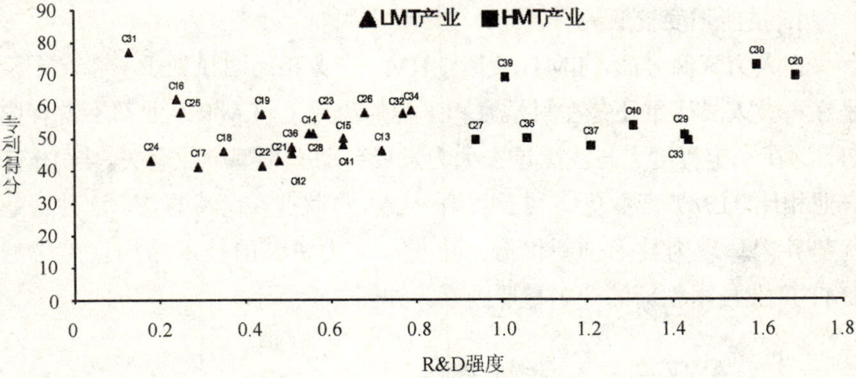

图 3-5　制造业各部门专利得分

3. 技术应用强度略高

在技术应用强度方面，LMT 产业整体上略胜一筹。就个别行业而言，黑色金属冶炼及压延加工业、非金属矿物制品业、有色金属冶炼及压延加工业、化学纤维制造业、饮料制造业分列该项指标第 1、3、4、5、6 位，在制造业中的排名非常靠前。但由于 LMT 产业所属部门的数目多于 HMT 产业，有相当一部分 LMT 产业在该指标上的得分和排名靠后，从而使 LMT 产业在该指标上总体优势有所下降。如图 3-6 所示。

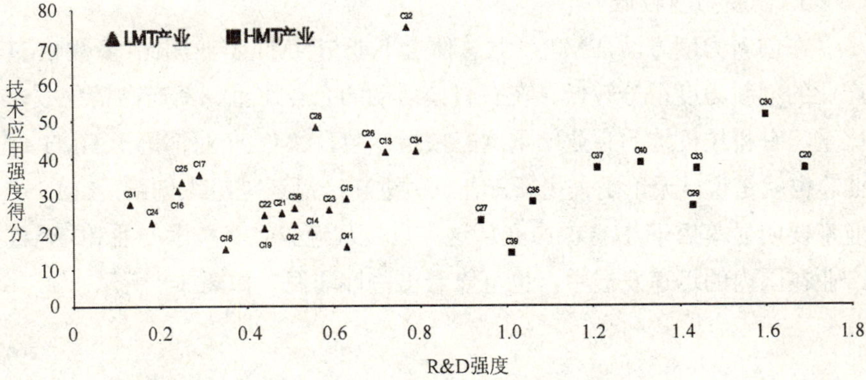

图 3-6　制造业各部门技术应用强度得分

就单项指标而论，LMT 产业和 HMT 产业各有优势。LMT 产业在其他技术活动经费占主营业务收入比重上略逊于 HMT 产业，但在引进技术的消化吸收方面要略强于 HMT 产业。

4. 技能强度较低

在人力资源方面，LMT 产业与 HMT 产业相比明显处于劣势。无论是在科技人员比重还是在科学家和工程师比重上，LMT 产业都不占有优势，这在一定程度上与我国过去大力发展劳动密集型产业有关。与 HMT 产业相比，LMT 产业更有利于吸纳一般人员就业，遗憾的是，这种就业优势并未体现为技术创新优势。可见，人力资源的技术结构也是影响 LMT 产业技术创新的一个重要因素。如图 3-7 所示。

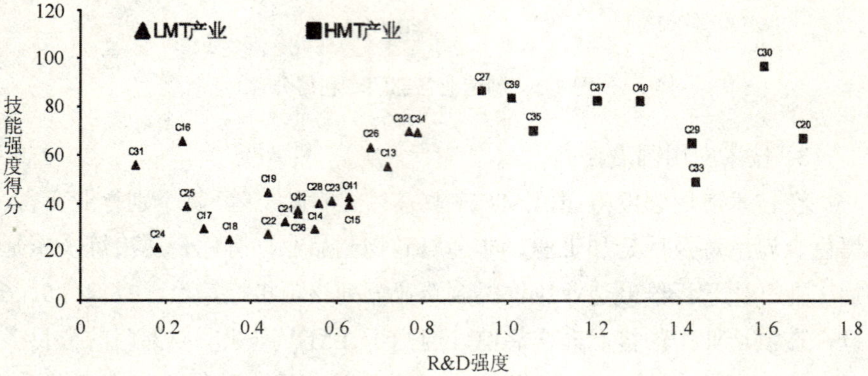

图 3-7 制造业各部门技术应用强度得分

5. 创新力度较低

在创新力度方面，LMT 产业总体上不能与 HMT 产业相比，多数 LMT 产业的创新力度得分较低。在有科技活动的企业比重、新产品销售收入比重、有科技机构的企业比重这三项指标中，LMT 产业都逊于 HMT 产业。也就是说，无论是采用新工艺、引进新产品还是组织创新，LMT 产业都要明显落后于 HMT 产业。这一点，从近年来高技术产业和 HMT 产业在国内的迅速发展中，也可以看出些许端倪。如图 3-8 所示。

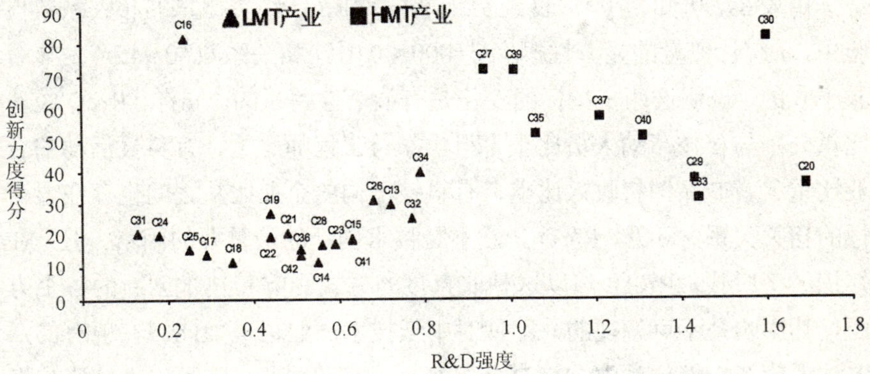

图 3-8　制造业各部门创新力度得分

四、R&D 与其他指标的相关分析

在本书所建立的评价指标体系中，除了选用 R&D 经费强度外，还选择了 10 个具体的创新指标，以便从各个角度反映中低技术产业的技术创新。从上述分析中可以发现，有些指标（如非 R&D 经费比重、科技活动人员比重和新产品销售收入比重等）与 R&D 经费比重在数量上存在一定的关系。通过绘制 R&D 经费比重与其他 10 个指标之间的散点图，可以初步判断出 R&D 经费比重与某些指标之间的确存在着很强的线性相关关系。

基于以上初步判断，本书运用 SPSS 18.0 将 R&D 经费比重分别与其他 10 个指标进行两两相关分析，输出的结果如表 3-7 所示。

表 3-7　Pearson 相关系数

		非 R&D 经费比重 C2	实用新型、外观设计专利比重 C3	发明专利比重 C4	其他技术活动经费比重 C5	引进技术的消化吸收比重 C6	科技活动人员比重 C7	科学家与工程师比重 C8	有科技活动的企业比重 C9	新产品销售收入比重 C10	有科技机构的企业比重 C11
R&D 经费比重 C1	Pearson 相关性	0.945**	-0.272	0.272	0.409*	-0.249	0.903**	0.602**	0.660**	0.881**	0.581**
	显著性（双侧）	0	0.153	0.153	0.028	0.193	0	0.001	0	0	0.001
	N	29	29	29	29	29	29	29	29	29	29

注：**. 在.01 水平（双侧）上显著相关。
*. 在 0.05 水平（双侧）上显著相关。

由表 3-7 可知，在 R&D 经费比重与非 R&D 经费比重的相关系数检验中，t 统计变量的显著性概率 p=000＜0.01，相关系数=0.945，是显著异于 0 的，说明这两个指标的变化是有显著性关系的。同样，R&D 经费比重分别与科技活动人员比重、科学家与工程师比重、有科技活动的企业比重、新产品销售收入比重、有科技机构的企业比重之间也存在显著性的相关关系。可见，R&D 虽然不是技术创新的最重要的因素，但是在知识经济时代，R&D 却以这种非直接的方式影响着技术创新的各个方面，其影响是不可忽视的，即使对中低技术产业也是如此。在现有的众多技术创新指标体系中，R&D 都是重要的评价指标，它不仅直接影响评价结果，而且由于与其他技术指标之间存在相关性，对评价结果也会产生间接的影响。

五、小结

本章通过构建产业技术创新能力评价指标体系，运用层次分析法确定各项指标权重值，对制造业各部门的技术创新能力作出较为科学的评价。评价结果显示：我国的中低技术产业虽有部分行业在综合评价和某些指标的评价中得分较高，排名靠前，但总体上，同 HMT 产业和高技术产业相比仍有较大的分值差距。通过对制造业各部门的比较，可以发现大部分中低技术产业在科技经费比重、专利、技能强度和创新力度方面表现不佳，但在技术应用强度上，部分中低技术产业占有明显的比较优势。另外，R&D 经费比重与其他指标的相关分析表明，研发的影响已渗透到技术创新的各个方面。因此，要提升中低技术产业的技术创新能力，一方面，要充分发挥比较优势，在技术引进、技术改造和消化吸收方面投入更多的资源；另一方面，适当增加 R&D 投入是必要的，但要与产业总产值、增加值等指标保持适当的比例。

此外，由于制造业的部门差异，中低技术产业的技术创新与高技术产业相比存在明显的区别，主要体现在以下几个方面。

1. 创新的目标不同

目前，各国的高技术产业正处于发展的上升阶段，技术创新最重要的目标是实现新的功能，即基于新知识、新技术的应用或已有知识、技术的创造性组合，为市场提供具有全新功能或重大改进的产品。而在中低技术产业，产品、工艺和产业组织方面都趋于成熟，技术创新的主要目标是优化工艺以降低成本、改进设计以提高质量、提高生产的灵活性和客户满意度。简言之，高技术产业以产品创新为主要目标，而中低技术产业更侧重于工艺创新。

2. 创新类型不同

推动高技术产业发展的技术创新以激进创新为主，而中低技术产业的技术创新多表现为渐进创新。在较为成熟的中低技术产业，多数产品的基本性能、式样、功能和结构都已基本定型，并为消费者普遍接受，生产过程的标准化程度很高，各个厂商围绕产品功能、生产工艺和成本、质量、市场潜力，不断开展以完善生产技术和工艺设计为核心的技术活动。通过这种创新，以图实现降低生产成本、提高劳动生产率、创造生存空间的目的。从长远来看，渐进创新将是未来中低技术产业创新的主要模式。但是，在中低技术产业内部也不乏激进创新的例子，如集装箱革命、纳米技术在纺织业中的应用等。

3. 创新动力不同

高技术产业通常又被称为基于知识或基于科学的产业，科学进步是技术创新的主要推动力。相对而言，中低技术产业与科学的联系并不是非常密切的，推动技术创新的并不是最新的科学成果，而是以“干中学”和“用中学”为基础的渐进性的实践知识和技术的不断积累。早在1845年，英国的铁路上就已出现了酷似集装箱的载货车厢，这是集装箱运输的雏形。但是，直到20世纪50年代后期才产生了真正意义上的集装箱标准化生产和大规模运输。“莱卡”是美国杜邦公司于1958年独家发明并投入生产的，但直至最近几年才大规模应用于服装行业。此外，在技术创新过程中，中低技术产业与消费者的互动越来越紧密，消费者的需求结构的变化往往可以对企业的生产活动产生重要影响。

4. 创新方式不同

研究表明，高技术产业由于拥有巨大的研发投入和内部资源优势，主要以企业内部创新为主。而在中低技术产业，由于R&D投入不足和内部资源的限制，多数企业的研发动力不足，自主创新的比重很低，创新在很大程度上是基于他人开发的贡献，主要是接受已有知识并根据自身需要加以改进。Hauknes和Knell（2005）采用跨行业联系的观点进行了研究（基于 CIS 数据），结果显示，与高技术企业相比，中低技术企业在创新过程中更愿意与外部行为者进行合作。

5. 研发活动的重要性不同

如前所述，高技术产业严重依赖于高额的研发投入，直接的研发活动对这些产业的发展至关重要。相比之下，直接研发对中低技术产业技术创新的作用却并不显著。在中低技术产业，只有少数大型企业拥有较强的研发能力，多数企业的研发投入很低，与其他企业和科研机构合作研发的意愿不强。Luis 等人（2006）对西班牙林木工业的实证研究也表明，研发投入与企业绩效间的联系并不显著。由于技术具有溢出效应，某些行业的新技术如 IT 技术、生物技术、纳米技术等会逐步扩散到其他领域并被重新利用。这些新技术大多通过上游产业的技术活动——如设备、动力能源、特殊材料的生产活动——逐步扩散到下游的中低技术产业，同时也成功实现了新技术研发成果的转移。相比较而言，下游的中低技术产业需要具备这种“吸收能力”，以有效获取并整合外部的信息与技术。也正因如此，中低技术产业技术创新活动的开放性和网络性特征日趋明显。

第四章 中国高技术产业技术创新的启示

长期以来，由于人们把高技术看作是高知识密集度和高研发（R&D）投入的代表，因此，高技术产业的技术创新问题就成为各国科技创新政策的重点。我国也不例外，大量高新技术产业园区的创立和利用外资成为我国高技术产业发展的两个突出特点。不可否认，自改革开放以来，我国高技术产业的发展取得了突出的成就。但是，出自不同来源的有关我国高技术产业发展的统计数据，都在不同程度上高估了它的成就，产生了“统计上的幻觉”。问题是，这些所谓的“中国高技术产业”究竟是“在中国的高技术产业”还是“中国的高技术产业”？这是两个相当不同的概念。我国高技术产业的现实却是“高技术不高”，也就是，高技术产业的低竞争力是我国普遍存在的一种现象。究竟是什么原因导致了现实与统计数据之间这么大的反差？为了回答这个问题，本章首先对技术创新与高技术产业发展之间的关系进行简要概述，然后对有关中国高技术产业国际竞争力的决定因素和国际比较等问题进行讨论。在此基础上，我们对中国高技术产业的技术创新及其影响进行较为深入的探讨，对如何提高中国高技术产业竞争力提出相应的政策建议，以期其对中低技术产业的技术创新和传统产业发展具有积极的借鉴意义。

第一节 技术创新与高技术产业概述

一、高技术产业技术创新对中低技术产业的借鉴意义

“中低技术产业”是一个与“高技术产业”相对的概念，并且中低技

术产业和高技术产业之间的界限也并不是一成不变的。因此，研究中低技术产业的问题时，不能忽视相关的高技术产业问题。

由于中国是一个发展中国家，新兴产业发展的历史较短，中国的高技术产业相对于发达国家有自己的特点。长期以来，由于人们把高技术看作是高知识密集度和高研发（R&D）投入的代表，因此，高技术产业的技术创新问题就成为各国科技创新政策的重点。我国也不例外，大量高新技术产业园区的创立和利用外资成为我国高技术产业发展的两个突出特点。不可否认，自改革开放以来，我国高技术产业的发展取得了突出的成就。但是，出自不同来源的有关我国高技术产业发展的统计数据，都在不同程度上高估了它的成就，产生了“统计上的幻觉”。例如，按照美国《科学与工程指标 2006》的数据，2003 年中国高技术产业总产值占世界高技术产业总产值的比重达到 12.2%，仅次于美国的 38.9%，位居世界第二。此外，按照佐治亚理工学院最新发布的《2007 年高技术指数——33 国技术竞争力》研究报告，中国在高技术出口上的指标已经超越美国，成为全球第一。但问题是，这些所谓的“中国高技术产业”究竟是“在中国的高技术产业”还是“中国的高技术产业”？这是两个相当不同的概念。我们认为，与上述统计数据所显示的“惊人”成就形成鲜明对比的是，我国高技术产业的现实却是“高技术不高”，也就是，高技术产业的低竞争力是我国普遍存在的一种现象。究竟是什么原因导致了现实与统计数据之间这么大的反差？为了回答这个问题，本章进行了较为深入的探讨。

二、技术创新与高技术发展

20 世纪 80 年代以来，巨大的技术突破和创新总是与高技术发展相伴相生，特别是以信息通信技术（ICT）为主导的高技术产业发展迅猛，对社会生活和经济发展产生了积极的推动作用。与此同时，一些虽然重要但比较传统的经济部门则由于缺乏技术创新而面临发展停滞甚至衰退的境地。正如人们对技术创新的理解存在分歧一样，有关什么是高技术的争论也一直存在。自从“高技术”一词出现到现在，不同时期不同国家对高技术都有不同的看法，这在一定程度上反映了其并不是一个静态的抽象概念，而是具体的和历史的。虽然各国各界学者都对于高技术有不同的定义，但至少存在着两方面的共识：一方面，高技术必然是以某一特定时期新的知识、新的科学理论为基础发展起来的已经或者即将实现产业化的技术；另一方面，高技术必然具有较高的知识密集度和较高的研发（R&D）投入。高技术的以上两个重要特点在很大程度上决定了高技术产业必然蕴含着技术创新的巨大潜力。

作为新时代高技术的信息通信技术具有通用技术的特点，而从经济的发展史来看，每一次新的通用技术的产生都会带来大规模的创新集群，引发一系列的技术变革，催生前所未有的新产业和新行业，而正是这种技术创新的浪潮推动经济发展进入新的高潮。与专用技术狭窄的应用范围不同，新的通用技术不仅仅是某个具体技术的新变化或者新改进，它具有极强的普遍性和替代性，新的通用技术的出现几乎会影响到所有的经济部门，它促使要素市场上的要素使用者不断发现优于以往技术的新技术。上游市场的产品创新导致了下游市场的工艺创新，从而又引发更多的产品和工艺变革，为生产者带来更低的成本和更高的收益，为消费者带来更高层次和更新的体验。显而易见，新的通用技术所带来的技术创新的潜力和势头是传统产业所无法比拟的，而在今天，信息通信技术正是新的通用技术的代名词。正如意大利创新经济学家安东内利（2006）所提到的："新的信息通信技术天生就是全球性的，它的引入导致了全要素生产率相应的系统化增长和成本的降低，并且采用这种技术的很多区域都可以得到较好的收益，新的信息通信技术在绝大多数产品和要素市场上都是优等技术。"

正是由于新的信息通信技术提供了前所未有的生产和沟通的便利性以及多样性，信息通信技术产业得到了来自消费者和生产者的共同青睐。在信息技术革命没有到来的时候，我们要向远方的亲人传递信息都是一件费时、费力、费钱的事情，而电子邮件和手机短信息的出现让我们可以在瞬间完成一次信息传递，无论我们的朋友离我们有多遥远。在消费者不断体验新产品和新服务的同时，生产者也将获取更多的利润和投资，从而具备更大的动力和更强的能力进行技术创新，并带来更大规模的生产和更高水平的消费，新的通用技术正是通过这样的步骤来刺激经济的。此外，新的信息通信技术的引入也将影响生产的组织和结构。信息的迅速传递使得精益生产成为可能，最终产品和中间产品的存货大大减少。

扁平化的组织替代了多层次的等级制结构，跨国公司运用新的信息通信技术组织分散于全球的生产和服务网络。革命性的软件使重新建模的时间大大缩短、使结构设计易如反掌，营销、生产与研发实验室的沟通更加紧密，反馈更加及时，新产品的推出更加迅速。所以说，新的信息通信技术不仅仅引发了一系列的创新，在某种程度上更是加速了创新的步伐，因为商业化的速度加快了。这是创新的本质要求。

不可否认的是，由于不同企业对新的通用技术的理解和认识显示出巨大的差异，初始资源禀赋和产业结构体系所决定的投入要素在不同层次上的基本的或短暂的变化，以及不同国家在技术政策上所采取的不同态度，都可能构成企业层次上的激励和约束因素，导致不同要素市场和不同产品市场上的企业在技术创新的动力、程度和速度上均表现不一。以上原因还将引发生产上的严重不对称，并增加全球贸易中各个参与方在经济绩效上的差距。正如新的信息通信技术在催生出一大批新富阶层（网络、软件公司）、使某些拥有高技术的国家（美国、日本和芬兰等）获得巨大财富积累和经济增长的同时，数字鸿沟也不可避免地出现了。正是由于引入了新的信息通信技术，先进国家和地区才能够大力发展知识和技术市场，不断实现技术、知识交易成本的降低，使新知识和新技术的传播更加通畅，市场化程度更高。与此相反，落后国家由于缺乏新的信息通信技术，无法形成有效的知识与技术市场，加上新的通用技术较强的累积效应，从而使得这些国家和地区的技术追赶和经济发展越来越困难。对于新的通用技术而言，其发展是一个复杂的、系统化的和持续演化的过程。第一次工业革命以来的经济史告诉我们，基于通用技术的技术创新内生于相互影响的经济、社会、文化和环境体系之中，不同规则和制度的相互作用在很大程度上决定了技术的创新和扩散水平，也决定了不同国家和地区在利用和发展新的通用技术上的极端不对称性。

对于经济活动类型的选择常常决定了一个产业甚至一个国家的经济命运（赖纳特、贾根良，2007），而目前先进国家与落后国家之间越来越大的差距更加说明产业选择的重要性。美国商务部在对其 20 世纪末制定和实施的科技创新体系——先进技术规划（ATP）的评估中指出，实施先进技术规划所创造的经济效益，远远超过了对这一规划的投入。前美国商务部长威廉·戴利对这种创新体系给予了很高的评价，他认为 ATP

极大地提高了美国产品的质量，增强了美国产品和服务在世界市场上的竞争力，直接支撑了美国经济在20世纪末的强劲增长。蕴含高技术的经济活动与技术创新密不可分，对中国而言，如果可以把握住高技术的发展趋势并坚定不移地朝着这个方向努力，那就可以利用新的通用技术的特点进行大量的技术创新，实现大范围的技术扩散，在催生新产业的同时带动传统产业的改造和升级，这对保证我国经济的高增长水平和可持续发展极为重要，而重新审视中国高技术的发展现状并考察其国际竞争力正是本书研究的意义所在。

第二节 中国高技术产业国际竞争力的决定因素

一、中国高技术产业国际竞争力研究现状及决定因素

产业竞争力理论是研究高技术产业国际竞争力的基础，也是经济学研究的热点，对于相关理论的回顾是非常必要的。多年来，国内外的相关学者已经做了大量的研究工作，拥有丰富的研究成果。目前国外较为成型的产业竞争力理论主要集中于比较优势理论、以韦伯和马歇尔为代表的集聚优势理论和以迈克尔·波特为代表的钻石模型理论。

“比较优势”理论最初由英国著名经济学家大卫·李嘉图在亚当·斯密“绝对优势”理论的基础上提出。大卫·李嘉图认为只要各国之间存在生产技术上的相对差异，就会出现生产和产品价格的相对差异，从而使各国在不同的产品上存在比较优势。20世纪初，瑞典经济学家俄林（Bertil Ohlin）与赫克谢尔（E. Hechscher）提出了赫克谢尔—俄林理论，指出资源禀赋的差异是产生比较优势的原因。俄林通过“资源相对丰裕程度决定比较优势”的理论，使人们对比较优势的形成因素有了较为具体的认识。俄林指出，一个地区或国家在哪些生产中密集地使用了这个国家最丰富的生产要素的商品，则具有成本低的比较优势，因而产生一种相对的国际竞争优势。此后，“比较优势”理论又有了进一步的发展。美国当代经济学家雷蒙得·弗农（Raymand Vernon）提出了产品生命周期理论，从动态的角度拓展了比较优势理论的范畴，认为生产要

素及其动态变化的地区差异是比较优势产生的根本原因。总之，比较优势是指某一地区的产业在生产要素占有及管理方面与其他地区产业相比所具有的优势。

集聚优势理论主要体现在韦伯古典区位论和马歇尔关于产业区的论述上。德国经济学家韦伯（1909）在其著作《区位原论》第一部分的阐述中说明了产业集聚。他试图寻找工业区位移动的规律，提出了有关产业集聚因素对产业配置的影响问题。马歇尔在其1890年发表的经典著作《经济学原理》中把专业化产业集聚的特定地区称作“产业区”。产业区内集中着大量相关的中小型企业，这些中小企业积极地相互作用，使企业群与社会趋向融合。表面上看，以韦伯和马歇尔为代表的古典集聚优势理论并没有直接提出“竞争力”这一范畴，但它明确强调了产业的区域优化和资源集聚的能力。

哈佛大学研究员、竞争战略专家迈克尔·波特的“钻石模型”是研究产业竞争力的有力工具，在相关研究中应用广泛。波特认为，一国某个产业是否具有国际竞争力，取决于该国国内六个因素的组合与动态作用过程，即生产要素状况、需求状况、相关及支持行业的状况、企业的经营战略、结构与竞争对手、机遇与政府行为。这六个因素决定了产业竞争力的来源、实力和持久性等。波特的产业国际竞争理论以产业为研究对象，综合了影响产业发展的主要因素，较好地描述了产业竞争力形成和加强的机制，是研究产业竞争力的有力工具。

国内不少学者也对产业竞争力进行了大量的研究。蔡昉（2003）等认为竞争力和比较优势并不是互相排斥的，并指出，产业竞争力为一个国家产业对于该国资源禀赋结构（表现为比较优势）和市场环境的反应和调整能力，体现为一个国家或地区某个产业的总体资源配置状况及其效果。金碚（2003）是国内少数系统研究产业竞争力的学者之一，其著作《中国工业国际竞争力——理论方法与实证研究》从工业品国际竞争力角度探讨了中国工业国际竞争力研究的理论和方法，特别是对产业竞争力研究的经济分析范式的探索，对于产业竞争力研究具有重要的方法论意义。金碚提出的工业品国际竞争力的实现指标、因素指标等，对于研究产业竞争力的评价指标具有重要的借鉴作用。金碚认为，产业竞争力是在国际间自由贸易的条件下，一国的某一产业能够比其他国家的同类产业更有效地向市场提供产品或者服务的综合素质。

可以看出，在产业竞争力研究领域内，比较优势理论仍具有较大的影响，这一理论对于资源禀赋的强调占据了主导。但是，对于中国的高技术产业而言，过多地强调比较优势和资源禀赋将不利于提升产业的核心竞争力，相反，在全球产业链不断分解的趋势下甚至会导致“高技术不高”——即低竞争力的高技术产业——这一普遍现象。由于中国所具有的比较优势主要是廉价的劳动力，如果以该优势参与高技术产业的全球分工，我们将无法接触到高技术产业的核心，这时中国的高技术产业只能用“名不副实”来形容。除此之外，中国目前的劳动力市场供给已经出现了一定程度的萎缩，如“用工荒”现象，伴随而来的是劳动力成本的上升，长此以往，这种比较优势将荡然无存。《华尔街日报》在 2008 年 3 月曾刊登过一篇名为“珠三角：辉煌已成昨日旧梦？”的文章，该文指出，随着中国劳动力价格不再像以前那样低廉，加上人民币的不断升值，跨国公司和外资企业感受到了前所未有的成本压力，开始关闭在中国的工厂，并寻找更具比较优势的投资地点，如越南和孟加拉国。在 2006 年，“珠三角”这一制造业重镇贡献了大约 8%的国民生产总值（GDP），中国主要的高技术产业集中于“珠三角”和“长三角”，可以想象，一旦“走动的工业”成为趋势，我国以廉价的劳动力为比较优势的经济必然受到巨大的冲击。

综合高技术产业的特点以及产业竞争力的研究成果，我们认为，决定一国高技术产业竞争力的要素应当包括以下四个方面。

第一，高技术产业的国际竞争力必然具有国别属性，该属性外在化为自主品牌与自主知识产权，这是高技术最为关键的一个属性，也是众多国内外学者所易忽视的属性。高技术产业所从事的是典型的以知识资源为基础的创造和创新的活动，没有自主知识产权，在持续变化和不可预见的市场环境下就无法掌握发展的主动权，就无法创造出新的生产能力来应对不确定性，从而丧失竞争潜力。如果没有自主品牌，中国的高技术产业只能充当“打工”的角色，没有任何竞争力可言，出口的高技术产品再多也无法代表中国的高技术能力。

第二，新知识和新技术以及新的科学理论是决定高技术产业竞争力的关键要素，这也是高技术产业与传统产业的重要区别。通常，旧的技术因为已经经历了长时间的挖掘、扩散和模仿，所能带来的潜在创新机会越来越小，该技术所主导的产业必将由于缺少进入壁垒而失去创造高附加值的能力。只有新的通用技术才能激发大规模的创新和技术扩散，带动相关产业的发展并形成技术群和产业集聚，从而实现经济的高速增长。只有那些对新技术和新知识作出迅速反应并捕捉创新机会的企业，才能确立自己的竞争优势和市场地位。阿罗（2000）认为，新技术知识的创造和新技术的引入是持续的经济增长和报酬递增的源泉。因而，如果没有新知识和新技术作为后盾，高技术产业的发展将失去最基本的动力。

第三，高研发（R&D）投入、高附加值以及技术的高度集成化是高技术产业竞争水平的重要表现。高研发投入对高技术产业所起的作用已为大多数学者和机构所承认，如经济合作与发展组织（OECD）的高技术产业分类目录就将研发投入比例视为区分高技术、中技术、低技术的唯一标准。一个完整的技术创新过程包括创意产生、研究开发、设计试制和商品化四个阶段，每一个阶段都需要投入大量的人力、物力，可以想象，如果一个高技术企业没有足够的研发投入，要实现技术创新将是十分困难的。高技术产业必然具备较高的附加值，即较强的价值创造能力，可以达到超过平均水平的利润率，这是高技术产业竞争力的必然体现。此外，高度集成化也是标志高技术产业竞争力的重要技术特点，它表明技术壁垒较高，相关的专利保护异常严格，模仿和仿制受到极大限制。

第四，高技术产业的竞争力最终表现为对一国国民经济、社会发展和人民生活产生的深刻影响，即具有较强的系统协同效应和报酬递增。当一个产业的发展对该国的社会进步和经济增长起到促进作用，对其他产业起到带动作用，从而增强了整个国家的综合国力的时候，那么这个产业就真正具备了国际竞争力，产业竞争优势在某种程度上已经演变为国家竞争优势。

以上四点是我们判断高技术产业国际竞争力水平的核心标准，区别于以往学者，我们更加注重建立在技术创新基础上的竞争优势。竞争优势是指高技术产业在市场竞争中所具有的开拓市场的能力，与强调生产要素差别的比较优势理论不同，竞争优势强调产业的组织、管理和创新在市场竞争中所发挥的作用。新知识和新技术在高技术产业中的重要性远远超过了以往任何一个产业，在全球一体化不断加快和信息通信技术突飞猛进的今天，死守比较优势只能受制于人，只有跟上时代步伐，加速知识更替才能在知识经济时代树立自己的竞争优势，在残酷的竞争中立于不败之地。

二、全球化趋势下高技术产业竞争力的比较

20 世纪 80 年代以来，以美国、日本和北欧国家为主的发达经济体抢占信息通信技术的制高点，在研发水平、专利拥有、核心技术等多个关键环节上遥遥领先，通过三十多年的发展，在高技术领域建立了极强的竞争力，也为自身的经济增长注入了新的活力。与此同时，由于全球经济一体化的不断深入，众多发展中国家也因发达国家的强劲增长而驶入了经济发展的快车道。不同于发达国家的是，发展中国家的增长更多的是“量”的增长，而不是“质”的改变。

2005 年，中国高技术产业的总产值达到 34367 亿元，比上年增长 23.8%。“十五”计划以来，高技术产业规模增长迅速，工业总产值的年均增速达到 27.0%，高于“九五”计划时期 6.5 个百分点，高于同期制造业年均增速 3.2 个百分点。同年，高技术产业增加值突破 8 千亿元，比上年增长 28.2%。从表 4-1 可以看出，以计算机、通信、电子为主的高技术产业占据了高技术产业进出口总额的 90%。

表 4-1 高技术产品进出口按技术领域分布（2005 年）

技术领域	出口额			进口额		
	亿美元	占出口总额（%）	比上年增长（%）	亿美元	占进口总额（%）	比上年增长（%）
合　　计	2182.53	100.0	32.0	1977.13	100.0	22.5
计算机与通信技术	1771.06	81.1	30.0	603.42	30.5	19.0
生命科学技术	45.78	2.1	41.4	45.76	2.3	20.6
电子技术	244.77	11.2	32.8	1008.82	51.0	30.8
计算机集成制造技术	20.81	1.0	39.1	165.95	8.4	-4.6
航空航天技术	14.11	0.6	41.6	87.14	4.4	36.9
光电技术	71.76	3.3	89.0	34.25	1.7	6.5
生物技术	2.68	0.1	22.7	1.42	0.1	32.2

续表

技术领域	出口额			进口额		
	亿美元	占出口总额（%）	比上年增长（%）	亿美元	占进口总额（%）	比上年增长（%）
材料技术	8.64	0.4	29.0	28.44	1.4	24.0
其他技术	2.93	0.1	3049.4	1.93	0.1	157.6

数据来源：中国科技统计（www.sts.org.cn）。

我国高技术产业规模的快速增长，使其在全球高技术产业中的地位不断提升。根据美国《美国科学与工程指标 2006》的数据（图 4-1），2003 年我国高技术产业总产值占世界高技术产业总产值的比重达到 12.2%，仅次于美国的 38.9%，位居世界第二，而在 1995 年，我国高技术产业总产值的世界份额仅有 3.8%，除美国之外，还落后于日本、德国、法国、英国和韩国。

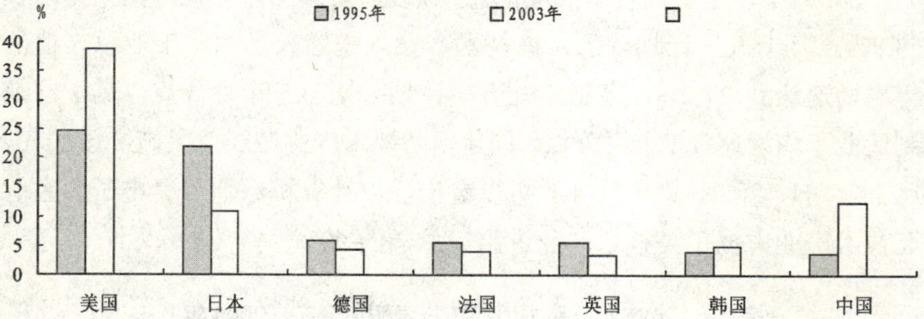

图 4-1 部分国家高技术产业工业总产值的世界份额（1995、2003 年）

数据来源：美国自然科学基金会《美国科学与工程指标 2006 年》。

我国高技术产业不仅具有较高的产值规模，大规模的出口也是我国高技术产业发展的主要特点。2003 年，我国高技术产业出口的世界份额达到 7.0%，在美国、日本和德国之后，位居世界第四。在佐治亚理工学院最新发布的《2007 年高技术指数——33 国技术竞争力》研究报告中，中国在高技术出口上的指标已经超越美国：中国获得了 82.8 分，成为全球第一，而美国只获得了 76.1 分，排名第二。

如此耀眼的数据似乎让我们对中国高技术产业充满信心，但是，数量并不等同于质量。高技术产业能否具有持久的竞争力，能否获得持续的发展，技术创新极为关键。尽管对于技术创新的测度学术界一直存在争议，但研发（R&D）投入和专利数量始终是不可或缺的指标。R&D强度（R&D经费占工业总产值的比重）是表征企业自主研发活动的强度，它用以衡量产业自主研发的状况。2005年中国高技术产业R&D强度为1.25%，尽管我们没有找到同期其他国家的R&D强度，但图4-2也在一定程度上说明了中国研发投入不足的问题。美国、加拿大、英国和日本高技术产业的R&D强度都在10%以上，德国和法国也在8%左右，而韩国和意大利高技术产业的R&D强度在4.5%以上。相比之下，中国高技术产业的研发投入强度明显低于发达国家的平均水平。高技术产业作为技术密集型行业，高研发投入是产业发展的直接动力，也是实现技术创新的必要保证。如果高技术产业在研发投入上始终处于较低水平，那么，产业竞争力的提升也就无从谈起。

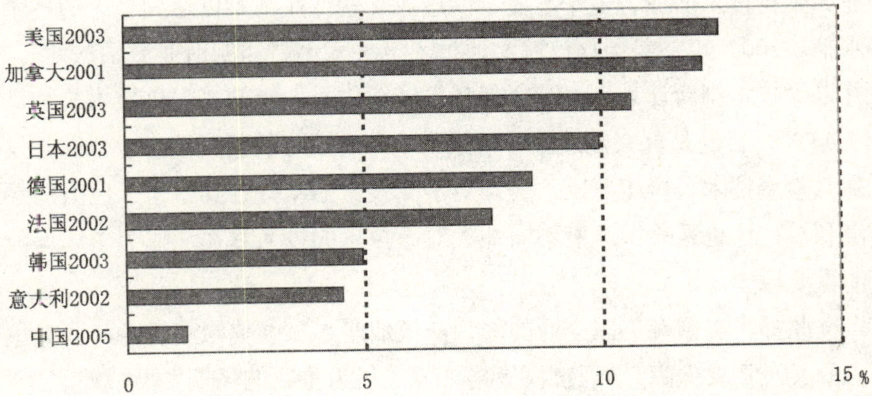

图4-2　部分国家高技术产业R&D强度比较

数据来源：中国科技统计（www.sts.org.cn）。

在2007年公布的世界知识产权组织《2007年国际专利申请数据》中，美国和日本仍然在专利申请数量和核心专利上占据绝对优势，韩国跃居第四，中国升至第七。其中，美国当年拥有专利5.2万多项，占了发明总数的1/3；日本为第二，拥有2.7万多项，占发明总数的17.8%；排在第七位的中国仅有5456项发明，大概是美国的1/10、日本的1/5。无论是研发投入还是专利申请，这些更深层次的数据表明，我国技术创新的能力和水平仍与先进国家存在着较大的差距。那么，美国是如何长期保持着技术创新的优势并且遥遥领先的呢？

首先是科技创新体系的建立。美国商务部从1990年开始实施先进技术规划（ATP），它是政府与私人企业间的一种独特的合作形式，目的在于推动和促进企业对风险很大的高新技术进行研究和开发，以保持美国在高技术领域的领先地位，增强高技术产业的竞争力，促进美国科技经济的发展。在先进技术规划的框架内，企业不但拥有发言权，还对开发成果拥有使用权。项目的资金一半以上来自企业，其余由政府提供。参加先进技术规划的不仅有私人企业、政府，还有100多所大学和非营利的独立研究机构，它们在这种创新体系中也起到重要作用。所以说，ATP是政府、私人企业和独立研究机构在研究开发高风险技术领域里的一种联合行动，这种高风险技术要能够保证得到巨大的商业回报，对国家经济的发展带来广泛的效益。如果没有这项科技创新规划，美国的许多产业如生物技术产业、电子产业、制造业、软件业都难以达到今天的技术水平。2007年，美国众议院又通过了《技术创新和制造业激励法案》，并以“技术创新计划”（TIP）代替已经运作十七年的“先进技术规划”（ATP），目的是振兴制造业，增强大学和实验室的研究能力，帮助开发高风险型技术。毋庸置疑，美国对于高技术的支持为其带来了巨大的经济利益，这也是美国政府不断加大对高技术的投入并在法律上予以保障的重要原因。

此外，美国及美国企业的知识产权战略是加强美国高技术产业竞争力的又一重要保障。知识产权战略是美国最为重要的长期发展战略之一。20世纪70年代以来，欧亚发达国家和新兴工业国家在经济上的迅速崛起，使美国产业界感到了巨大的竞争压力。美国政府认为，美国在经济竞争中最大的资源和优势在于科技和人才，而由于知识产权保护不利，使得外国能够轻易模仿，凭借劳动力和制造业的成本优势实现了经济的快速追赶。为此，美国政府决定将知识产权战略提升到国家战略的层面。“利用长期积累的科技成果，巩固和加强知识产权优势，以保持美国在全球经济中的霸主地位”就成为美国企业与政府的统一战略。20年来，美国实施知识产权战略主要沿着三个轨迹不断伸延：一是根据国家利益和美国企业的竞争需要，对专利法、版权法、商标法等传统知识产权法律不断地修改与完善，扩大保护范围，加强保护力度；二是国家加强调整知识产权利益关系，立法鼓励转化创新，使美国大学、国家实验室在申请专利，加速产、学、研结合及创办高新技术企业方面发挥更大的主动性；三是在国际贸易中，一方面通过其综合贸易法案的“特殊 301 条款”对竞争对手予以打压，另一方面又积极推动 WTO 的知识产权协议（TRIPS）的达成，从而形成了一套有利于美国的新的国际贸易规则。可以说，重视自主知识产权的开发和保护对提升美国高技术产业竞争力至关重要。

通过以上分析可以看出，中国高技术产业在数量上的优势并不能掩盖其技术劣势。与美国等发达国家的高技术产业相比，包括中国、东欧和南美在内的发展中国家仍有很大差距。这其中既有历史原因，也有发展思路、政策制定上存在的问题以及新的国际环境所带来的制约。只有真正认清产生差距的原因，才能明确高技术产业发展的重点和难点，才能采取积极有效的策略来应对高技术产业发展中存在的问题。

第三节　中国高技术产业竞争力不高的原因分析及启示

目前，尽管我国大量出口带有“高技术”标签的产品，但真正的“高技术”却不属于我们；尽管我国境内的 R&D 投入越来越高，但自主知识产权的开发却依然进展缓慢。我国高技术产业竞争力低下已成为不争的事实，究其原因在一定程度上源于人们混淆了“高技术”与“高技术产品”这两个在内涵和外延上都有巨大差别的概念：一个“高技术产品”的生产环节并不都是高技术的。相对笼统的“高技术产品”概念对分析当前的实际问题已显得力不从心。换言之，一些学者依赖 OECD 公布的高技术产业分类标准所建立起来的研究工作大大忽视了生产的全球化、产业转移和中间产品贸易问题，也大大忽视了高技术产业本身所具备的核心要素，仅仅将注意力集中在了最终产品和统计数据上。因此，我们将高技术产业竞争力的研究主体锁定为高技术及其生产环节，而不仅仅是高技术产品；将高技术的国别属性置于极为关键的地位，而不是仅仅讨论 R&D 投入。

下面将从高技术产业竞争力的核心要素出发，厘清有关的认识误区，从新国际分工、全球价值链以及系统协同效应角度分析中国“高技术不高”背后的深层原因及其社会影响。

一、我国“高技术不高”的主要原因

自20世纪80年代以来的全球化浪潮远远不同于始于19世纪末的全球化，尽管这两次全球化都以全球贸易量的大幅度攀升为主要特征，但无论是在生产的分工、商品贸易的种类还是对各国财富的影响等诸多方面都有着巨大本质的区别。从结构上看，1870年到1913年间国际贸易的绝大部分是属于部门间贸易（Inter-sectoral trade），主要是初级产品和工业制成品的交换，这种贸易在很大程度上是建立在绝对优势基础之上的分工体系，基本上可归结为工业化国家和农业国之间的水平型产业分工。对原材料（如石油、粮食、矿产）而言，基本上不经加工直接出口；对制成品而言，其所有生产环节都将在本国完成，出口就意味着产品生产过程的终结，产品本身就代表着一个国家的技术能力和科学水平。这次分工的背后体现了第一次科技革命所带来的供给规模扩大与发达国家国内市场相对饱和之间的矛盾，工业国不得不通过国际贸易来掠取廉价原材料并拓展世界市场。而到了20世纪80年代后期，信息技术革命将第二次全球化浪潮推向新的高点，世界贸易结构和分工体系发生了前所未有的变化。跨国公司成为新的主角，产业和企业内贸易成为新的贸易形式。到了90年代，跨国公司的企业内贸易已占到了全球贸易总量的1/3。从产品的角度来看，前一轮全球化过程中所表现出来的初级产品贸易的重要性不断下降，而中间产品贸易的地位越来越突出。从产业间到产业内，从产品间到产品内，从国家间到企业间，这三大转变反映了国际分工越来越深化也越来越复杂的全新格局。

在新的国际分工形成过程中，以ICT为主导的高技术产业发展和全球化可谓你中有我，我中有你，相互促进，相互影响。一方面，目前的高技术产业受益于全球化，WTO所倡导的自由贸易使分工国际化的成本和风险不断降低，各国开放程度的加大也在逐渐消除投资壁垒，这为生产和服务外包（Outsourcing）以及外国直接投资（FDI）提供了良好的环境以及便利的条件；另一方面，高技术产业本身的特点也在近二十年的时间里极大地促进了贸易和分工的全球化，特别是高技术产品具有核心功能集成化、整体功能模块化（Modularity）的特点，发达国家将具有核心功能的中间产品出口并在劳动力成本低廉的发展中国家组装，能够极大地降低高技术产品的成本，整个制造过程被分解为不同的工序和环节，在不同的国家和地区生产、销售。从研发、设计到生产再到营销、服务，新的国际分工意味着最终产品已不再是某一个国家的产品，而是来自不同国家的企业合作的结果。即使在生产部分，也分为核心部件生产、附属部件生产、原料加工以及组装等多个环节。

中国目前所参与的分工体系表现为一种典型的三角贸易形式：处于领先地位的企业向中国出口中间产品，以中国为出口基地将中间产品组装为制成品后销往美国和欧洲。尽管这种标准化的产业转移给包括中国在内的发展中国家带来了大量的就业机会和贸易增长，但其参与高技术产品的生产过程却主要集中于五个方面，即原材料的采购与加工、附件的生产、核心部件进口与组装、中间产品的进口与组装、制成品的销售。从图4-3可以看出，进料加工与来料装配占了高技术产品出口的极大比重。

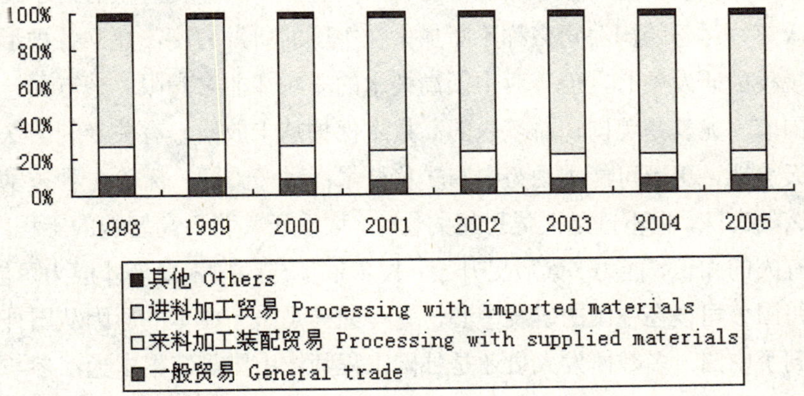

图 4-3　高技术产品出口按贸易方式分布（1998～2005）

数据来源：中国科技统计（www.sts.org.cn）。

这些低技术活动的转移以外包和 FDI 为主要形式。分工专业化以及跨国公司“归核化”（Refocusing）的战略调整使得外包成为必然（Markides，1995），即企业运用外部资源来进行它过去用本地的人力、物力进行的非核心的经济活动；而为了在控制技术专有权（Appropriability）的同时降低人力资源成本，FDI 成为跨国公司最好的选择。显而易见，真正的高知识密集活动和高研发投入的部分发生在核心部件的制造上，该过程体现了前沿知识和科学理论的最新应用，而中国在高技术产品的整个生产链条中恰恰最缺乏这个环节。究其根本，真正满足高技术特性的部件和核心产品的生产都被先进国家所垄断，高技术部件与其最终产品已在国家层次上实现了分离，高技术产品的出口已不能作为判断一个国家高技术产业竞争力的唯一标准。

这就促使我们思考，目前中国“高技术不高”的现状是如何产生的呢？自20世纪80年代以来，随着改革开放的深入，中国为了融入新一轮的全球化，制定了一系列以市场换技术为核心的政策，这些政策与美国重视国内技术创新的先进技术规划不同，而是强调外资的重要性，强调引进外来技术的重要性，忽视了对本土民族企业的保护以及民族企业的自主发展。众所周知，在全球竞争加剧、企业不断寻求降低成本的动因下，外资进入发展中国家最重要的意图在于利用廉价的劳动力，其次是开拓市场，最后才是技术转移。这一顺序也间接决定了中国必然以其传统的比较优势融入全球分工。尽管三资企业一直享受着政府给予的优惠政策，尽管跨国公司声称不断加大在中国的研发力度，建立各种形式和规模的研发中心，但其对中国高技术的影响却非常有限。一方面，发达国家，尤其是美国，对境内的高技术保护从未放松，有关专利的法案铺天盖地，更不可能主动为中国转移技术；另一方面，无论一种技术有多么的高深，也不过是人类思想的物化，取决于其背后高智能的工程师，只有人的知识、能力、素质提升了，技术进步与高技术发展才成为可能。而跨国公司设在中国的研发中心，有些纯粹是出于成本的原因从国外转移到了中国，多数研发人员还是外国工程师，中国员工根本无法参与核心技术的研究，这显然对我国高技术发展毫无益处；另外，一些研发中心虽然大量使用当地的人力资源参与新技术的开发，在一定程度上实现了技术溢出，但在研发的比例上，母公司和外商独资企业仍然占据着绝对优势，本土民族企业根本无法分享其技术成果。单纯地期望依靠跨国公司、依靠市场换技术，显然不能实现我国高技术产业竞争力的提升。

更为关键的是，无论跨国公司的研发中心设在何处，其研发必然以母公司的总体战略为核心，而不是以研发所在国的实际技术需求为核心。换言之，尽管中国的R&D投入年年攀升，但真正受益于此的却是跨国公司。一项新技术刚开发出来就立刻被投入到国外市场，这种现象已屡见不鲜。因而，仅仅将研发投入作为一国高技术发展状况的判定标准已经不合时宜，并且常常会带来"统计幻觉"。马丁（Martin，2006）认为，作为众多研究基础的OECD产业划分体系将R&D投入视为唯一指标，模糊了产业特征与国家界限。发展中国家近年来在高技术产品上的出口额大幅上升，然而技术能力的提高却非常有限，原因就在于发展中国家从事的是高技术产业劳动密集部分的生产环节，尽管整个产业从R&D角度来看是高技术的，但这些发展中国家是否具有真正的高技术却值得怀疑。另一方面，跨国公司研发部门在发展中国家实现的R&D投入被计入该国统计数据中，但其研究成果却在跨国公司总部或其他分支机构所在国首先得到应用，这样一来，我们所统计的R&D数据就无法对本国高技术产业的发展水平形成有力的解释。所以，"R&D决定论"是产生高技术"幻觉"的主要原因，只有当我们全面综合地考察高技术的各个特征的时候，我们才能真正认清我国的高技术产业发展的现状。

二、竞争力不足使我国高技术产业处于全球价值链末端

高度集成化和自主品牌作为标志高技术产业竞争力的两个重要的特征，对企业的发展特别是价值创造发挥了巨大的作用，它们保证了持久的竞争力和高额的利润。然而，中国的企业往往对品牌营销和产品研发重视不够，缺乏独立的知识产权和民族品牌。对高技术产品而言，其核心部件通常是高度集成的，而整体产品则具有模块化的特点。高度集成意味着生产更加集中，知识密集度更高，模仿更加困难，由于知识产权的存在，进入壁垒就更难打破，同时利润也就更加丰厚；而模块化则说明生产允许分散，产品允许组装，对工人技能要求不高，由于进入门槛较低，这就必然导致较低的平均利润率。以计算机为例，CPU作为其核心组件，集成度非常高，研发投入巨大，生产基本由英特尔（Intel）所垄断；而整机则完全相反，由于其模块化和标准化特性，对研发投入和高级工程师的依赖很小，组装几乎是这个产业最主要的生产环节，进入这个市场非常容易。尽管存在HP、联想和DELL这种PC行业市场占有率较高的企业，但其中任何一个都还远远没有达到垄断的程度，市场占有率最高的HP也仅仅为17.4%，而同期Intel的市场占有率则高达82%

（IDC，2006）。与此同时，来自 Intel 的财务报告显示，其在 2006 年的毛利率接近 50%，而我国计算机行业的平均利润率多年徘徊在 3%左右。这种强烈的反差促使我们思考：我国的高技术产业到底给社会和经济发展带来了什么？

在全球价值链体系中，高技术与品牌分别位于供给驱动与需求驱动的两端，是附加值最高的两个区域，集中体现了一个企业价值创造的能力。而中国高技术产业不仅在核心技术的发展上没有显著突破，在品牌建设上也捉襟见肘。二十多年以来，我国的民族企业在不平等的待遇下忍气吞声，在高技术没有得到快速发展的同时，也丧失了自己的品牌。大飞机也好，微处理器也好，在跨国公司的许诺面前，我们主动放弃了自己的研究和民族品牌。从图 4-4 可以看到，在我国高技术产品出口的过程中，外商独资企业一直占据着主导地位，而且比例越来越高，不断挤占民族企业的空间。但外资企业能够代表中国的技术水平和研发能力吗？答案显然是否定的。而且，这些企业的生产大多通过外包和 FDI 的形式进行，我国所承担的生产环节中技术传播和外溢的通道非常有限。长此以往，我国由全球价值链低端向高端迈进就更加困难，如果不能优化产业结构，不能带动传统产业的升级，不能促进技术创新与进步，那么，我国发展高技术产业的意义何在？高技术产业的优势又体现在哪里呢？

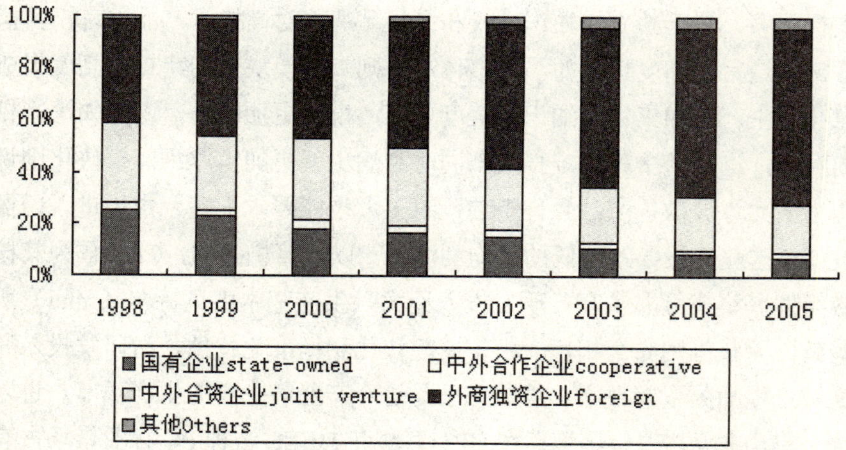

图 4-4 高技术产品出口按企业类型分布（1998～2005）

来源：中国科技统计（www.sts.org.cn）。

表面上看，我国高技术产品的出口创造了大量的外汇，但这并不代表企业获取了大量的利润。从目前高技术产品出口最集中的“珠三角”与“长三角”经济区来看，由于大多数企业从事的是简单劳动环节（组装、加工），产业内恶性竞争成为常态，企业利润越来越薄，工人工资越来越低，从事研发的资金也严重不足。在如此境况下，要形成技术集群，要发挥产业之间的集聚效应，根本无从谈起。图 4-5 展示了我国高技术产品进出口的概况。

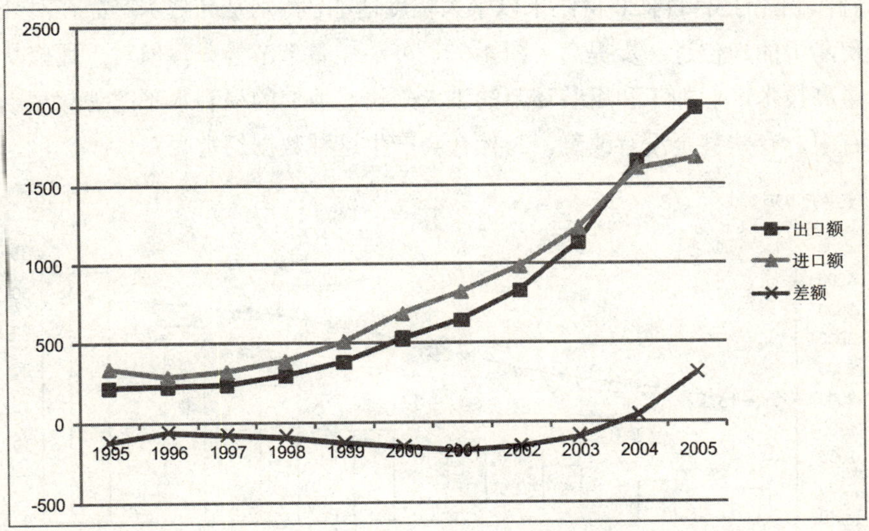

图 4-5　中国高技术产品进出口（1995～2005）

数据来源：中国科技统计（www.sts.org.cn）。

值得注意的是，在出口量惊人上升的同时，中国对国外高技术产品的需求也在大幅同步上升，技术依赖不断加深。这在一定程度上说明了在高技术产品的出口价值中，源于中国的多数是原材料、劳动力的价值以及加工费用，而不是高技术所带来的利润。企业在创造外汇的同时却没有创造真正的价值和自身的竞争优势。

在演化经济学家赖纳特看来，高技术活动具有典型的高质量特征，其对生产率的提高采取共谋模式，技术进步意味着较高的进入壁垒和竞争的不完全，表现为企业利润的提高和员工工资水平的上涨。此外，高技术活动对一个国家的整体福利水平具有决定性的影响，这在一定程度上取决于系统协同效应，即经济活动之间的相互联系、强化和反馈对社会生活产生的影响。赖纳特认为，真正的高技术（高质量）活动能够带来“系统性的报酬递增”，从而使技术进步所带来的高增长惠及整个社会。正如我们所看到的，20世纪90年代美国、日本、芬兰等高技术产业占主导的国家不仅使自身的经济发展处于全球领先水平，财富迅速积累，同时也使自己的国民享受到了较高的福利待遇。

然而，当我们回到中国，所看到的现实却并非如此。尽管从统计上看，我国的出口自20世纪末以来大幅度增加，特别是高技术产品在对外贸易中的地位进一步提高（图4-6），外汇储备节节攀升，但对于那些从事高技术产业加工和组装环节的工人来说，他们的福利水平改善却相当有限，有些甚至没有改善。为什么会产生这种数据幻觉呢？

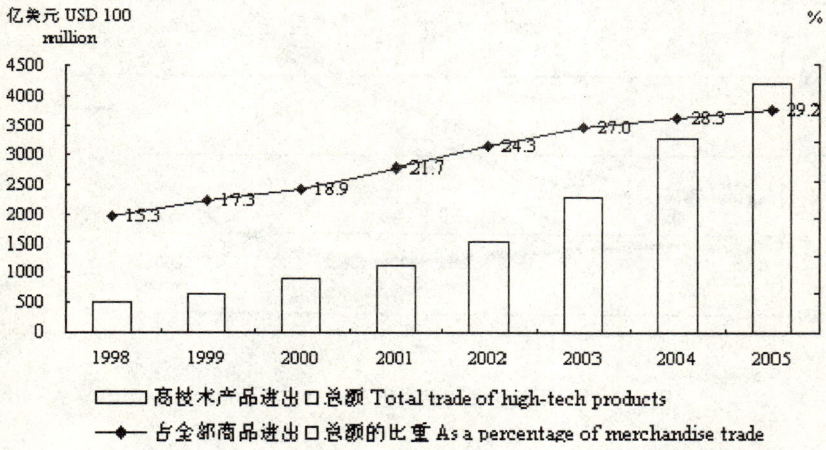

图4-6　高技术产品进出口总额及其占商品进出口总额的比重（1998～2005）

数据来源：中国科技统计（www.sts.org.cn）。

在外围福特制盛行的今天，柔性生产体制使劳动力市场出现了分化，主要是三类人员：第一类是根据国际市场定价的高级管理者和高级技术工作者；第二类是国内市场拥有高技能的核心工人阶层——这两类工人和管理人员拥有就业保障、高工资和所有的福利待遇；第三类则是外围的附属工人，他们属于半熟练或者简单劳动力，没有就业保障，接受低工资和低福利。刘刚（2007）认为，由于福利国家有详尽的劳动法、最低工资保障、环境标准和日益增加的税收负担，使大批跨国公司开始规避政府的这些调节手段，通过产业链的纵向分解，向发展中国家进行生产转移。转移的结果必然是，这些处于价值链生产低端的工人为国家创造了大量外汇，自己却无法得到真正的实惠，国民财富的增长非常有限。

所以，只有重视高技术生产环节，加快高集成度产品的研发和生产，才能创造内生的工业租金（卡普林斯基，2005），真正实现高技术产业竞争力的提升，最大限度地发挥系统协同效应，让广大国民分享技术进步带来的财富增长。反之，无论所生产和出口的产品是不是贴上了“高技术”的标签，仅仅从事低端的加工和中间产品的组装对提高社会福利的贡献必然是非常有限的。

第四节　高技术产业竞争力对中低技术产业技术创新的启示

从事高技术活动的产业应当具有更强的创新能力，雇用高素质的员工，能够通过高技术的扩散和溢出对相关产业部门产生正的外部性和更高的成长性，但在中国，那些头顶“高技术”光环的产业并没有达到真正的高技术标准，并没有实现真正的价值创造，而仅仅是通过廉价的劳动力成本被动地服从于国际分工。高柏（2005）认为，与日本坚决发展国内品牌、注重独立的知识产权和发明创造相比，中国的高技术产业完全是为全球价值链服务的，更多的是依靠外资带来的生产技术，哪怕是已经过时的技术。尽管一些人仍然崇尚比较优势，但在人民币不断升值、贸易摩擦不断加剧的外在条件下，我国以廉价劳动力为主的比较优势正在消失。早在 2005 年，中国的外贸依存度已经达到了创纪录的 80%，外来冲击对我国经济的打击将是致命的，只有尽快打破比较优势思维的禁锢，尽快建立自身明确的竞争优势，才能应对变幻莫测的国际经济环境。国家发改委对外经济研究所所长张燕生（2007）一针见血地指出，事实上中国的技术能力被夸大了，中国高技术顺差的产生只是产品链全球化生产分工、国际对华产业转移及鼓励加工贸易发展的必然结果。

由于国际分工的新变化以及高技术产品具有核心功能集成化与整体功能模块化的特点，高技术产品中的高技术部件与其最终产品在国家层次上发生分离：发达国家从事高创新率、高附加值和高进入壁垒的核心部件生产，而发展中国家则从事惯例化的、低附加值和几乎没有进入壁垒的低技术劳动密集型生产环节。而目前 OECD 高技术产业分类标准将 R&D 投入作为一国高技术发展状况的判定标准，并且没有考虑到产品的价值链在国家之间的分解，这不仅在发展中国家产生了高技术产业发展的“统计幻觉”，而且也产生了比较严重的政策误导。

无论哪一个国家，技术—经济范式在其发展过程中的重要性都是不言而喻的。从英国到美国，再到日本和德国，作为一个个成功的赶超者和领先者，他们无不是其所在时代高技术发展的受益者。中国作为一个立志于在未来数十年达到中等发达程度的发展中大国，应当虚心学习发达国家的发展经验，吸取他们的教训，如日本、韩国和芬兰在其技术强国地位确立的过程中 FDI 的作用是相当有限的，这显然与我国目前的经济战略相违背，值得深入思考。认清国情，特别是中国目前高技术的发展状况，才能制定符合中国实际的高科技发展战略，也唯有如此才能趋利避害，实现高技术产业从被动服从国际分工向主动影响国际分工转变，从仅仅依赖外生租金（低劳动力成本）向创造内生租金（技术变革）转变。

首先，在新的国际分工和全球生产链条碎片化的大环境下，为了切实提高中国高技术产业的国际竞争力，我们研究和制定政策的对象已不能再是笼统的“高技术产业”或“高技术企业”，而应当锁定为具体部件和环节。过去，政府所支持的高技术产业和高技术企业总体上仍是依赖廉价的劳动力成本，以组装和加工为主，营利能力很弱，集中于通信电子行业。目前来看，即使一个企业不属于 ICT 行业，只要它生产的产品或从事的生产环节符合高技术竞争力标准，有潜在的技术发展能力，政府就应当通过各种政策给予支持。在引进外来投资者时，不能只看其投资对象在发达国家是否属于高技术部门，更要看它是否真正刺激了高技术活动的本地化，是否真正满足了本国的技术需求。只有满足这两个条件，该投资才有利于我国高技术竞争力的提高。对那些缺乏核心技术的高技术产业和高技术企业的支持必将强化我国以低劳动成本为主的比较优势，而不是以创新和知识密集型为主的竞争优势，这是得不偿失的。总之，通过明确和细化所支持的主体，鼓励企业完成从价值链低端向价值链高端的转变，使企业能够着眼于自身能力的提升和未来的长期发展，而不仅仅满足于眼前利益。这在一定程度上也为我国的产业升级和优化提供了微观基础。

其次，政府应当为企业的发展提供完善的基础设施，创造良好的产、学、研互动机制，鼓励企业进行研发。只有具备了自主知识产权，才能掌握技术发展的主动权，在这方面我们一定要吸取教训，涉及知识产权与核心技术的问题一定要站在国家利益的高度，立足于长远来权衡利弊得失，特别是要借鉴近三十年来美国保护本国高技术产业的经验。自主品牌是获取高技术附加值的前提条件，也是打开世界市场的重要手段。没有自主品牌，就没有民族企业，就没有高额利润，这也是跨国公司不惜血本进行品牌营销的原因所在。此外，政府应当在保护民族品牌的过程中发挥重要作用。对美国而言，企业代表着国家，国家是企业的后盾，一旦企业利益受到威胁，政府就动用国家力量予以干预。例如，外国公司想要兼并或控股美国高科技企业非常困难，要通过一系列的调查、听证和审议，最后还要经国会批准，其过程之繁杂超乎想象，就在最近，美国海外投资委员会（CFIUS）出于对敏感技术的顾虑阻止了华为对电信设备制造商 3Com 部分股权的收购。这些行为背后的原因很简单，就是要保护本国的民族品牌和知识产权，企业利益与国家利益密不可分，不容侵蚀。

再次，对于那些从事高技术产品研发和高技术环节生产的企业，政府应当在金融融资、税收方面给予特殊政策。由于发展高技术和进行技术创新往往需要投入大量科研费用，从产品研制到投放市场需要一定的周期，其中的不确定因素难以预见，风险较大。这时政府应发挥其不可替代的作用，在大宗商品的采购上给自主创新产品以优先权，使企业在发展初期能够更容易地进入市场，加速资金周转，从而有机会发挥自身的巨大潜能，实现价值创造，通过外部制度和内部组织的共同演化，逐步成长和壮大，实现从模仿和适应性企业向主动创新性企业转变。这里，有关政策的探索和制定需要深入企业调查和研究，有关政策的实施也要严格按标准进行，否则，政策的效力和效果必将大打折扣，甚至适得其反。最明显的例子是，享受众多优惠条件的高新技术开发区已发展了十多年，但是区内企业仍没有形成较强的自主创新能力，营利水平低，缺乏核心技术，至今原创的高新技术产品屈指可数。如何提高政策效率，更好地达到政策目的，是我们需要不断总结和思考的。

最后，政府一定要把提升高技术产业的国际竞争力放到战略高度，不能动摇。一些学者，特别是来自发达国家的经济学家，将后发国家对先进国家的模仿视为必然，认为成熟产业的转移可以带来双赢的结果；或是大肆鼓吹自由贸易与比较优势（Russell，2006），甚至认为发展中国家发展高科技产业是浪费纳税人财富的无底洞。他们完全不顾发展中国家贸易条件的不断恶化以及发达国家巨额增加的研发投入。对于这些甚至已经成为经济学常识的理论，我们需要认真反思，从历史和现实中寻找答案，而不是人云亦云。一个国家的未来取决于经济发展，而经济发展取决于技术突破和应用。我们认为，只有不断加深对高技术产业发展的理解，不断探索提高我国高技术产业国际竞争力的途径，才能在全球化的大趋势下、在市场竞争越来越激烈的国际环境中实现我国经济的跨越式发展，实现国民财富和社会福利的共同增进，让人民群众从国家的经济发展中真正获益，这才是发展高技术产业所要达到的最终目标。

第五章　欧洲、中国中低技术产业技术创新宏观比较

欧洲国家是较早关注中低技术产业技术创新研究的国家。本章主要是从理论层面分析总结欧洲中低技术产业的技术创新，从宏观层面研究欧洲国家中低技术产业技术获取、技术应用、技术创新经验及技术创新的市场效果等，这对于我国借鉴他国经验，加强相关问题研究，发展中低技术产业具有重要意义。

第一节　欧洲中低技术产业的技术创新

技术是产业的生命，技术创新是产业的灵魂。产业的技术创新活动无时无刻不在发生，推动着国民经济不断增长。产业的孕育、诞生、发展、消亡都必然伴随着技术的发明、应用、完善、成功，直至被其他新兴的产业代替。

熊彼特提出了创新的五种情况。其中前两种创新，即产品创新和过程创新被理解为技术创新。傅家骥在《技术创新学》中把技术创新定义为企业家抓住市场的潜在盈利机会，以获取商业利益为目标，重新组织生产条件和要素，建立起效能更强、效率更高和费用更低的生产经营系统，从而推出新的产品、新的生产（工艺）方法、开辟新的市场、获得新的原材料或半成品供给来源或建立新的企业组织，它是包括科技、组织、商业和金融等一系列活动的综合过程。傅家骥（1998）对技术创新的定义包括了熊彼特创新分类中的全部五种情况。第三版《奥斯陆手册》把创新分为四种，即产品创新、过程创新、组织创新和市场创新。创新统计工作中只对产品创新和过程创新进行调查。第四版《奥斯陆手册》增加了对制造业之外的农业、服务业等产业的研发活动的定义。基斯·帕

维特（Keith Pavitt，1984）在《牛津创新手册》中把企业创新过程分成三个步骤，包括科学和技术知识的生产、将知识转化为产品、回应并影响市场需求，并且强调这三个步骤并不是完全前后相继的线性关系，而是各自具有相对的独立性。[①]

本书认为帕维特对创新过程的归纳揭示了技术创新活动的本质。技术创新是始于新技术获取、在生产中应用新技术、最终使新技术产品和服务在特定市场环境中成功的过程。在技术获取阶段，企业从研发和生产活动中获得知识，结合其他背景知识提出新技术构想。在技术应用阶段，企业按照新技术构想的要求实际构建生产环境，组织生产资源，把新技术产品实际生产出来。在市场成功阶段，企业在新技术构想指导下把产品推向市场，使新产品在与其替代品的竞争中胜出，获得自己的市场份额，从而实现新技术的价值。

三个阶段相对独立，都具有技术创新的意义，对单个企业来说可以仅完成技术创新的某个环节或某部分工作，由其他企业完成其余部分，即进行技术创新合作，共同成为技术创新主体。同时，对于任何一项技术创新来说，三个阶段都是必不可少的，以技术为中心，每个阶段都对技术创新过程起着不可替代的作用。

在技术获取阶段，新技术的灵感广泛存在。基于本书对技术的定义，新技术可理解为实现特定目的的新方法。开发新技术不一定以科学为基础，观察者在某个工作或生活环境中适应一段时间，通过简单而细致的观察，就可以实现知识的积累，新技术就可以开发出来。

在技术应用阶段，新技术需要落实为生产方案。新技术的应用可以再细分为两个步骤：首先，新技术是一种抽象方法，要把新技术应用到实际生产中，要求企业综合生产环境和市场条件制定可操作的生产技术方案；然后，需要按照新技术方案的要求组织各种生产设备和人力资源进行实际生产。新技术是独立的，但应用一项新技术却需要为该项技术营造特定的环境，往往是技术环境决定了一项技术创新的成败。

在市场成功阶段，新技术要在目标市场中实现对旧技术的替代。“技术创新”是一个经济概念，熊彼特的创新定义就强调了技术创新与市场

① 曾方在其博士论文中介绍了多位学者对技术创新进行分阶段划分的工作（曾方．技术创新中的政府行为——理论框架与实证分析．复旦大学 2003 年博士学位论文）。

成功的密切关系，要求新技术能在市场上取代旧技术，即“创造性毁灭”。一种新的产品或服务实现了市场成功，不仅使生产技术的变化得以实现，也必然伴随着消费方式的变化；新产品的“新”不仅体现在产品本身拥有了新的属性，同时也意味着人们获得了一种新的满足需求的“方案”。一项新技术必须成为社会经济技术体系中的一部分，在市场中发挥作用，才能称为成功的技术创新。

基于技术创新活动可以分为技术获取、技术应用、市场成功三个阶段的分析框架，所以本书在考察欧洲中低技术产业技术创新情况时，分别从以上三个方面选取指标对技术创新活动进行描述。

一、欧洲国家中低技术产业的技术获取

要衡量技术获取阶段的情况，需要对技术本身进行量化描述，采用的指标应该反映年度内产业获得了多少“技术”，但是“技术”是一种抽象的存在，并不是具体的实物或者人类行为，难以进行直接观察，只能从获取技术的投入和技术的经济效果等侧面间接地反映“技术”的数量。

一个产业能够生产出多少“技术”，与这个产业投入多少资源来生产“技术”有着必然的密切联系。研发（R&D）指标正是设计用来反映企业为了获取新技术所投入的资源量的。在《弗拉斯卡蒂手册》中研发（R&D）的定义是“为了增加知识储量而在系统的基础上进行的创造性工作，包括有关人类、文化和社会的知识，以及利用这些知识储备来设计新的应用”。

用 R&D 指标来反映技术获取情况存在着一些缺陷。第一，R&D 指标所反映的是为开发新技术所进行的投入，但是研发投入和“技术”产出之间并不是简单的线性正相关关系。第二，R&D 指标强调专门性，而专门的试验研发工作和“干中学”在技术知识获取的过程中都发挥重要作用，所以 R&D 指标会系统性地低估技术创新投入。本书研究中低技术产业的技术创新，而“干中学”在中低技术产业的技术创新过程中具有特殊重要的意义。白玲教授基于对东莞乡镇企业的考察研究，认为中低技术产业中的“干中学”、“用中学”、“干中研”效应对技术创新有重要作用。由于缺少直接反映“干中学”效应的数据，因此本书没有

对“干中学”的技术创新效应进行实证研究，但“干中学”作为一种重要的技术获取途径是很值得深入研究的。第三，R&D 指标强调创造性，因而通过从企业外部学习获取技术知识的投入被排除出 R&D 统计。但由于 R&D 指标收集工作广泛、系统，并且重视国际可比性，因此该指标仍然是反映技术创新投入情况的首选指标。

从 R&D 投入规模看，欧洲样本国家的中低技术产业在研发投入强度低的同时，研发投入规模也低，在全部产业研发投入中的占比略高于10%，个别中低技术产业的研发投入和中高技术产业相比几乎微不足道。图 5-1 反映了欧洲 12 个国家[①]1999～2007 年分产业的研发投入平均值[②]。

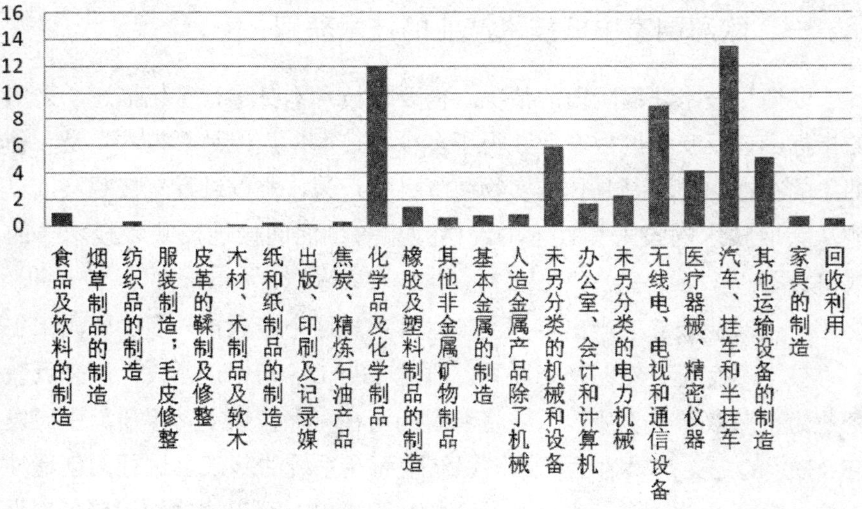

图 5-1 欧洲样本国家制造业分产业多年平均研发投入图（1999～2007）

单位：亿欧元。

数据来源：作者根据 OECD 数据库产业研发数据（ANBERD）整理（用于分析的商业企业研发数据统计，是 OECD 在整合成员国提交的数据基础上发布的）。

数据处理：芬兰和葡萄牙的产业 15（食品及饮料的制造）与 16（烟草制品的制造没有单独的数据），只有两个产业总的研发投入数据。假设芬兰和西班牙的产业 15 和产业 16 等于其他样本国家的平均比值。其他欧洲样本国家产业 15 和产业 16 的平均研发投入比为 18.5:1，据此为这两个的国家的产业 15 和产业 16 赋值。葡萄牙的产业 23（焦炭、精炼石油产品及核燃料的制造）和产业 25（橡胶及塑料制品的制造）没有单独的数据，只有产业 23+24+25 的总和的数据。同样假设葡萄牙的产业 23、产业 25 相互间的比例等于其他样本国家的比例，其他样本国家这两个产业的研发投入比值为 0.16:0.84，据此为葡萄牙的产业 23 和产业 25 赋值。

---

① 包括奥地利、比利时、德国、西班牙、芬兰、法国、希腊、爱尔兰、意大利、荷兰、葡萄牙、斯洛文尼亚共 12 个国家的产业研发数据。

② 个别国家数据无法覆盖 2009 年至 2007 年，根据制图的需要通过线性最小二乘法对数据进行了估算。

从图 5-1 可见，排在前五位的产业全部属于高技术产业和中高技术产业[①]；排在后五位的产业全部是低技术产业[②]（其他相关数据可参考 ANBERD[③]和 OECD 产业研发统计报告[④]）。

从研发投入的增长情况看，虽然中低技术产业的在研发投入规模上不及中高技术产业，但是中低技术产业的增长速度并不比中高技术产业慢。如图 5-2 中所反映的，在以 1999 年为基期的情况下，可以看出近年来中低技术产业的增长趋势也很明显。

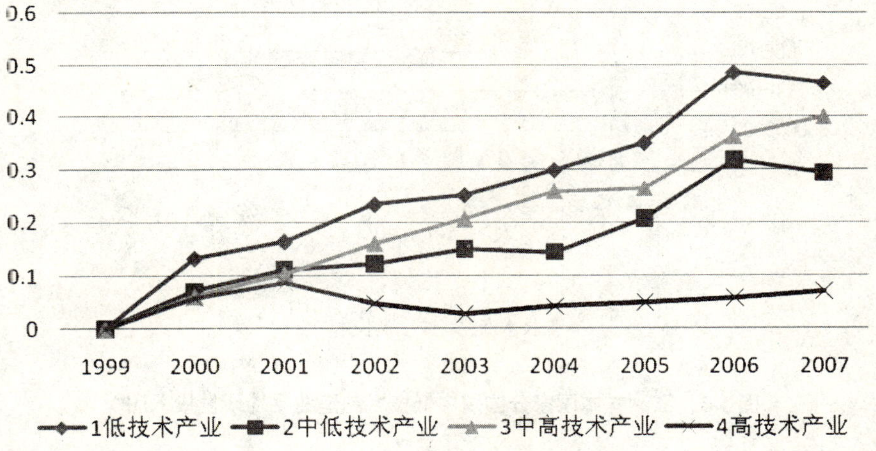

图 5-2 欧洲样本国家中低技术制造业平均研发投入增长率年度变化图

数据来源：根据 OECD 数据库产业研发数据（ANBERD）整理（用于分析的商业企业研发数据统计，是 OECD 在整合成员国提交的数据基础上发布的）。

数据处理：法国的产业 15（食品及饮料的制造）、16（烟草制品的制造）缺少 2004 年至 2006 年的数据。本书通过线性最小二乘法利用 1999 年至 2003 年的数据对后三年的数据进行了估算。希腊、爱尔兰和荷兰缺少 2006 年的数据，本书通过最小二乘法，在 1999 年到 2005 年的数据基础上对 2006 年的数据进行了估算。只有意大利和芬兰有 2007 年的研发数据，本书通过最小二乘法对其他国家的 2007 年的数据进行了估算，当估值低于 0 时则取 0。奥地利缺少 1999 年到 2001 年的数据，根据线性最小二乘法，利用 2002 年到 2006 年数据对之前年分进行逐年估算。

---

① 34（汽车、挂车和半挂车的制造）、24（化学品及化学制品制造业）、32（无线电、电视和通信设备和装置的制造）、29（未另分类的机械和设备的制造）、35（其他运输设备的制造）。

② 19（皮革的鞣制及修整；皮箱、手提包、马具、挽具及靴鞋的制造）、16（烟草制品的制造）、18（服装制造；毛皮修整与染色）、20（木材、木制品及软木制品的制造，但家具除外）、22（出版、印刷及记录媒介物的复制）。

③ OECD 数据库产业研发数据 ANBERD 的网址：http://stats.oecd.org/Index.aspx?DataSetCode=STANINDICATORS，其中的产业名称翻译根据国际标准产业分类修订本第 3.1 版。http://unstats.un.org/unsd/publication/SeriesM/seriesm_4rev3_1c.pdf

④ OECD 研发统计的主要数据来源：Bilateral Trade by industry Database (BTD) OECD harmonised Input-Output tables (STAN-IO), STAN(Structural Analysis database).www.oecd. org/sti/anberdwww.oecd. org/sti/stan;www.oecd.org/sti/btd; www.oecd.org/sti/inputoutput; www.oecd.org/statistics.

从中低技术产业研发投入的国别角度看，德国、法国的中低技术产业研发投入规模明显高于其他样本国家。如图 5-3 所示，德国和法国的中低技术产业研发投入总额分别占到样本国家的 31.1%和 28.8%，并且两国的“中低”技术产业研发投入都显著高于低技术产业。在样本国家中只有荷兰、爱尔兰和希腊的低技术产业的研发投入规模超过“中低”技术产业。

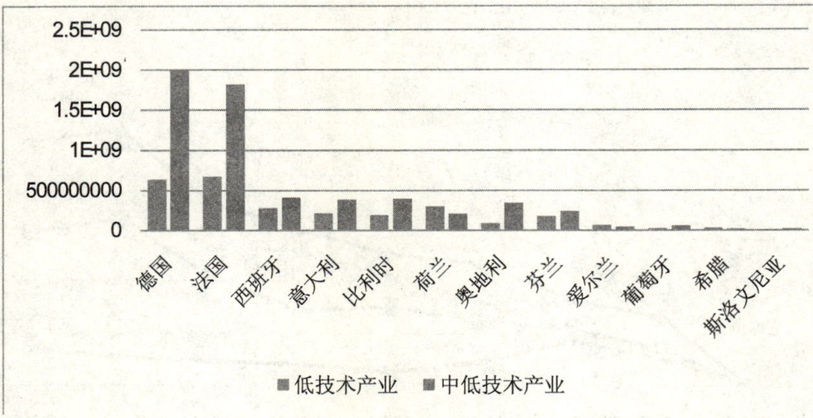

图 5-3 欧洲样本国家分国别中低技术制造业平均研发投入图

单位：欧元。

数据来源：根据 OECD 数据库产业研发数据（ANBERD）整理（用于分析的商业企业研发数据统计，是 OECD 在整合成员国提交的数据基础上发布的）。

数据处理：图中按照中低技术产业研发投入总额（即低技术产业和“中低”技术产业的总和）从高到低对国别进行了排序。

二、欧洲国家中低技术产业的技术应用

要考察新技术的应用，产业的新增固定资产是一个比较理想的指标，因为新技术的应用和扩散必然伴随着专门资本和设备的建设和使用。本书认为自然资源和各种设施装备是企业技术创新活动的基础，技术创新活动，从资源角度看，就是一种不断开发廉价资源以替代昂贵资源的过程，企业要应用新技术必然要为新技术营造一个相应的工作环境。一个企业固定资产的增加是出于企业家的规划安排，其中必然体现了企业家最先进的生产技术思想，因此一个产业的新增固定资产越多，说明该产业扩张速度越快，新技术的应用规模越大。

一个存在的问题是新增固定资本中有多大比例反映了“新技术”的

要求，有多大比例反映的是“旧技术”的延续。企业的新技术总是融入之前的技术体系，从而形成新的整体技术方案，产业中的诸多企业独立地进行着不同程度的技术改进，因此一国某产业每一年的新增固定资产总是体现了新技术思想的要求。本书认为，新技术既包含根本性的技术革新，也包括小的技术改进，而小的技术改进广泛存在，无时无刻不在发生。因此，假设一个企业在一年中没有任何技术改进是不合逻辑的。所以，本书不区分哪些新增固定资产是按照新技术建设的，哪些新增固定资产只是传统技术的应用。

从各产业的新增固定资本看，欧洲样本国家低技术产业的新增固定资产投资和中高技术产业的新增固定资本超过了“中低”技术产业和中高技术产业。如图 5-4 反映了欧洲 13 个国家 2000～2009 年欧洲样本国家分产业平均年新增固定资本额。

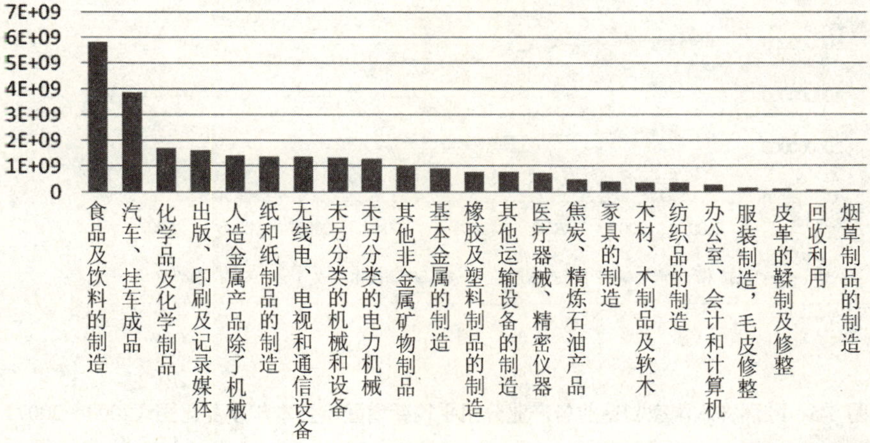

图 5-4　欧洲样本国家 2000～2009 年平均新增固定资本图

单位：欧元。

数据来源：作者根据 OECD 数据库产业研发数据（ANBERD）整理。

数据处理：本图样本国家包括德国、意大利、芬兰、法国、斯洛伐克、西班牙、荷兰、比利时、奥地利、希腊、斯洛文尼亚、卢森堡、爱尔兰 13 个国家。其中奥地利、芬兰使用了 2009 年产业的新增资本数据，其他国家数据一般为 2000～2008 年。德国数据只包括 2000～2007 年；荷兰数据为 2000～2007 年，且 2007 年部分产业数据缺失（产业编号 17、18、30～33）；卢森堡部分产业数据缺失（为产业编号 15、16、21、22、30-35）斯洛文尼亚数据为 2000～2007 年；西班牙数据为 2000～2007 年；意大利数据产业 15、16 只包括 2000～2003 年，产业 17、18、21、22、27、28、30-37 缺少 2008 年数据。

如图所示，欧洲样本国家的食品和饮料制造业新增固定资本额最高，其次是汽车、挂车和半挂车制造业和化学品及化学制品制造业、出版、印刷及记录媒介物的复制业、人造金属产品（除了机器和设备）制造业；新增固定资本最低的五个产业中，既有烟草制品制造业为代表的低技术产业，也有办公室、会计和计算机制造业为代表的高技术产业。

从欧洲样本国家各产业分组的新增固定资本年度变化看，中高技术产业的新增固定资本水平最高，“中低”技术产业和低技术产业次之，高技术产业相对最低。如图 5-5 中所反映的，四个产业组在近几年新增固定资本规模基本稳定，增长趋势不明显。

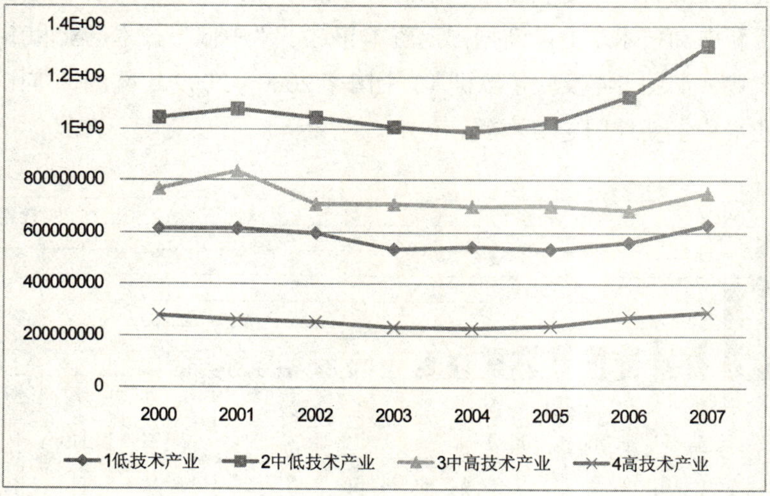

图 5-5 欧洲样本国家制造业各产业分组平均新增固定资本年度变化图（2000～2007）

单位：欧元。

数据来源：根据 OECD 数据库产业研发数据（ANBERD）整理（用于分析的商业企业研发数据统计，是 OECD 在整合成员国提交的数据基础上发布的）。

数据处理：由于多数国家 2008 年和 2009 年数据缺失（如图 5-4 数据处理中提到的），本图只使用了 2000～2007 年的数据。

从国别角度看，欧洲各样本国家由于本国产业结构和产业规模大小不同，其新增固定资本差异较为明显，例如德国的化学工业新增固定资本很高，提升了德国中高技术产业的整体水平；如图 5-6 所示，从具体国家的中低技术产业看，中低技术产业总体的新增固定资本排序最高的是意大利，之后是德国、法国、西班牙和比利时。

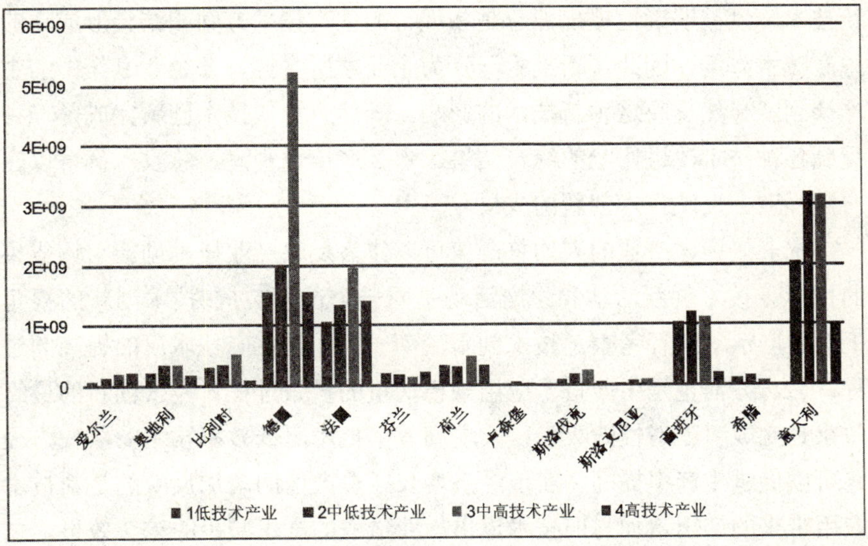

图 5-6　欧洲样本国家年均新增固定资本国别图

单位：欧元。

数据来源：根据 OECD 数据库产业研发数据（ANBERD）整理（用于分析的商业企业研发数据统计，是 OECD 在整合成员国提交的数据基础上发布的）。

数据处理：本图使用 2000～2009 年数据，具体数据缺失情况同图 5-4。

三、欧洲国家中低技术产业技术创新的市场效果

要考察技术创新的市场完成情况，就要考察在一年当中按照新技术组织的生产活动获得了多少市场份额，销售了多少产品，创造了多少收入。因此产业的产值和收入中必然包含了新技术产品的贡献。

正如新增固定资本和新技术的关系问题，一个相似的问题是：如何区别一个产业当年的产值中有多少是在“新技术”的指导下生产的；有多少是在“老技术”指导下生产的。假设一个产业中有 A、B、C 三家企业，A 企业今年采用全新的生产技术，B 企业的生产方式和去年没有任何显著的变化，C 企业则在去年的生产技术基础上进行了渐进性创新。在无法掌握企业具体的新技术应用情况的条件下，要把新技术对应的产值从产业总的产值中准确地分离出来几乎是不可能的。

如果我们专注于某一项局部性新技术的影响，可以只计算受到该项技术影响的产量和产值，但是，由于技术改进的普遍性和全局性技术改进的存在，很难找到哪一单位产品是完全没有受到新技术影响的。并且，

新技术一旦被明确地提出，总是和现行的生产技术方案相结合形成新的生产技术方案，因此，新技术一旦为企业家所掌握，该企业家作出的生产计划就必然反映这种新技术的影响。既然产业的技术创新完成是一种受到各种技术改进影响的综合结果，那么产值、利润、总收入都可以在一定程度上反映技术创新的成果。

本书认为，产业的人均总产值可以作为反映产业技术创新市场成果的指标。技术创新活动和生产活动是同一个过程[①]，在技术创新的视角下对生产活动进行考察。技术创新活动一方面是生产技术质的提高的过程，另一方面也是生产技术应用规模的量的扩张过程。技术创新的最终效果是完成“创造性毁灭”，实现高效率技术对低效率技术的取代，最终可以促进生产率提高，实现经济增长。总产值的增加反映的是新技术应用带来的产出增加与旧技术退出产业造成的产出减少的综合效果。之所以使用人均总产值，是因为新技术对旧技术的替代需要一个过程。在一个年度中，产业中的部分企业可能通过扩大旧技术的应用规模实现总产值的增加，而新技术的扩散尚未充分实现，因此人均总产值可以更好地反映新技术对生产率的提高，也能更充分地反映新技术在市场上的扩散程度。总体上说，产业的人均总产值指标可以反映产业的技术创新对产业整体经济效率的提升效果。

从欧洲样本国家各产业的人均总产值水平看，比较突出的是焦炭、精炼石油产品及核燃料制造业，其人均总产值远远超过其他制造业。除这两个产业外，中低技术产业和高技术产业人均总产值没有表现出统一的规律。如图 5-7 反映了欧洲 10 个国家 2000～2008 年分产业的人均总产值。其中排在前五位的产业为焦炭、精炼石油产品及核燃料的制造，化学品及化学制品的制造，烟草制品的制造，基本金属的制造，汽车、挂车和半挂车的制造。人均总产值最高的焦炭、精炼石油产品及核燃料的制造是典型的中低技术产业，但同时，人均收入最低的五个产业也全部是中低技术产业。

① 当然，技术创新活动与销售及售后服务活动也存在着类似的关系。

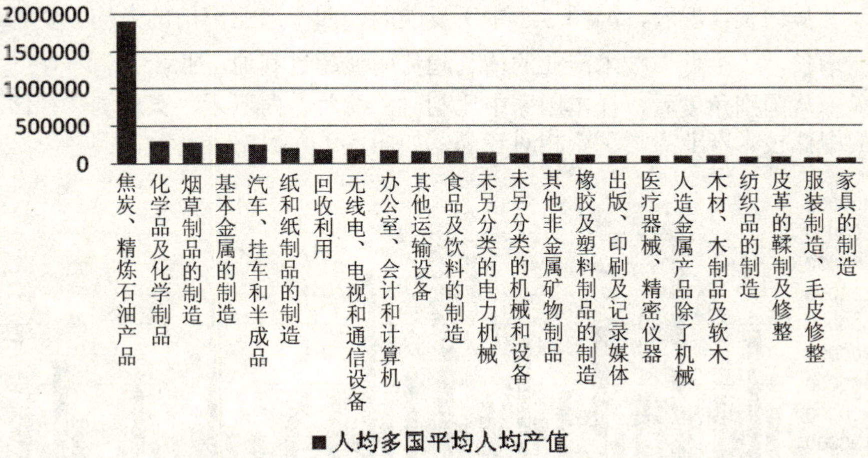

图 5-7　欧洲样本国家制造业分产业人均产值图

单位：欧元。

数据来源：根据 OECD 数据库产业研发数据（ANBERD）整理（用于分析的商业企业研发数据统计，是 OECD 在整合成员国提交的数据基础上发布的）。

数据处理：本图样本国家包括德国、意大利、芬兰、法国、斯洛伐克、西班牙、荷兰、比利时、奥地利、希腊 10 个国家。本书使用各国的分产业总产值数据除以对应产业的就业人数得到人均收入数据。部分国家的分产业总产值数据和就业数据不全，缺失数据通过线性最小二乘法进行了数值估计。

从各产业的人均总产值年度变化看，低技术产业的人均总产值水平始终低于其他产业。由于部分产业的拉动，“中低”技术产业整体上高于高技术产业和中高技术产业（图 5-8）。

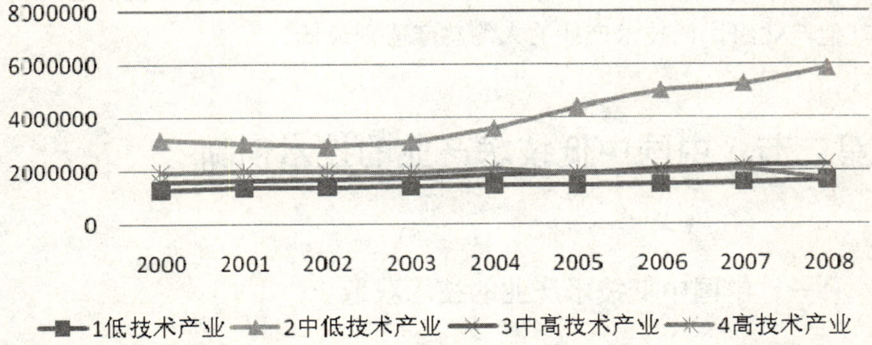

图 5-8　欧洲样本国家中低技术制造业人均产值年度变化图

单位：欧元。

数据来源：根据 OECD 数据库产业研发数据（ANBERD）整理（用于分析的商业企业研发数据统计，是 OECD 在整合成员国提交的数据基础上发布的）。

数据处理：同图 5-4。

从增长情况看，如图 5-8 中所反映的，四个产业部门的人均工资都在增长，“中低”技术产业的增长趋势明显超过其他产业。

从国别角度看，样本国家中比利时、荷兰、西班牙、奥地利、德国的中低技术产业人均工资相对较高。如图 5-9 所示。

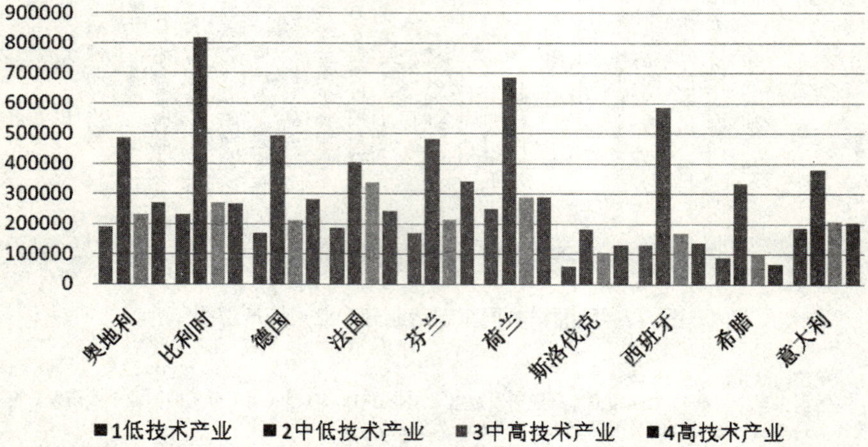

图 5-9 欧洲样本国家分国别中低技术制造业平均工资图

单位：欧元。

数据来源：根据 OECD 数据库产业研发数据（ANBERD）整理（用于分析的商业企业研发数据统计，是 OECD 在整合成员国提交的数据基础上发布的）。

数据处理：同图 5-4。

从图上可见，样本国家中“中低”技术产业的人均总产值普遍高于其他产业组，低技术产业的人均总产值则最低。

第二节 中国中低技术产业的技术创新

一、中国中低技术产业的技术获取

中国作为科学技术相对落后的发展中国家，新技术来源主要靠引进外国技术和设备，本国的研发投入尤其是企业部门的研发投入同科技先进国家相比还有很大差距，但近年来随着中国的整体经济的高速发展，研发投入的规模也在快速增长。

国家统计局给出的“研究与发展经费支出”指标的解释①是“用于研究与发展课题活动（基础研究、应用研究、实验发展）的全部实际支出，包括用于研究与发展课题活动的直接支出和间接用于研究与发展活动的支出（如研究院、所管理费，维持研究院、所正常运转的必需费用和与研究发展有关的基本建设支出）”。

中国的研发数据根据中国制定的国民经济行业分类标准进行统计，该分类基本符合国际标准产业分类的原则，但在产业划分上存在着一些差别，本书以国际标准产业分类的产业划分方法为基准，需要将中国的分行业数据转化为国际标准产业分类数据并据此确定中国中低技术产业的范围。中国国民经济行业分类和国际标准产业分类的中低技术产业部分划分方式比较相似，在中高技术产业部分划分方式存在较大的差别②。故本书只将中国国民经济行业分类中工业的29个行业中的24个行业转化为国际标准产业分类制造业的23个行业中的16个③。虽然未能建立所有产业之间的对应关系，但包含了全部中低技术产业。具体转化方式如表5-1所示。

表5-1　中国国民经济行业分类与国际标准产业分类产业对照表

中国国民经济行业分类	国际标准产业分类
农副食品加工业	食品及饮料的制造
食品制造业	食品及饮料的制造
饮料制造业	食品及饮料的制造
烟草制品业	烟草制品的制造
纺织业	纺织品的制造
纺织服装、鞋、帽制造业	服装制造；毛皮修整与染色
皮革、毛皮、羽毛（绒）及其制品业	皮革的鞣制及修整；皮箱、手提包、马具、挽具及靴鞋的制造
木材加工及木、竹、藤、棕、草制品业	木材、木制品及软木制品的制造，但家具除外；草编物品及编织材料物品的制造

① http://www.stats.gov.cn/tjzd/tjzbjs/t20020327_14295.htm

② 由于数据的限制，本书使用的技术密集度分类在类的层次上，在不考察大组和组的情况下很难对产业进行精确的数据转化工作。

③ 由于本书以考察中低技术产业的情况为主要目标，而其他产业在两种分类标准下的对应程度相对较差，且以中高技术产业为主，不是本书关注的中心问题，因此本书只在对应较好的中低技术产业和部分中高技术产业之间建立了对应关系。

续表

中国国民经济行业分类	国际标准产业分类
家具制造业	家具的制造；未另分类的制造业
造纸及纸制品业	纸和纸制品的制造
印刷业和记录媒介的复制	出版、印刷及记录媒介物的复制
文教体育用品制造业	
石油加工、炼焦及核燃料加工业	焦炭、精炼石油产品及核燃料的制造
化学原料及化学制品制造业	化学品及化学制品的制造
医药制造业	化学品及化学制品的制造
化学纤维制造业	化学品及化学制品的制造
橡胶制品业	橡胶及塑料制品的制造
塑料制品业	橡胶及塑料制品的制造
非金属矿物制品业	其他非金属矿物制品的制造
黑色金属冶炼及压延加工业	基本金属的制造
有色金属冶炼及压延加工业	基本金属的制造
金属制品业	人造金属产品除了机器和设备
通用设备制造业	未另分类的机械和设备的制造
专用设备制造业	未另分类的机械和设备的制造

从研发投入规模看，如图 5-10 反映了中国工业 2003～2008 年分行业的研发投入平均值，中高技术产业的研发投入总体上高于中低技术产业。同时，值得注意的是，以纺织业、金属制品业等为代表的典型中低技术产业研发投入规模也很可观。

OECD 在对中低技术产业进行划分时，由于经济体制和数据的限制并没有参考中国各产业的研发投入情况，根据发达国家产业情况定义的中低技术产业并不完全适合中国的产业状况。如果按照发达国家的研发强度标准划分，中国的企业由于研发投入强度较低，所有制造业大类都应该划为中低技术产业。因此针对中国的研发强度情况对中低技术产业范围进行重新测度是一项有意义的工作。但是根据中国的产业数据对中国的产业按技术密集度进行重划将给国际间的横向比较造成困难，因此本书以 OCED 的产业划分为基准，用中国相应产业的数据和欧洲国家的相同产业的数据进行对比。表 5-2 中对中国的制造业进行了技术密集度划分。

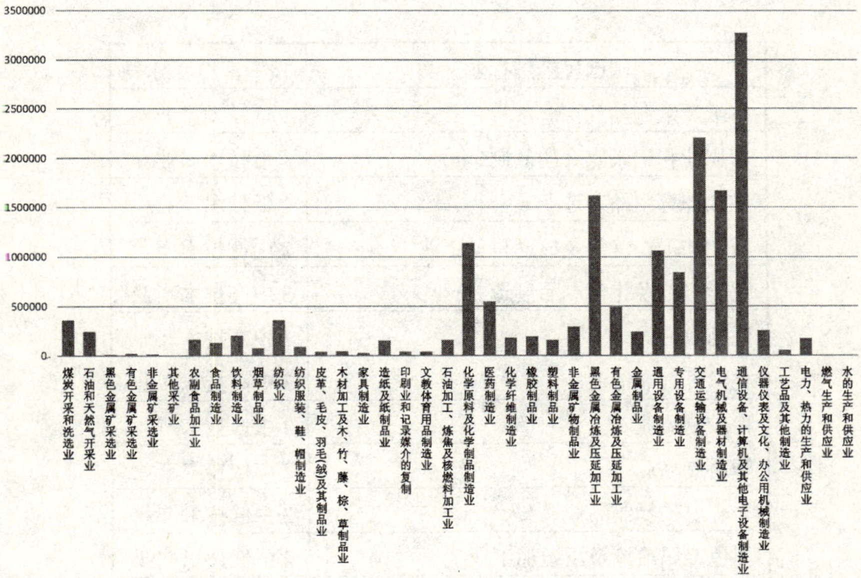

图 5-10　中国 2003～2008 年工业分产业多年平均研发投入图

单位：万元。

数据来源：中国科技统计年鉴 2004～2009。

数据处理：图中产业按 2003～2008 年平均研发投入规模降序排列。其中 2004 年和 2008 年研发数据来自分行业规模以上工业企业研究与试验发展活动情况。其余年份数据来自分行业大中型工业企业研究与试验发展活动情况。由于数据的缺陷，不同年份的统计口径存在差别，如以规模以上工业企业的基准，其他年份存在着对 R&D 投入规模的低估。2008 年全国规模以上工业企业数为 418880 家，研究与试验发展经费支出为 3071.1 亿元；大中型企业 40314 家，研究与试验发展经费支出为 2681.3 亿元。大中型企业的研发投入占规模以上工业企业研发投入的 87.25%。2002 年至 2007 年其他采矿业数据缺失，按研发投入为零处理。

表 5-2　中国制造业技术密集度分类表

中国国民经济行业分类	技术密集度分类
农副食品加工业	1 低技术产业
食品制造业	1 低技术产业
饮料制造业	1 低技术产业
烟草制品业	1 低技术产业
纺织业	1 低技术产业
纺织服装、鞋、帽制造业	1 低技术产业
皮革、毛皮、羽毛（绒）及其制品业	1 低技术产业
木材加工及木、竹、藤、棕、草制品业	1 低技术产业
家具制造业	1 低技术产业

续表

中国国民经济行业分类	技术密集度分类
造纸及纸制品业	1 低技术产业
印刷业和记录媒介的复制	1 低技术产业
文教体育用品制造业	1 低技术产业
石油加工、炼焦及核燃料加工业	2 中低技术产业
化学原料及化学制品制造业	3 中高技术产业
医药制造业	3 中高技术产业
化学纤维制造业	3 中高技术产业
橡胶制品业	2 中低技术产业
塑料制品业	2 中低技术产业
非金属矿物制品业	2 中低技术产业
黑色金属冶炼及压延加工业	2 中低技术产业
有色金属冶炼及压延加工业	2 中低技术产业
金属制品业	2 中低技术产业
通用设备制造业	3 中高技术产业
专用设备制造业	3 中高技术产业
交通运输设备制造业	3 中高技术产业
电气机械及器材制造业	3 中高技术产业
通信设备、计算机及其他电子设备制造业	4 高技术产业
仪器仪表及文化、办公用机械制造业	3 中高技术产业
工艺品及其他制造业	2 中低技术产业

从研发投入的增长看，我国“中低技术产业”的研发投入增长迅速，如图 5-11 所示，2008 年“中低技术产业”的研发投入规模是 2003 年的 4.5 倍，整体上超过了高技术产业和中高技术产业。低技术产业研发投入的增长速度相对较慢，但在 5 年内仍然增长了 2.5 倍。

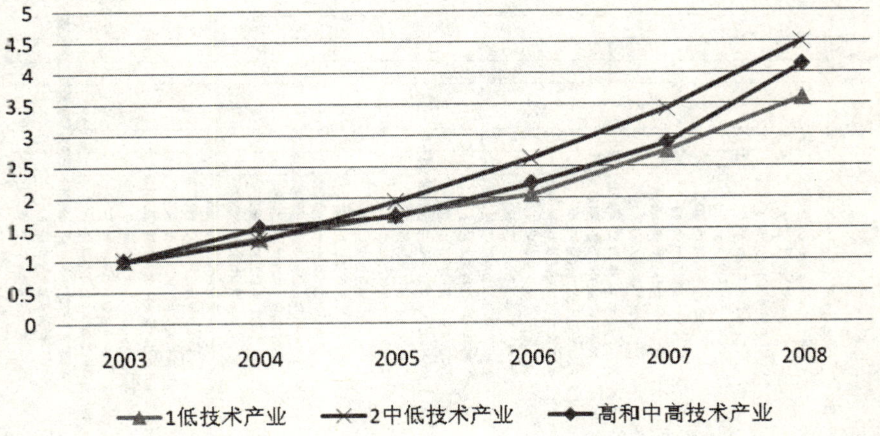

图 5-11 中国产业按技术密集度分类 2003～2008 年研发投入年度变化图

单位：100%。
数据来源：中国科技统计年鉴 2004～2009。
数据处理：由于本书对高和中高技术产业的划定比较随意，因此不再分别画出高和中高技术产业研发投入的增长曲线。

二、中国中低技术产业的技术应用

我国经历了 30 多年的改革开放，2000 年成功加入世界贸易组织，三十年间中国吸收了大量的外商投资，建立起了世界规模的外向型经济，成为了全球最大的出口国。这一期间，伴随外商投资而来的新技术和新设备大量进入我国，沿海省市建立起大量的新工厂，内陆省份的建设也取得了很大的成就。固定资产的迅速增加能反映我国这一时期的技术创新应用情况。

从各产业的新增固定资本看[①]，中低技术产业的新增固定资产投资整体上低于高技术产业。图 5-12 反映了中国 2001～2008 年工业分产业平均年新增固定资本额。

① 我国的工业经济年鉴没有新增固定资本的指标，本书使用前后年固定资本合计指标的差值代替新增固定资本。

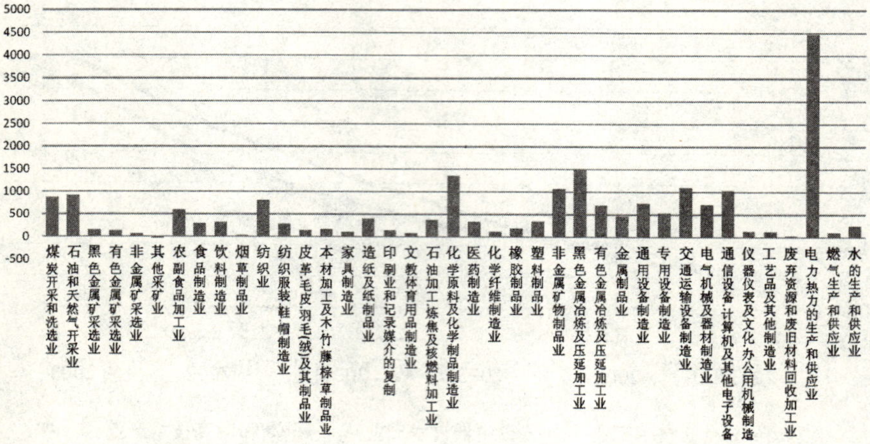

图 5-12 中国 2001～2008 年平均新增固定资本图

单位：亿元人民币。

数据来源：作者根据《中国工业经济统计年鉴》中 2009 年、2008 年、2007 年、2006 年、2004 年、2003 年、2002 年、2001 年的数据整理。

数据处理：逐年对固定资产合计（原价）做减法，获得差值，作为新增固定资本；对各产业新增固定资本求平均值；去掉采掘业和电力供应等产业，只保留制造业数据；对平均值进行排序；制成此表。由于 2004 年和 2000 年固定资本合计数据的缺失，只能计算 2008 年、2007 年、2006 年、2003 年、2002 年等五年新增固定资本，最后用于排序的均值是这五年的均值。

从我国新增固定资本年度变化看，2003 年新增固定资本达到一个低点，2006 年后有增长的趋势。如图 5-13 所示，“中低”技术产业和中高技术产业整体上高于低技术产业，并且差距有逐年扩大的趋势。

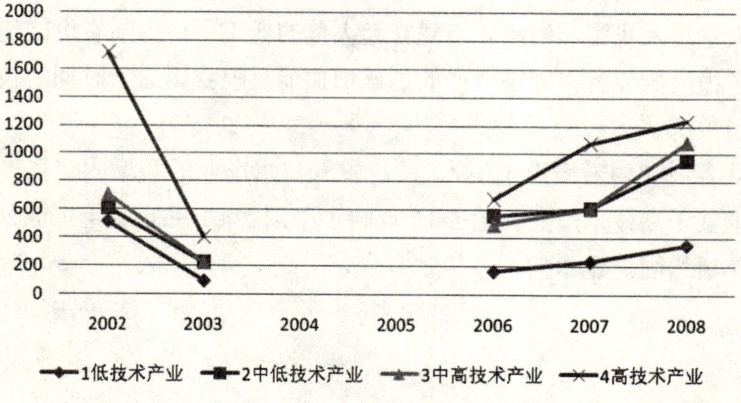

图 5-13 中国制造业各产业分组平均新增固定资本年度变化图

单位：亿元人民币。

数据来源：作者根据《中国工业经济统计年鉴》中 2009 年、2008 年、2007 年、2006 年、2004 年、2003 年、2002 年、2001 年的数据整理。

数据处理：逐年对固定资产合计（原价）做减法，获得差值作为新增固定资本，如同 5-12。

三、中国中低技术产业技术创新的市场效果

从各产业的人均产值看，同欧洲国家相似，我国的石油加工业、炼焦业及核燃料加工业人均总产值最高，但与欧洲不同，我国的烟草制品业的人均总产值也相当可观。如图 5-14 所示，石油加工业、炼焦业及核燃料加工业和烟草制品业明显高于其他产业，其他各产业的人均总产值按从低到高排序基本表现为低技术产业、“中低”技术产业、中高技术产业、高技术产业。

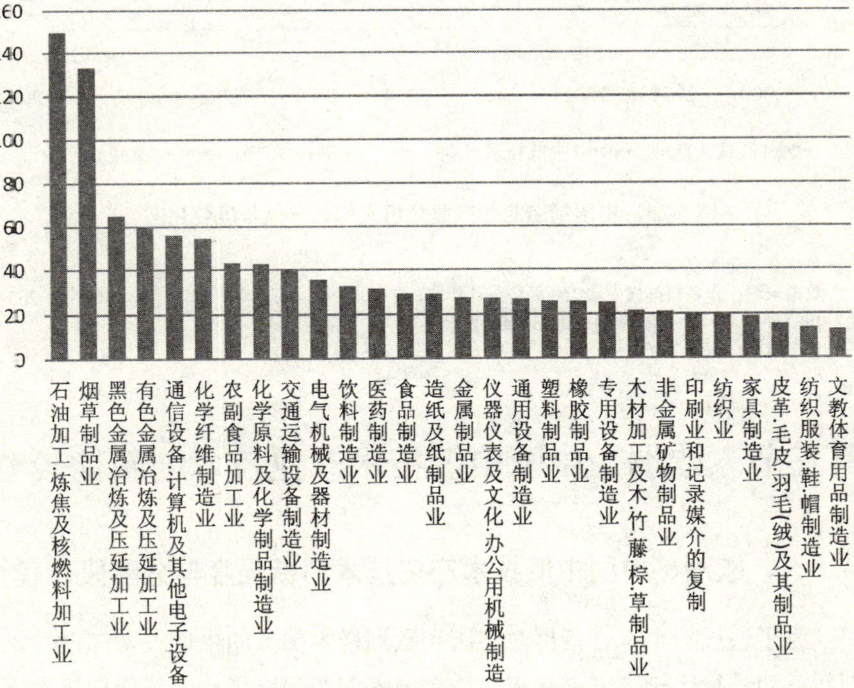

图 5-14　中国 2000～2008 年平均人均总产值图

单位：万元人民币。

数据来源：作者根据《中国工业经济统计年鉴》中 2009 年，2008 年，2007 年，2006 年，2004 年，2003 年，2002 年，2001 年的数据整理。

数据处理：使用工业分行业总产值数据（原价）除以产业的年度平均就业人数获得人均产值数据。由于 2004 年数据缺失，因此该图在 2000～2008 年平均的人均产值中不包括 2004 年的数据。

从我国人均总产值年度变化看，“中低”技术产业的人均产值增长趋势最显著。如图 5-15 所示，“中低”技术产业的人均产值在 2006 年

之后，超过了高技术产业，中高技术产业人均产值略高于低技术产业，两个产业增长趋势接近。

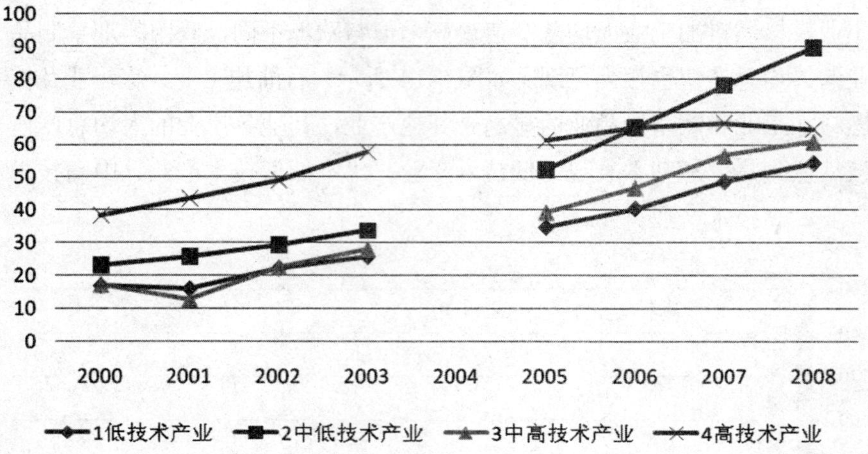

图 5-15　中国制造业各产业分组人均总产值年度变化图

单位：亿元人民币。

数据来源：作者根据《中国工业经济统计年鉴》中 2009 年，2008 年，2007 年，2006 年，2004 年，2003 年，2002 年，2001 年的数据整体。

数据处理：同图 5-14。

第三节　欧洲、中国中低技术产业技术创新比较

一、欧洲、中国中低技术产业技术创新强度与分阶段比较

为了通过一个综合指标对中国和欧洲样本国家的中低技术产业技术创新活动进行比较，本书将定义一个技术创新强度指标，该指标旨在反映一国的产业或产业组的技术创新活动在某一年度的活跃程度。

其计算步骤为：①计算各国中低技术产业的研发投入金额占所有样本国家研发投入总额的比例；②计算各国中低技术产业的新增固定资产占样本国家新增固定资本总额的比例；③计算各国人均总产值占样本国家人均总产值总额的比例；④求上述三个比例的平均值，即求得技术创新强度指标。

技术创新强度指标的设定以技术创新的三阶段理论为基础，综合反

映了三个技术创新阶段的活动情况。使用比例作为指标可以反映一国技术创新活动强度的相对变化，即如果本国的技术创新活动规模和水平慢于其他国家将表现为技术创新强度的下降。

表 5-3 反映了中国和欧洲样本国家的技术创新活动强度。根据 2002 年、2003 年、2006 年、2007 年四年的平均情况看，中国拥有最高的技术创新强度。从欧洲样本国家的情况看，大国的技术创新强度高于小国。

表 5-3　中国中低技术产业技术创新强度比较

国　别	2002 年	2003 年	2006 年	2007 年	平　均
中　国	0.191702	0.171539	0.260819	0.279831	0.225973
德　国	0.171418	0.198215	0.160748	0.153246	0.170907
法　国	0.156101	0.16485	0.135213	0.132197	0.14709
意大利	0.111082	0.153993	0.12511	0.116406	0.126648
西班牙	0.07985	0.108472	0.105273	0.102142	0.098934
比利时	0.078097	0.080923	0.084067	0.08365	0.081684
荷　兰	0.077806	0.077827	0.068952	0.069348	0.073483
奥地利	0.057603	0.060446	0.0573	0.055807	0.057789
芬　兰	0.051875	0.055726	0.052501	0.052504	0.053152
希　腊	0.024466	0.027855	0.026267	0.029689	0.027069

单位：数据为比值。

数据来源：根据 OECD 数据库，本章第一节数据源计算获得。

数据处理：由于 OECD 数据库，本章第一节中使用的欧洲的数据单位为欧元，中国的数据单位为人民币元，所以本书根据国家统计局人民币兑欧元汇率将人民币换算为欧元计算。欧洲和中国的数据均为名义价格，未考虑通货膨胀因素。

从技术创新的三个阶段看，中国中低技术产业技术创新活动相对于欧洲样本国家来说，研发投入和新增固定资产规模很大，但是人均产值还不高。表 5-4、表 5-5、表 5-6 分别对中国和欧洲样本国家中低技术产业 2002 年到 2007 年间在研发投入、新增固定资产和人均产值方面进行了比较。①

从中低技术产业的研发投入规模看，如表 5-4 所示，中国的研发投入占 10 个样本国家的比例由 2003 年的 18.5%增长到 2007 年的 36.5%。反映了中国中低技术产业在近年来研发投入规模的快速增长。

① 表 5-4、5-5、5-6 中的数据计算方法即为本章第一节中技术创新强度的前三步。

表 5-4 中欧中低技术产业研发投入比较

国 别	2003 年	2004 年	2005 年	2006 年	2007 年	平 均
中 国	0.185183234	0.214798	0.270159	0.309686	0.365611	0.26909
德 国	0.258727194	0.240271	0.223663	0.196583	0.182604	0.22037
法 国	0.240862714	0.239729	0.211635	0.203315	0.190017	0.21711
西班牙	0.065688837	0.071728	0.069099	0.071718	0.067767	0.0692
意大利	0.059495787	0.050834	0.050682	0.063706	0.043485	0.05364
比利时	0.055439745	0.053135	0.049064	0.043759	0.040493	0.04838
奥地利	0.041475396	0.042733	0.041727	0.039995	0.0392	0.04103
荷 兰	0.049628478	0.043931	0.043638	0.033676	0.033027	0.04078
芬 兰	0.039421296	0.038696	0.036066	0.033901	0.034221	0.03646
希 腊	0.00407732	0.004146	0.004267	0.003662	0.003575	0.00395

单位：数据为比值。
数据来源：根据 OECD 数据库，本章第一节数据源计算获得。

从新增固定资本的比较情况看，如表 5-5 所示，中国中低技术产业的新增固定资本近年来始终高于欧洲国家，从 2006 年和 2007 年的情况看，中国中低技术产业的新增固定资本比欧洲样本国家中最高的意大利多两倍。同时，可以发现中国中低技术产业新增固定资产占所有样本国家的比例没有研发投入占比增长明显，即新增固定资本相对于研发投入的变动更为稳定。

表 5-5 中欧中低技术产业新增固定资本比较

国 别	2002 年	2003 年	2006 年	2007 年	平 均
中 国	0.548507731	0.304104	0.444386	0.44304	0.435009
意大利	0.157835699	0.299535	0.228754	0.224454	0.227645
希 腊	0.006364152	0.015831	0.012601	0.014029	0.012206
西班牙	0.058588204	0.14505	0.13445	0.131353	0.11736
荷 兰	0.019055448	0.041514	0.031052	0.031593	0.030804
芬 兰	0.010462743	0.025541	0.017836	0.019793	0.018408
法 国	0.066952007	0.158958	0.115108	0.119418	0.115109
德 国	0.09890685	0.228784	0.181783	0.180246	0.17243
比利时	0.018188287	0.044213	0.033063	0.032564	0.032007
奥地利	0.015138879	0.036005	0.029722	0.027963	0.027207

单位：数据为比值。
数据来源：根据 OECD 数据库，本章第一节数据源计算获得。

中国的人均产值较低，如表 5-6 所示，中国的人均总产值不到比利时的五分之一，欧洲样本国家中人均总产值最低的希腊也是中国的两倍多。但增长速度并不慢，如表 5-7 所示，中国的人均总产值在 2006 年到 2008 年间保持着高速增长，年增长率都在 15%以上。

表 5-6 中欧中低技术产业人均产值比较

国 别	2002 年	2003 年	2005 年	2006 年	2007 年	2008 年	平 均
比利时	0.146078	0.143115	0.163619	0.175379	0.177892	0.171396	0.16291
荷 兰	0.144245	0.142338	0.14435	0.142129	0.143424	0.151615	0.14468
西班牙	0.116507	0.114677	0.113495	0.109651	0.107304	0.098239	0.10998
奥地利	0.108612	0.103856	0.105177	0.102184	0.100258	0.108969	0.10484
德 国	0.103172	0.107135	0.107142	0.103879	0.096887	0.097544	0.10263
芬 兰	0.096802	0.102216	0.100476	0.105767	0.103497	0.101345	0.10168
法 国	0.101131	0.094729	0.090277	0.087216	0.087155	0.090833	0.09189
意大利	0.095526	0.102948	0.088717	0.082869	0.081279	0.081782	0.08885
希 腊	0.061327	0.063655	0.060843	0.062539	0.071464	0.065566	0.06423
中 国	0.026597	0.02533	0.025904	0.028386	0.030841	0.03271	0.02829

单位：数据为比值。
数据来源：根据本章前两节数据源计算获得。

表 5-7 中欧中低技术产业人均产值年增长率比较

国 别	2003 年	2006 年	2007 年	2008 年
中 国	-0.01329	0.235736	0.1507581	0.157687
德 国	0.075865	0.093335	-0.0121443	0.098941
西班牙	0.019794	0.089476	0.03648026	-0.00067
芬 兰	0.094011	0.187053	0.03642531	0.068838
法 国	-0.02951	0.089443	0.05841023	0.137599
希 腊	0.075401	0.159112	0.21029445	0.001451
意大利	0.116569	0.053344	0.03881837	0.098305
荷 兰	0.022373	0.110319	0.06880181	0.15388
奥地利	-0.0093	0.095584	0.03918681	0.186377

单位：数据为比值。
数据来源：根据本章前两节数据源计算获得。

中低技术产业包含了一组产业，详细分析各产业的技术特点不是本书的目标。本书意在分析这组低研发产业在技术创新方面的特点。“中低技术产业”无论在生活中还是在经济学课堂上都不是一个常用的概念。本书认为，使用一个“冷僻的”概念会对问题的分析和理解造成障碍，因此有必要对“中低技术产业”进行一个通俗化的理解。

基于对中国和欧洲中低技术产业的考察，本书认为，可以将中低技术产业再分成四个方面：衣、食、住、用。其中“衣”包括纺织、服装、皮革制品的制造；“食”包括食品、饮料和烟草制品制造；“住”主要包括家具制造；“用”包括木材、纸、出版、印刷品制造、金属和非金属制造、石油精炼、橡胶制品制造。这种区分将中低技术产业划分为两个大的部分，即满足家庭生活消费的制造业和为企业提供基本原料的制造业。换句话说，抽象的中低技术产业就是与我们日常生活联系最紧密的衣、食、住、用相关的制造业。

通过对中国和欧洲样本国家中低技术产业技术创新活动情况的比较，可以得出以下结论：中国中低技术产业的研发投入规模、新增固定资产规模均高于欧洲国家，人均产值低于欧洲样本国家，但正在以较快的速度提高，正在缩小差距。中低技术产业的特点是产业发展早，进入产业的门槛低，大部分产业属于传统产业，产业与整体经济融合度较高，产业前后向关联度都较高，不容易进行根本性创新。换句话说，中低技术产业进行根本性创新的机会成本更高，渐进性创新更符合中低技术产业的特点。中国中低技术产业在技术创新方面表现出的赶超状态是整个经济社会因素综合作用的均衡结果。中国与欧洲国家从资源禀赋状况、经济政治制度到历史传统、生活方式都存在着差异，中国中低技术产业同欧洲国家的中低技术产业的具体生产技术和产业经营方式也存在着广泛的区别，对中低技术产业生产细节的比较很难得出明确的结论。

二、欧洲、中国中低技术产业技术创新的特点分析

1. 欧洲国家中低技术产业技术创新的特点分析

欧洲国家的中低技术产业技术先进，倾向于自主创新。虽然经历了第二次世界大战的破坏，但欧洲国家依然保有工业革命的成果，其中低技术产业拥有全世界最先进的技术。同时，欧洲国家重视发展高技术产业，随着全球化的发展，中低技术产业的技术和生产活动都有向发展中

国家转移的趋势。在劳动密集型生产环节向低收入的发展中国家转移的背景下，留在欧洲本土的中低技术产业面临发展中国家低成本产品的竞争，需要依靠提高产品的技术含量，提高资本劳动比例来保证市场占有率。因此欧洲国家的中低技术产业更倾向于增加研发投入和使用高成本的先进设备来实现技术创新。PILOT 的研究认为，欧洲中低技术产业虽然面对着发展中国家的竞争，但欧洲的中低技术产业拥有特殊竞争力，并且不能被竞争者简单复制，例如欧洲食品工业在安全方面标准很高，从而可以通过提高技术含量增强竞争力。欧洲的中低技术产业面对特殊区域与特殊客户时，有非常灵活的适应性，并且欧洲中低技术产业的发展更易于得到欧洲高技术产业的支持，可以通过与高技术产业更好的互动实现技术创新。

欧洲社会经济的一个显著特点就是高福利政策，欧洲国家的中低技术产业从业者可以得到适于全日制工作和稳定家庭关系的社会福利制度和模式所提供的保护。这种制度保证了欧洲国家有较大比例的中产阶级，劳动者的收入普遍高于发展中国家，为全球经济提供了稳定的需求，包括中国在内的发展中国家在发展外向型产业时都受惠于欧洲的高福利制度。基于欧洲国家中产阶级的强大购买力，欧洲中低技术产业拥有理想的市场空间，因此技术创新的选择更多，可以通过提高产品质量实现竞争力的提升。收入结构决定需求结构，需求结构决定产业技术选择。欧洲国家人均收入较高，因此其中低技术产业相对于中国的中低技术产业而言研发强度更大，资本密集度更高，产品的质量更好。随着经济高速发展，中国的人均收入也在不断提高，从而改变了中国居民的需求结构。以食品制造业为例，中国消费者宁愿花高价购买欧洲、日本、新西兰的奶粉而不愿意购买国产奶粉，就反映出中国消费者购买力增强，中国消费者更加重视产品的质量。

但是欧洲的福利制度在新的经济形势下也面临着挑战，冰岛和希腊的债务危机突出地反映出欧洲国家高福利政策的可持续性问题。在这种背景下，欧洲中低技术产业将可能面对需求的收缩，这将对欧洲中低技术产业的技术创新提出新的挑战。

2. 中国中低技术产业技术创新的特点分析

中国的中低技术产业倾向在引进技术的基础上实现了规模扩张。从宏观层面看，中国之所以能在研发投入规模和新增固定资本方面超过欧洲国家，主要是因为，一方面，中国是一个大国，幅员辽阔、人口众多，在经济总量上易于超过欧洲国家；另一方面，中国的产业技术起点较低，建国以后在苏联的支持下才建立起完整的工业体系，改革开放初期仍然显著落后于世界水平。到目前为止，中国的中低技术产业除有个别企业拥有世界级先进技术，就整体技术水平而言，仍然落后于发达国家。

基于基本国情的差异，中国的中低技术产业在技术创新方面体现出了自己的特点。通过对中国和欧洲中低技术产业技术创新的比较，可以发现一个现象，即中国的中低技术产业在技术创新过程中倾向于首先进行外延式扩张，在外延式扩张达到边际限度时才开始内涵式扩张。技术和相应的生产知识对于企业来说是一种资源，附属在企业家和技术人员身上，并且具有“时效性”，技术在竞争中不断更新，一个企业如果不充分利用现有的生产技术进行扩张，之后随着新技术的引入，当前的技术将面临被淘汰、贬值的风险。中国作为一个发展中大国，其中低技术产业的市场巨大，产业在技术选择上倾向于引进发达国家成型的技术，尽快建立生产实体占领市场，实现规模的扩张。相对于提高产品技术含量，满足中国巨大的潜在需求更符合经济利益最大化的原则。

3. 欧洲、中国中低技术产业技术创新特点小结

综上所述，中国和欧洲中低技术产业的技术创新从经济规模和技术态势两方面决定了中国和欧洲国家的中低技术产业在技术创新路径取向上的差别。中国由于人口多、市场大、技术基础差，中低技术产业倾向于依靠引进技术进行规模扩张，欧洲国家由于人口少，收入高，技术基础好，倾向于依靠产业自主研发以及同高技术产业进行技术交流实现技术创新。随着中国的经济发展和产业技术水平的提高，中国的中低技术产业的自主研发倾向将更加明显。

第六章　欧洲、中国中低技术产业技术创新案例比较

研究各国经济的发展，不仅从宏观层面重视其技术创新的理论研究和政策实施效果，也需要从微观层面关注各国产业技术创新的成功案例。本章着重从中低技术产业的创新政策入手，分析北欧经济发达国家芬兰和挪威中低技术产业的创新途径和产业政策。以此为鉴，针对中国特色的市场环境、特定的发展阶段以及建立创新型国家道路所面临的障碍等问题，提出适合中国经济长期可持续发展的产业政策。

第一节　中低技术产业技术创新的前期研究

一、知识经济中的中低技术产业

在知识经济在21世纪风靡全球的同时，在现代社会的内部，伴随其出现的是一种普遍的认识，即世界上各成熟发达国家正经历着向知识经济的全面的转型中。随着劳动力价格不断上涨，传统产业的竞争力将不断衰退，直至传统产业最终消失。因此，传统产业在经济中的重要性正在日益下降，传统产业向发展中国家转移的趋势与知识密集型产业或高科技产业的持续发展，将导致国家产业结构的重大变化。各发达国家所具备的长久的竞争力和就业率来自高科技产业的持续创新，所以各国的创新政策主要是集中于鼓励和支持R&D投入，将R&D投入作为创新支持政策的首要途径，而对于传统产业的政策支持则是少之又少。这意味着各国政策制定者将R&D投入视为企业实现持续创新的基础和前提，R&D投入被视为创新实现的首要源泉。在OECD的产业划分指标中，R&D投入也被看作产业技术层次划分的唯一指标。而这种政策天平向

R&D 活动严重倾斜的情况，意味着各国的传统产业在很大程度上被政策制定者遗忘了。

在世界范围内兴起的以演化经济学为框架的创新经济学认为，创新具有多样性，而且各自性质不同。不同的创新来源于经济与社会的不同方面，而 R&D 投入只是创新的众多源泉中的一方面，而且并不一定是最重要的方面。实际上，根据 1992 年共同体创新调查 CIS（Community Innovation Survey）的数据，欧洲各个产业的所有企业发展创新的支出中，R&D 投入普遍低于非 R&D 投入和与发展新产品相关的资本投资[①]。这说明经济增长不仅依赖于前沿科技的不断探索和发现，同时有赖于传统产业持续的协调发展，而且，并没有确凿的证据表明传统产业将成为停止增长或低增长的代名词。与此相反的是，从各国特别是北欧各发达国家的经济数据可以看出，传统产业的增长已成为经济增长的巨大推动力。以芬兰为例，虽然在 21 世纪初，诺基亚的产出已经占了芬兰 GDP 的三分之一、其出口的四分之一，但是芬兰依然十分依赖传统产业，芬兰的森林产业所创造的价值占了其全国 GDP 的 20%以上，高新技术产业不是创新唯一的话题。传统产业的重要地位不仅仅在 GDP 数据上得以体现，也体现在传统产业吸收了社会大部分的就业人口。事实上，从 1980 年至 1999 年，OECD 欧洲成员国国内的传统产业就业人数所占份额始终保持在 60%以上，其主导性的产业比重决定了传统产业在经济发展中的举足轻重的地位。

二、中低技术产业创新的主要研究成果

以演化经济学为理论框架的现代创新理论在讨论传统产业创新问题时，从传统产业的重要性与创新方式入手深入理解知识经济。内容主要集中于产业划分指标、传统产业重要性、知识在传统产业内部流动问题、传统产业创新方式问题以及关于协调发展中低技术产业的政策建议五个问题。而 PILOT 在理论研究过程中，较多地吸收了演化经济学的创新方面的理论。

---

① Keith Smith. What is the knowledge economy? Knowledge Intensity and Distributed Knowledge Bases, United Nations University, Institute for New Technologies, UNU/INTECH，2002

（一）产业划分的指标问题

在产业划分问题上，OECD 的产业划分标准遭到了众多创新经济学家的质疑和批评。根据 OECD 在 1986 年提出的产业划分标准，将产业划分为三个技术层次，分别为高技术产业、中技术产业、低技术产业。在以后的发展中，该分类从三类发展成四类，即高技术产业、中高技术产业、中低技术产业和低技术产业四个层次，并沿用至今。一般认为，传统产业技术含量低，在技术革新方面较之高技术产业或研发密集产业缺乏活力，所以将传统产业归类为中低技术产业。而创新经济学家对于这一分类方法的质疑与批评主要有以下几点。

首先，R&D 投入和经济增长率之间的关系并不明确，并没有证据支持高 R&D 投入能够带来高的经济增长率。事实上，日本 2002 年国内 R&D 投入占当年 GDP 的 3.12%，排在全球首位①，但 2002 年日本实际经济增长率仅为 2%。而 R&D 投入较匮乏的中国 2002 年的实际 GDP 增长率达到 10.5%。这表明 R&D 投入对经济增长的作用并非优于其他投入对经济的推动力。从国家层次看，R&D 投入的统计数据不能反映真实的研发投入。跨国公司的总部和研发部门并不在同一国家内的情况已不少见，这种情况会导致在跨国公司研发部门在所在国实现的 R&D 投入被计入该国统计数据中，但其研究成果却在跨国公司总部或其他分支机构的所在国家内首先得到应用，这样就无法得到一国在一定时期内完成的科技成果对应的所投入的实际 R&D 数据，从而也就无法得到 R&D 投入和经济增长率之间的准确关系。再从产业层次看，高 R&D 投入并不意味能够带来高的增长率。在全球经济呈总体上升趋势的同时，20 世纪 90 年代占主导地位的 ICT 信息通信技术产业却出现世界范围的下滑。相反，某些传统产业依然保持着较快的增长速度②。

第二，某产业的 R&D 投入水平和该产业产品的附加值以及技术含量并无直接联系。中低技术产业或传统产业这一名称容易对社会产生误

---

① D. Jacbson (2005). *Industrial Economics and Organization: A European Perspective*. McGraw-Hill, Chapter 11 'Technological Change and Innovation'; and D. Jacobson, and K.Heanue (2005). Implications of Low-Tech Research for Policy. In H. Hirsch-Kreinsen, D. Jacobson, and S. Laestadius. *Low-Tech Innovation in the Knowledge Economy*, Peter Lang, Frankfurt, p. 20

② Gerd Bender, F. Garibaldo, M. Hancock, K. Heanue, D. Jacobson, Staffan Laestadius, T. E. Pedersen, and K. Schmierl. Peculiarities and Relevance of Non-Research-Intensive Industries in the Knowledge-Based Economy, Final Report of the PILOT, 2006

导作用，使人产生中低技术产业所使用的技术层次低或生产技术落后等不利于传统产业发展的理解。但实际上，由于知识外溢与高新技术通过购买租赁等方式流动，中低技术产业在生产过程中同样涉及各项高新科学技术，并且应用范围广泛。例如，伴随信息通信技术产业的发展，信息通信技术在各个产业中均得到广泛的渗透和应用，那么仅通过 R&D 指标并不能将所谓的高技术产业和中低技术产业区分开。

第三，以 R&D 投入作为产业分类的唯一指标，其实是将 R&D 投入看作是实现创新的唯一源泉的表现之一。传统产业在缺乏 R&D 投入的情况下，仍然能够实现持续的创新和保持较高的增长趋势，说明实现创新的源泉除了 R&D 投入外还有其他的源泉。而将注意力仅仅集中在 R&D 投入方面，在很大程度上将忽略其他源泉的发展，也就无法实现经济体创新能力的总体提高。

另外，从新科技的发明到它们实际被运用到生产经营当中，这之间常常存在较长的时滞。一方面，这表示前沿的科技知识并非都能立刻被应用到实践中，例如，我国自专利法实施以来，专利申请量已近 100 万件，据不完全统计，专利实施率仅为 20%左右。在世界范围来看，这种现象是普遍存在的，美国的专利闲置率大约为 40%左右。而另一方面，这也表示目前已经存在的科技或专利仍有不少具有巨大的再开发的潜力。如果仅仅将目光放在对新科技的探寻之中，将忽略以现存科技为基础，通过对其他可用资源，如各种一般性知识，进行整合的方式实现创新的巨大潜力。所以，开发已有的外部知识或内部知识的持续发展是企业能够实现持续创新和提升竞争力的有效途径。

（二）传统产业的重要性问题

传统产业对于经济发展具有重大意义，并且创新经济学认为进入知识经济后，经济体的产业结构调整并非完全来自新兴产业的进入和夕阳产业的退出，而在很大程度上是现存产业的持续性转化[①]。对这一问题，本书将主要从三个方面进行论述。首先，传统产业在各发达国家经济增长中所起到的推动作用是积极且重要的，虽然各国先后经历不同程度的

①Gerd Bender, F. Garibaldo, M. Hancock, K. Heanue, D. Jacobson, Staffan Laestadius, T. E. Pedersen and K. Schmierl. Peculiarities and Relevance of Non-Research-Intensive Industries in the Knowledge-Based Economy, Final Report of the PILOT, 2006

去工业化（de-industrialization）过程，相应的产业结构也在不同程度上发生变革，各国制造业，特别是各个传统产业在经济体中所占的权重有所下降，但是，该趋势始终未能改变其在经济体中的主导地位。从1980年至1999年，OECD欧洲成员国国内的传统产业就业人数有所下降，而高技术产业就业人数却只有些许上升趋势，其变化并没有想象的大。前者所占份额始终保持在60%以上。所以，传统产业所处的地位决定了它的增长速度将影响经济整体的增长情况。由于各国不同的社会环境、文化传统和经济环境，各产业层次就业数据不尽相同，但总体格局大体一致，即传统产业的就业人数在经济体中始终占绝大多数的份额。虽然在社会认知层面，该领域正处于一个重要性相对下降的阶段，但是它对于就业的重要性仍然不容忽视。

另外，传统产业对创新领域的贡献也具有重要意义。一直以来，传统产业由于R&D投入的缺失，决定了其创新手段和过程与高技术产业的创新有很大的不同。但其依靠不同于高技术产业的创新方式，始终保持着较高的创新频率，以此来保障其较快的增长速度。具体来看，高技术产业的创新方式是通过R&D投入重点开发全新的科技产品，属于基础性质的创新。而传统产业的创新方式与之不同。由于缺少R&D投入的基础，其创新主要是通过将现存的各种类型的知识、产品、技术、材料进行独创性的应用、再组合或改造而产生的创新，是一种渐进型的创新过程。另一方面，它也在很大程度上促进了高技术产业能够持续的创新。高技术产业通过R&D而实现的新科技的发明或发现，包括新技术、新材料、新能源等，均需要依靠广大的市场来获得盈利以补充其研发成本，这是高技术产业得以生存和发展的基础。传统产业在这里不仅充当了这一市场的角色，更是通过与高技术产业的各种合作和交易，促进了高技术产业的创新活动。而传统产业也同样离不开高技术产业所提供的各种发明创新和各种科学知识，以改进自身产品、生产技术、工艺流程、生产设备等，并以高技术产业提供的创新成果为基础实现再创新。因此，借用生物学上的名词来描述传统产业和高技术产业间的关系，称这种关系为“共生关系”（symbiosis）。这是一种相互依存、缺一不可的关系。所以，传统产业对于经济发展的重要意义绝不能用“夕阳产业”之类的名词来概括，政策制定者在政策制定方面也应该给予传统产业以足够的重视。

（三）知识问题与企业学习过程

熊彼特经济学认为，知识是一切财富的源泉，因此知识也是各种类型创新的源泉，而且，不同类型知识的流动方式是不同的，这样就要求针对不同的知识安排不同的学习过程。所以，要通过促进产业创新的途径提升产业竞争力，就必须对知识问题进行深入的研究。波兰尼（Polanyi）在其著作《个人知识——迈向后批判哲学》中对知识给予了广泛的讨论。他将知识分为两类，即明晰知识（articulated knowledge）和默示知识（tacit knowledge）。而通常所说的知识，包括书籍、图表等可直接进行编码的知识属于明晰知识的范畴，它们只是知识的一部分。波兰尼认为默示性是个人知识的基本特征，而明晰知识只是知识的冰山一角，而知识的大部分应是默示的，只有通过个人的实践才能表现出来。波兰尼认为，所有人类知识的源泉都是以个人灵感所产生的默示知识为基础的，“是个人无意识地提取线索，因而只能借助某种活动形式间接推测出来的知识”[①]。从个体获得的知识的心理品质来看，它属于思维活动获得的知识。例如计算机编程、驾驶汽车和解决数学难题等都是默示知识。默示知识最大的特点是能够通过动作或步骤显示出来，表明事情该怎么去做，却不容易清楚地通过语言或其他编码形式加以描述。现代创新理论在采用波兰尼对知识的解释的基础上，将明晰知识与默示知识的区别归纳为三点：明晰知识可以被编码、储存和传递，而默示知识具有个人直觉的性质，且不能清楚地用语言表达出来，具有个人的特点，很难被正规化；明晰知识可以通过正规研究途径来学习，而默示知识仅能从特殊环境下的实际经验中学习；明晰知识可以被集中起来，以非个人的形式储存，在没有特定的行为人的情况下也能被使用，而默示知识的特点是分散，不易汇总[②]。

在此基础上，创新经济学家认为以 R&D 行为作为知识经济的判别标准是一种误导。传统产业无论是在生产过程中，还是在企业管理中，都不仅运用大量的默示知识，而且也包含各种复杂的明晰知识。即使是

---

① 迈克尔·波兰尼著，许泽民译，《个人知识——迈向后批判哲学》，贵州人民出版社，2000 年。

② Hartmut Hirsch-Kreinsen, David Jacobson,Staffan Laestadius, and Keith Smith. Low-Tech Industries and the Knowledge Economy: State of the Art and Research Challenges. Paper for the PILOT, 2003

传统的捕鱼业，在各个环节上也都会涉及复杂的明晰知识。例如，新型材料的使用、渔船设计、卫星传输、GPS 全球定位系统、安全系统以及声呐系统等，均属于捕鱼业广泛运用技术，其所包含的明晰知识属于现代科技前沿，具有高度的复杂性。而这一特点却不能通过 R&D 指标来体现。所以，仅以 R&D 行为作为知识经济的判别标准，而将传统产业排除在知识经济之外是对知识经济的误读，其对于社会大众的认识具有误导作用。

另一方面，传统产业的知识学习过程具有其自身的特殊性。传统产业对明晰知识的学习主要来自对高技术产业、大学、社会、政府的研发部门或技术研究机构的研究成果的吸收，并在生产、管理、销售等环节得以体现。根据现代创新理论，创新体系的建立，正是旨在加强各产业与研发部门或机构之间的合作和联系，以促进知识流动，并提高各产业整体的创新能力。而传统产业对于这些知识的使用并非是单纯地消极接受，这些吸收行为与这些机构间的互交作用，对于这些部门或机构的创新起着重要的激励作用。传统产业自身对于高新技术的要求，常常为这些研发部门或机构持续的创造知识提供方向和动力。而传统产业内的默示知识大多是来自工作实践中的经验积累和沿革，即“干中学”的过程，是分散于各个固定工作环节中的技巧的总结。这些默示知识并不一定是个人的，而是可以通过集体或社会学习的方式进行流动，并且在流动中得到总结或进化。尽管这些知识源自个体知识，但经过融合的集体知识却不仅仅是个体知识的加总。企业的这种把个体知识资源有效地转化为企业集体知识或企业效率，并最终在生产过程或产品中体现出来的能力，是企业竞争力的一个方面。传统产业不仅通过对外部知识的吸收和学习，将其与自身知识集相融合的手段完成创新，也通过不断发掘、发展和整合自身所拥有的知识集的方式实现创新。

（四）传统产业的创新问题

传统产业 R&D 投入不高这一情况决定了其在创新的源泉和模式上有别于高技术产业。因此，制定支持传统产业创新的政策，首先要明确传统产业是如何实现创新的，并且了解其特有的创新模式。现代创新理论分别从企业自身创新能力和企业通过合作加强创新这两个方面来论述传统产业的创新问题。

第一，经过众多案例研究后，将传统企业的创新源泉归纳为企业的创新实现能力（Innovation Enable Capability，IEC）。而对于创新实现能力的理解不应将其理解为创新的范式，而是实现创新或支持创新所需要的前提条件。创新实现能力主要由两部分组成，分别是转换能力（transformative capability）和重组能力（configurational capability）。前者指企业持续地将所能够利用的企业外部明晰知识转换为自身内部的、具有自身特点和独特适用性的知识的能力，后者指企业将各种知识、人造品、参与者或行为主体创造性地进行再组合的能力。而这种重组能力又可以进一步划分为三部分：其一，认识能力方面，指企业对于不同类型的分散知识的重新组合能力；其二，组织能力方面，指企业对区域内分散的各参与者的组织能力，这些参与者包括各合作伙伴、研发机构、学校科研部门等与企业相联系的行为主体；其三，设计能力方面，指企业对现有知识按其不同功能、特点、方法进行重新组合的能力。根据熊彼特的创新理论，创新是指有利于多样性并能够产生利润的创造行为。这一广泛的定义更有利于理解传统企业的创新行为。对于创新，并非一定指在全世界范围内属于首创。对于某地区，甚至某一企业来说是全新的技术、知识、材料、设备、组织结构等的使用均属于创新行为。传统企业将外部知识的内化和对外部可用资源的创造性重组是创新的一种形式，属于过程的、渐进式的创新。而高技术产业通过 R&D 自主研发形式产生的创新大部分属于基础性创新，是一种完全的创新。传统企业正是通过这种过程性的创新不断挖掘高技术产业的研究成果，使其不断地创造价值和利润。而创新实现能力正是企业吸收和高效利用各种外部资源的前提条件。

第二，现代创新经济学强调企业间合作对于中低技术企业加强创新能力的重要性。它从两个角度论述了合作对企业创新的重要作用问题。首先，它以产业链为线索，考虑企业以所处的产业链为基础，加强其与上游和下游企业联系合作对创新的促进作用。处于产业链中的企业与其各种上游供货商或技术提供者建立合作关系，前者的需求对后者的创新来说是有效的刺激和启发，后者通过满足前者的各种需求改进已有的产品或技术，从而实现创新。客户与供货商之间的联系为传统企业知识库提供主要来源。而加强这种关系的管理反映了企业的创新实现能力，也是成功企业战略的一个方面。由于信息通信技术的发展带来的全球化的影响，产业链在一定程度上不再受地理环境的限制，并且很多产业链已经扩展至国家，乃至全球范围。所以，企业所选择的合作伙伴将在很大程度上跨越地理因素的限制，合作的网络可以延伸至全球范围。另外，它从产业集群的角度阐述了合作对于传统企业创新的作用，在这里更加强调区域内企业在知识共享方面的合作。地理的一致性有助于企业间的合作与创新。地理一致性对于知识外溢有着积极作用，特别是在默示性知识的流动中扮演十分重要的角色。由于默示性知识难以编码，这类知识的传播就需要人与人的直接交流。而地理上的一致性为这种交流提供了便利条件。传统产业需要吸收高技术产业的研究成果和各种类型的知识，以便通过与外部高技术企业的研发机构、独立研发机构、政府研发部门、学校实验室等其他各种创造知识和储存知识的主体建立合作关系，加强知识的吸收与反馈，加强知识的流动与循环，促进创新的实现。这种合作关系也是国家创新体系的基础。由于地理因素已经不再限制企业间的交流，所以在全球范围内建立合作网络将成为现实。全球范围的合作将极大地丰富企业所能接受和利用的知识的种类和内容，有效地建立和利用全球合作网络成为推动创新的关键战略。结合地理一致性和全球化对创新的积极意义，并且二者在战略选择上存在一定程度的矛盾性，所以企业有必要在二者之间找到符合企业自身需要的平衡点，才能够有效地利用一切所能利用的资源。

（五）传统产业创新的政策问题

通过对传统产业特殊创新来源及方式的研究，在深入理解产业创新能力的前提条件下，创新经济学提出了适合传统产业需要的产业政策，支持中低技术产业持续创新，从而提高传统产业整体竞争力。该问题主要包括四个方面。

第一，提高全社会对于传统产业的重视。在制定产业政策时，在大力支持高技术产业的同时，应兼顾中低技术产业的需要，给予其足够重视。由于对知识经济的片面理解以及产业划分时对“传统产业”的曲解，造成传统产业社会地位的下降，这给传统产业带来了一系列不良影响，其中较明显的是在人才招聘环节上遇到的困难。社会地位的下降直接导致这一领域人才短缺。所以，有必要在全社会范围内强调传统产业的重要性，提高其社会地位。在政策制定环节上充分重视传统产业，必须要正确地认识创新与 R&D 的关系，认识传统产业创新的重要性，并且在制定具体政策时，应具有针对性，切实考虑传统产业发展的需要，才能达到政策目标。

第二，提高传统企业合理、高效地利用各种政策的意识。根据欧洲11国传统企业的案例研究的结果，不少传统企业的管理层即使在有可利用政策的情况下，也没有意识到该政策对于自身的支持①。所以，一项产业政策能否顺利地产生效果并实现其目标，不仅在于政策的合理性，而且也在于政策接受者对于政策的理解和应用。一方面，政策制定者要给予传统产业足够的重视和支持；另一方面，通过宣传媒介、培训、管理层指导或其他途径，引导传统企业合理利用这些政策。

第三，引导企业建立创新实现能力（IEC）。首先，加强企业所能够利用的知识库。通过加大教育投资，为传统产业提供适合的人才，并为传统企业员工提供培训课程，鼓励员工学习相关知识，提高其接触各种知识的机会，这有利于将各种明晰知识转化为企业内部知识；通过建立中介机构，帮助高技术产业与传统产业之间建立在知识共享方面的合作关系。这样，一方面可以加快高技术产业各种基础创新成果在社会范围内的流动速度，也可使高技术产业迅速盈利，加快发展；另一方面也有利于传统产业接触和吸收这些不同类型的明晰知识。其次，引导企业内部加速知识流动，将企业员工的各种类型的默示性知识转化为企业的竞争力。例如，企业内部的集体学习过程可以在很大程度上达到这一目的。

第四，完善各种类型的金融机构，并辅以公共财政政策，共同创造更加广泛的国家创新体系，支持高传统产业的持续创新与创新成果的扩散，增加创新的积极的外部效应。通过完善银行系统、证券投资公司和风险投资三大融资渠道，营造良好的融资环境，有利于传统产业积极利用高技术产业研究成果并在生产过程中实现盈利。运用公共财政政策的税收和补贴两大工具共同刺激创新，引导和鼓励传统产业积极开展各种类型的创新②（Horst Hanusch and Andreas Pyka, 2005）。

---

① Hartmut Hirsch-Kreinsen, David Jacobson, Staffan Laestadius, and Keith Smith. Low-Tech Industries and the Knowledge Economy: State of the Art and Research Challenges. Paper for the PILOT, 2003

② Horst Hanusch and Andreas Pyka. *Principles of Neo-Schumpeterian Economics*. Augsburg University Press, 2005

现代创新经济学在理论框架上摒弃了主流经济学的个人主义和数学抽象形式的理论框架，而采用演化经济学范式，主要以定性分析为主，建立解释范围更广泛的创新和产业发展理论。它在对OECD产业划分指标进行批评时，充分认识到创新源泉的多样性，以及不利于产业健康协调发展的高、中、低技术产业划分，并充分认识到企业提高创新能力的关键因素，这些对于新指标体系的建立具有先导的意义。但是，在这一方面仍存在一些遗留的问题和不足有待于深入研究。例如，它在尝试提出一个完整的指标体系来测度企业创新实现能力的发展水平，力求为企业发展创新能力指明方向。在研究传统产业重要性问题时，它提出了高技术产业与传统产业间的共生关系，充分论证了传统产业与高技术产业迅速发展的不可或缺的作用。在现有的理论基础上，更深入的研究任务是确定高技术产业与传统产业间的相互作用机制，此外，如何通过具体的政策措施支持产业间的协调发展，以及针对不同产业的政策之间的溢出效应等方面，都是重点研究对象。最后，创新经济理论在实证研究方面由于研究学者国别与所处地域等因素的局限，其所采用的案例研究对象主要是来自欧洲各国的传统企业，而对于发展中国家的案例分析方面仍是空白，所以在将其研究成果应用于中国产业发展时，需要考虑中国具体的国情和产业特点。

第二节　北欧发达国家中低技术产业的技术创新

一、芬兰森林产业的技术创新

半个世纪以来，芬兰是世界上经济发展最快的国家之一。在短短五十年内，芬兰由贫穷落后的农业国发展为最发达的国家之一。2001年，世界经济论坛将芬兰评为世界上最具竞争力的国家。世界经济论坛发布2002～2003年度全球信息技术报告，芬兰已取代美国成为全球信息化程度综合指数排名第一的国家。芬兰的有线电话网已实现了100%数字化，36%的人有电脑，75%的人有移动电话，90%的企业和公共部门在互联网上建立了自己的网站。20世纪90年代，芬兰就将建成信息化社会作为首要发展目标，制定法律法规，加强信息和通信基础设施建设和人才培养。利用以信息技术为主的高新技术对传统工业进行改造，大力发展传统产业创新能力和竞争力。芬兰国家技术开发中心实施了智能系统应用计划和中小企业信息化规划。

而森林是芬兰国民经济和群众生活的重要组成部分，芬兰森林业成就突出，被誉为“森林王国”或“森林巨人”。芬兰国土面积不大，只有 33.8 万平方公里，仅相当于中国的 3%，但森林覆盖率达到 65.8%。芬兰是欧洲人均商品林面积最多的国家，并且，芬兰以此为基础的森林产业产值更是占到了全国 GDP 的 20%以上。芬兰森林产业产品出口占世界总出口的 20%～45%。作为传统产业的森林产业共吸收就业人口约 170000 人，并且产业内雇员 60%拥有工程技术学位。而在新建工厂中，差不多所有雇员都有工程技术学位。一直以来，芬兰的森林产业依靠其在技术创新和高效的生产工艺方面的竞争优势，保持着世界森林产业龙头位置和芬兰支柱产业的地位。

伴随着芬兰森林业不断发展的是森林工业、工程技术科学和信息通信技术三大技术迅速发展的过程。芬兰森林产业通过各种途径不断地吸收外部领先科技，加强与外部知识技术密集型产业的合作，提升自身整体的创新实现能力，改善自身工艺，使用追求生产和出口具有更高附加值的创新型产品的解决方案。在这一过程中，森林产业内企业与产业外部高新技术企业的密切合作，增强了二者间知识的流动，对传统企业创新能力的提高起到了推动作用。有效地利用外部研发资源并向内部转化的能力已日益成为传统企业实现创新的关键能力。与森林产业紧密联系的外部研发资源主要包括设备供应商、大专院校的研究机构、公共及私人科研技术组织、化学制品供应商、工程公司与咨询公司、国家技术局、专家网络、信息通信技术设备供应商以及潜在客户。而对于外部知识的利用意识和效率则取决于企业的吸收能力与各方面的转化能力。在满足企业所需要的知识源的条件下，建立内部的知识基础和吸收能力以提高知识合作的效率。在芬兰森林产业集群的企业大多通过以下的一系列途径加强内外合作，增加对于知识的吸收和转化：聘请相关专家，提升自己的知识基础和吸收能力；聘请多学科基础的人才，一方面扩大生产和销售流程中所需要的各种基础知识，另一方面发现生产和销售过程中有利于创新的潜在知识集；高效地利用企业内部专家与外部业界专家或其他专家的联系，拓展日常所能接触到的知识集；建立独立的创新部门，挖掘新型的相关知识与潜在的商业机会；与外部联网，以便为结合外部知识提供更多的机会；与供应商紧密合作，联合出台开发项目；通过并购的方式获取被收购公司的新知识和新思维；与客户紧密联系，获取最新的市场需求动态；与外部研究机构共同制定联合开发项目；以外包的形式将内部的知识基础与外部专家的知识相结合；等等。通过多种途径的结合方式，共同打造企业的知识基础和吸收能力，提升企业实现创新的能力[①]。

芬兰森林产业通过积极对外部知识和先进基础技术的应用，抓住每个可行的技术机遇，使其始终保持国际竞争力，占据着领先地位。20世纪，信息通信技术在信息处理和物流方面的应用大大地提高了生产效率，优化了生产流程。化工方面的先进科技的使用提高了木材的寿命、可塑性以及防火等特性，极大地提高了木材产品的附加值，使木材能够被应用于建筑领域。森林产业在原本由钢筋混凝土占据主导地位的建筑行业开拓出了新兴市场。

在芬兰的森林产业的产品中，包含各种具有较高附加值的产品，其中以细木业和家具业产品具有最高的附加值。在这些产业中，最为活跃的是一些中型和大型的企业，其内部缺少研发项目的投入，却有较大的创新需要，所以这类企业与外部科技研发机构具有最活跃的紧密联系，不断追求更高附加值的产品。而产业内其他小型企业则将注意力更多地放在锯材产品的特定尺寸，主要面向建筑业客户的特殊需求。芬兰政府对于森林产业研发方面的支持主要是支持建立公共研发基金。该基金主要由芬兰国内四个项目研发组织引导建立，分别是芬兰国家技术中介（Tekes）、技术研究中心（VTT）、各个技术大学以及一些研发型企业。并且，在芬兰国内，由结构工程学、建筑物理学、木材技术与建筑学相关专业的主要研究机构与技术院校的不同团队组成了名为Otawood的研究组织，以加强国内各研发机构之间的联系与知识合作[②]。而这一系列

①Gerd Schienstock. Embracing the Knowledge Economy. *The Dynamic Transfermation of the Finnish Innovation System*, 2003, 65-84.

②Gerd Schienstock. Embracing the Knowledge Economy. *The Dynamic Transfermation of the Finnish Innovation System*, 2003, 65-84.

的组织机构的设立都是旨在通过支持森林产业积极持续创新来增加其产品的附加值，增强其产业集群整体的国际竞争力。例如，芬兰每年出口的高档纸大约占全球市场的25%左右。

二、挪威中低技术产业技术创新

挪威是世界上最富裕的国家之一，海域面积约220万公顷，是挪威陆地面积的7倍。挪威具有丰富的自然资源，其中石油、天然气蕴藏量和水力资源尤为丰富。20世纪以前挪威经济比较落后，但航运业发达。第二次世界大战以后，挪威就已经进入了工业发达国家行列。20世纪60年代以来，挪威经济增长较快，始终高于西方工业国的平均增长率。1960～1969年挪威国内生产总值年平增长率为5.04%，工业国平均为4.9%；1970～1975年挪威为4.8%，工业国平均为3.3%；1980～1987年挪威为3.2%，工业国平均为2.7%；1988～1992年挪威为1.5%，工业国平均为1.1%。目前挪威已经成为高度发达的资本主义工业国。挪威的主要经济产业部门集中在海上石油、渔业、水电、电气、冶金、化工、造船和木材加工业，而这些产业大多属于自然资源依赖型产业，其中渔业、木材加工、造船、海上石油和水电属于挪威的传统支柱产业。

在19世纪下半叶时，在挪威国内，大多数的生产单位由家庭或多个家庭拥有，规模较小。挪威整体的经济主要是依靠当地的自然资源。只有少数的大型企业从事大规模的自然资源开采，比如采矿业。随着海产品和木材的国际贸易规模的不断扩大，增加了其对运输服务的需求。直到20世纪，挪威的运输业主要集中在挪威北部的海岸线沿岸，由较大数量的小规模的运输公司组成，并一直以帆船为主。这些小规模并具有本地化特征的经济基础为挪威经济的转型与发展奠定了基础。

挪威这种以小规模企业为主的经济模式在应对外部经济的挑战时得以维持下来的基础，在很大程度上来自政府的参与。挪威早期的国家创新体系的雏形在帮助本国企业应对外国先进技术带来的巨大竞争压力方面起到了巨大作用。各种类型的知识创造部门增加了社会的知识含量，当时主要以非正规的默示性知识为主，并且积极推动了知识在全社会范围内流动。国家还通过立法手段限制外国竞争者在国内的发展，同时又积极扩大国外先进技术拥有者同国内产业之间的合作，从而实现了国内企业成功吸收国外先进技术，并发展成为具有挪威特点的先进技术，这在很大程度上促进了挪威本国的经济发展。

该时期挪威国家创新体系主要包括社会学习过程创造和以默示性知识为主的知识传递过程。当地的各种类型的社会组织、各种正规与非正规的机构以及一些个人都成为社会上知识传递和共享的主体。当地工厂、车间成为青年人和工人技术学习的主要场所，学习过程常常伴随着技术的逐步进步和生产率的提高，有时也会有专利成果的产生。当时社会上产生了一系列新型机构，包括技术工厂、工程技术产业等。它们的主要作用是帮助解决渔业、农业、运输业以及其他各产业内部出现的各种问题。这些机构由一批知识面广泛的技术人员组成，虽然规模较小，但在当时的环境下这些机构是各企业发展生产技术的核心机构。同时，技术需求者与当地这些技术工厂或工程工作室之间的联系也是这种经济模式实现长期创新的持续推动因素。当技术工厂找到一种新的问题解决方案时，他们就会成为技术知识传递的中心，并将这种新知识传递给不同的需求者。当时的学习过程还涉及跨国界的方面，在国际间搜寻问题解决方案也是学习的一种形式。有时，甚至还可能通过间谍的方式来实现。

在社会、产业技术发展和政治等多方面因素的共同努力下，挪威的这种以小规模企业为主的产业格局一直维持到 20 世纪第一次世界大战前。由于技术突飞猛进的发展，挪威国内原有的生产模式和现有技术逐步丧失了竞争力。“一战”期间，出现了开发海洋资源的大规模的资本密集型海洋产业，如捕鲸业的高盈利使其得到了迅速地发展。各种新型的知识和新兴技术开始被引入到捕鱼、造船等产业。金融机构和社会资本的大规模进入，使得捕鲸业获得充足的资本。旧的产业模式受到了前所未有的挑战。挪威开始进入以大规模集中企业为主的产业模式[①]。随着物理、化学、电力技术领域的发展，挪威传统的水力发电开始规模化，并且逐步进入商业领域。产业化生产的新形式的发展主要与水利资源的高效开发相联系，特别是电解铝产业得到了长足的发展。同时，伴随化工科学的发展，外国直接投资开始进入挪威的木材市场，并使得传统的木材产业成为了挪威更具有知识含量的造纸产业的基础。

①Olav Wicken. Innovation Systems, Path Dependency and Path Creation. The Historical Construction of a National Innovation System in Norway. University of Oslo, 2007

在这种以规模较大的企业为主的产业模式中，知识的创造具有了更加重要的作用，并且相对于以往的非正式的知识创造形式和社会学习过程，知识的创造和循环方式已经出现了新的形式，主要有三个方面的具体表现：第一，大型企业实力的增强使得其有实力进行 R&D 投入，并在企业内部设立独立的实验室等研发机构；第二，开始出现针对未来发明家的正式培训体制；第三，出现了独立于企业的管理培训和研究机构。而这些机构产生的基础，主要来自一批具有高科学知识层次的知识分子，以及正规的大学和科学实验室。科学发展开始成为企业发展的战略目标之一。企业积极开展研发创新，为企业寻找新能源，发展现有的生产技术和开发新产品。这需要生产人员与研发部门人员的合作与交流，企业建立内部试验室也为这一要求提供了有利条件，这一关系的建立在促进创新的同时，能够在很大程度上加强企业的核心竞争力。在社会科技研发机构建设方面，挪威政府积极支持有利于产业发展的知识创造机构的系统性扩张的同时，以资金投入来鼓励、支持与产业相联系的科研机构和其他相关组织如工程技术教育类组织，积极参与到生产技术发展过程中来，加速具有实用性的知识的创造以及加快知识循环。另外，政府还通过组建政府所有的中介机构以增强和促进这种联系，逐步使这种联系迅速发展并切实对于企业的创新起到重大作用，以逐步使其成为企业战略发展的一部分，并最终实现增强企业创新能力、提高企业竞争力的目的。这一阶段挪威产业模式的特点是创造明晰知识的 R&D 活动也已经出现，但同现代的国家创新体系和 R&D 密集的创新网络合作结构不同的是，大多研发活动是发生在企业内部实验室内的。

20 世纪 60 年代，挪威产业政策开始出现“再工业化”倾向，并着重开发新型的技术与知识领域，扶助挪威国内传统支柱产业全面发展。而此时政策强调的产业发展路线已经由开采自然资源为主的路线转向开发处于萌芽阶段的科学知识和工程技术领域路线。这种变化可以理解为从自然资源开采转向对创造新资源的开发。例如，信息技术和生物工程等产业与自然资源并没有直接的联系。但是，这些产业的迅速发展需要以早期传统产业的各种不同类型的知识基础为前提。

这一阶段的创新过程较之以往的模式发生了明显的变化，即研发部门开始独立于生产部门，开始以独立的企业形式运作，并逐步形成产业。

这一产业的特点是其R&D投入比例占产值的比例较高，即R&D投入密集，属于是高技术产业部门，是研发机构开始商业化的结果。在挪威境内确立的三大高技术企业，Norcontrol 公司主要为轮船建立控制系统，AME公司主要生产半导体，NorskData公司则生产迷你型电脑。而这些公司的建立主要是起源于大学或公共研究部门的研究项目的成果的商业化①。而这样的产业格局要得到发展，需要一系列公共机构的建立以推动这种模式，它需要资金完成持续的发展，并需要找到最初的市场。在这种模式中，这些公司同其他公共研发机构、外部独立实验室以及大学研发部门均保持信息交换和知识传递方面的合作。这一宽广的以信息和知识为主的合作网络成为新的产业模式的主要特点。而这一研发密集的合作网络主要是扮演问题解决者的角色。这些高技术企业的产品并非像普通制造品一样被批量生产，而是适应其他传统产业的需要，着重于针对传统产业出现的技术问题或特定需求而研发出的解决办法。在挪威兴起的ICT产业就在很大范围内作为社会其他领域产业的问题解决者。ICT产业的发展对于开发捕鱼业中的声呐探测技术有着基础性的作用。而卫星的使用也为远程操控提供了可能性，极大地提高了传统海洋产业的效率。ICT、生物技术部门、制药、太空科技等高技术产业在现代社会经济中只是扮演着创造的角色，并通过其他机构促进知识技术的流动，使其成果得到广泛的应用。

第三节　中国中低技术产业的技术创新

一、中国中低技术产业发展现状

经过30年改革开放，中国的综合国力已大为增强，经济结构也发生了重大变化。在工业化过程中，由于受西方传统经济思想的影响，中国不少学者也对 LMT 产业存有一定的偏见，即过于强调高技术产业对经济增长的贡献，忽视 LMT 产业的作用。这种思潮对政府的产业政策产

①Olav Wicken. Innovation Systems, Path Dependency and Path Creation. *The Historical Construction of a National Innovation System in Norway*. University of Oslo, 2007

生了一定的影响。但是，实证分析表明，LMT 产业在中国仍具有很强的生命力，发展前景仍十分可观。

通过研究 1995～2007 年 LMT 产业增加值在制造业中的比重可以发现，如图 6-1 所示，尽管存在周期性波动，LMT 产业增加值在制造业中的比重由 1995 年的 61.9%降为 2007 年的 56.5%，这一时期既有 1997 年亚洲金融危机的冲击，也有近年来高技术产业迅速发展的影响，还受到政府具体产业政策的约束。与 OECD 相比，中国的 LMT 产业发展状况符合我国现阶段的具体国情。随着国际产业转移的不断深入，LMT 产业在中国不断发展和成熟，对中国的经济增长正在发挥巨大作用，其发展前景依旧光明。

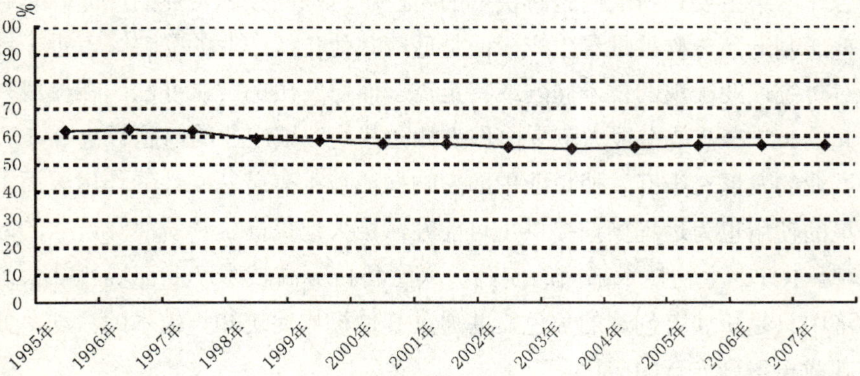

图 6-1 1995～2007 年 LMT 产业增加值占制造业的比重

资料来源：根据 1996～2008 年《中国统计年鉴》有关数据计算整理。

就业人数方面，与制造业整体波动类似，LMT 产业经历了一种比较典型的“U”形波动，从业人员从 1995 年的 4405 万人锐减至 2001 年的 2668 万人，几乎减少了 40%。此后开始以年均 7.56%的速度缓慢上升，2008 年已超过 1995 年的水平，达 4443 万人（见图 6-2）。就业比重方面，LMT 产业就业人数在制造业中的比重总体上有所下降，由 1995 年的 63.44%变为 2008 年的 57.13%，并且表现出轻微的波动（见图 6-3）。

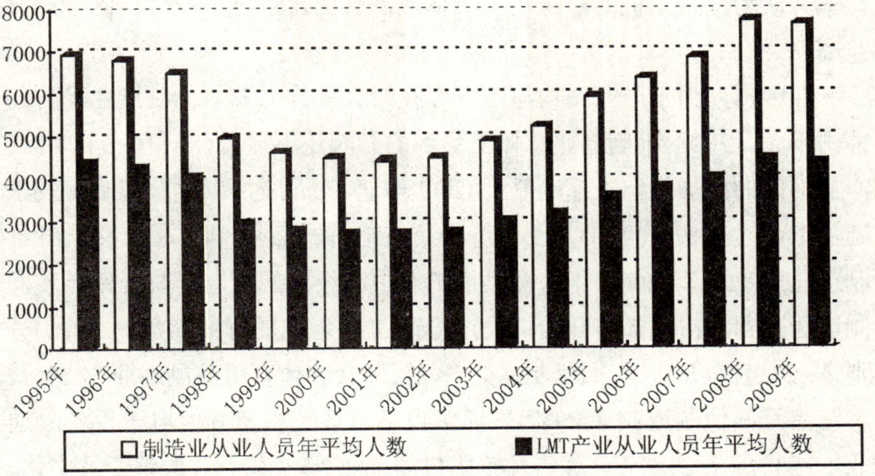

图 6-2　1995～2009 年制造业和 LMT 产业从业人员年平均人数

资料来源：根据 1996～2010 年《中国统计年鉴》有关数据计算整理。

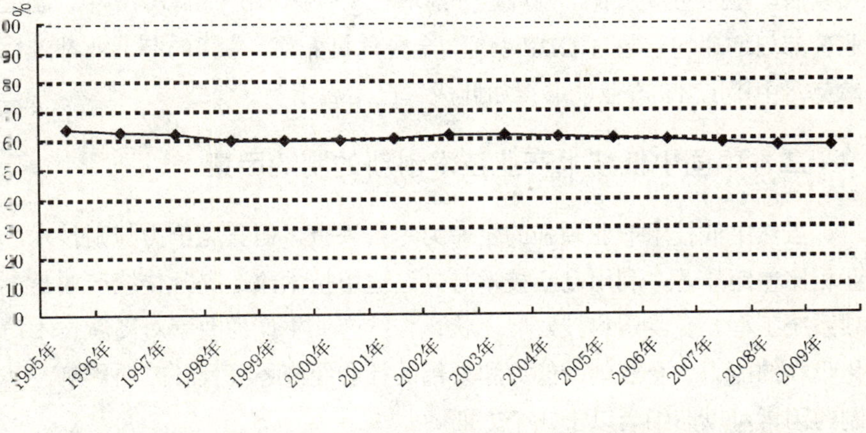

图 6-3　1995～2009 年 LMT 产业从业人员年平均人数在制造业的比重

资料来源：根据 1996～2010 年《中国统计年鉴》有关数据计算整理。

通过以上分析可以发现，我国 LMT 产业的增加值和就业虽有轻微波动，但与发生在 OECD 成员国的长期缓慢下降不同，其整体上不但没有表现出明显的衰退迹象，反而呈现出勃勃生机。

全球金融危机爆发后，无论对虚拟经济还是实体经济都造成了极大的冲击，西方发达国家由此开始对“去工业化”进行了一系列反思。一些学者认为金融危机的根源在于实体经济层面，“再工业化”的呼声日益高涨。

在中国，由于产业结构与西方存在较大差异，总体上制造业受到的冲击不大。2008 年制造业总体上受到的影响还不显著，只有三个 LMT 产业部门的增加值增长速度低于 GDP 增速，分别是：黑色金属冶炼及压延加工业（8.2%）、石油加工、炼焦及核燃料加工业（4.3%）、化学纤维制造业（2.2%）。2009 年，金融危机对中国经济的深层影响开始显现，制造业受到冲击的部门开始扩大，低于 GDP 增速的行业增加到七个，分别是：纺织业（8.5%）、烟草制品业（8.2%）、文教体育用品制造业（7.5%）、工艺品及其他制造业（5.9%）、通信设备、计算机及其他电子设备制造业（5.3%）、石油加工、炼焦及核燃料加工业（5.2%）、仪器仪表及文化、办公用机械制造业（2%）。值得一提的是，增长速度低于 GDP 增速的行业不仅有 LMT 产业部门，也有高技术产业部门。而黑色金属冶炼及压延加工业和石油加工、炼焦及核燃料加工业两个部门经过 2008 年的低增长以后，已经初步摆脱了困境，分别增长 9.9%和 10.2%。2010 年，制造业各部门增速均已超过 GDP 增速。金融危机面前，各国的制造业都难以幸免，中国 LMT 产业能取得如此成绩已实属不易。

二、中国中低技术产业技术创新的制约因素

虽然中低技术产业顽强的生命力令人兴奋，但其竞争力与高技术产业相比差距显著，利用高新技术与先进适用技术改造提升传统产业是一项系统工程。受我国科技发展现状、传统产业生产力要素对高新技术消化吸收的能力、企业创新能力和外部的社会经济环境及各方面影响，其制约因素可以归纳为以下几个方面。

（一）人力资源不足

根据熊彼特的创新理论，知识才是一切财富的最终源泉。而人作为知识的载体和创造者，是技术创新的主体。人才也是传统产业创新实现能力的基础。高素质的复合型人才和学科领域专家可以高效地发掘外部各种可利用知识资源，扩大企业知识集，扩大企业与外部的联系和合作，提高企业创新能力。而传统产业社会地位在知识经济时代的不断下降，造成传统产业对人才吸引力不足，导致人力资源不足成为我国传统产业

的一大弊端，极大地制约了传统产业的创新能力的发展。

首先，技术人员不足。技术人才资源的丰缺，是传统产业技术创新的关键因素。缺乏足够的优秀科技人才，必然导致传统产业的技术、知识、信息消化吸收能力与创新能力弱，直接影响着传统企业对科学技术的应用和转化，也使得高新技术持续发展的源泉枯竭或载体不足。根据瑞士洛桑国际管理开发研究院每年一期的“国际竞争力排名表”，在1999年度列入排名的世界主要的47个国家和地区中，“合格工程师可获得程度”一项，我国居倒数第1位；“合格信息技术人员可获得程度”，我国居倒数第2位。从1995年到2001年，我国科技人员占全国人口比重上升极为缓慢，从1995年到1999年每万人中的科技活动人员数及科学家和工程师人数基本没有变化，2000年到2001年两项值略有上升，但与发达国家相比仍存在极大的差距。即使是作为市场领先者的大中型企业，企业的技术人员数目同样是缓慢攀升，很难跟上高新技术的发展速度。

第二，缺乏具有创新意愿与科学决策能力的企业家。根据熊彼特创新经济学，创新的决定因素之一就是“企业家精神”。熊彼特将它定义为将不同领域知识和产品进行创造性融合，并最终获取利润的能力和胆识。目前，我国的企业家队伍不稳定，由于各方面的原因，很难培养出具有创新意愿和科学决策能力并且善于管理的企业家。创新意愿是技术改造的前提。传统产业技术进步迟缓的重要原因是管理者缺乏科技进步的紧迫感和高效利用科技成果的意识。同时企业管理者的决策能力决定其对技术的鉴赏与市场远景的前瞻，因此，即使企业负责人对本企业的技术落后的实际情况有所认识，但对如何加快企业科技进步缺乏科学的决策同样会造成企业落伍。

（二）财政支持政策忽略传统产业需要

自2006年胡锦涛总书记提出“建设创新型国家”的口号之后，我国开始加强研发方面的投入。截至目前，发展改革委员会累计划拨40亿元，建立了124个国家工程研究中心，以显著提升产业间相关技术、关键技术开发及工程化能力，推动国内高新技术产业实现较快的发展。例如，生物芯片上海国家工程研究中心已建成国际一流的生物芯片综合研发和产业化平台，与全球前十大药业公司中的5家签约成为合作伙伴，年产3000万套分子快速诊断产品出口欧美。但是，长久以来，我国传统产业一直缺乏吸收外部知识技术的意识和支持，其内部设备技术水平较低，落后的装备及工艺流程无疑在一定程度上限制了传统产业对高新科技成果的吸收利用。由于缺乏传统产业与高新技术产业间的创新合作和创新网络体系的建设投入，在国内外一系列高新技术研究成果面前，传统产业吸收和利用外部科技成果艰难的局面并未得到改善，各项科技成果并未切实发挥其促进传统企业持续创新的作用。

另外，传统企业的融资结构不合理也导致传统企业在吸收外部科技成果上缺乏资金保障。目前，我国传统产业技术创新投资以企业资金和银行贷款为主，从证券市场进行的直接融资数量很少。由于多年的计划经济体制的影响与折旧率过低，传统产业企业资金积累不足是普遍现象，而金融体制改革又使得银行的资金流向了风险成本小的重点企业与重点项目，因此，传统产业技术创新的大部分资金局限于上述两个渠道，自然就制约了技术创新的进程。

（三）整体国民经济的信息化水平滞后，企业的信息化改造意愿不强

以信息化带动工业化是改造和提升传统产业的战略选择，而企业信息化建设的进程在一定程度上依赖于整体的国民经济信息化水平。我国的国民经济的信息化水平与发达国家相比存在着数字鸿沟。数字鸿沟就是指信息富有者和信息贫困者之间的鸿沟，也就是由对现代信息技术和信息资源掌握的多寡而出现的差距现象。据权威机构测算的结果表明，美国信息能力总水平得分为 71.76 分，是世界信息能力最强的国家；日本信息能力指数得分为 69.97 分，居第二位；澳大利亚得分为 65.59 分，居第三位。然而，中国的信息能力得分仅为 6.17 分。在进行比较的 28 个国家中，我国除了在信息技术与信息设备利用方面排在亚洲前列之外，在信息资源开发与利用能力、信息化人才与人口素质、国家对信息产业发展的支持状况等方面均列末位。我国国民经济信息化水平落后主要表现在整个社会的信息基础设施落后；金融信息化建设远不能满足企业信息化及电子商务发展的要求，落后的支付体系已成为我国电子商务发展的瓶颈；综合物流体系的现代化与信息化仍没有形成；推进企业信息化、社会化的服务体系与法律法规体系尚未形成。这些因素都制约了传统产业企业的信息化进程。企业信息化是成功推进企业的技术创新与技术扩散的基础。但是，很多传统企业自身对于信息化的需求并不是十分迫切，对推进信息化的战略性、全局性、紧迫性仍然缺乏足够的认识；对信息资源的开发、利用和管理水平低；适应信息化发展要求的人才普遍短缺。这些问题的存在，在一定程度上阻碍了我国传统产业利用高技术化成果实现技术创新的进程，不利于信息化带动工业化的稳步实施。

（四）高新技术的高风险性阻碍传统产业进入

高新技术风险是指利用高新技术成果改造传统产业的过程中，由于技术上的不确定性导致的风险。如技术需求风险、技术开发风险、技术的生命周期短、替代快等造成的风险。高新技术的需求风险是指不能完整地、准确地鉴别技术需求，导致机会损失和资源开发的浪费及由此给企业带来的其他不利影响。如项目的开发或引进缺乏足够的科学论证，致使技术引进决策失误而无法达到预期的目标。实际上，即使对需求的论证科学、充分，这种风险也不可能完全避免。开发风险是指由项目管理能力不足、辅助性的技术缺少和技术本身不成熟而导致的产品不能及时投入市场。某些新项目的能否成功实施要受到辅助性技术的发展状况的影响，企业可能面临着引进过程中仅仅注重设备的先进性，而对所需的原材料、元器件及辅助设备的配套情况了解不全面，没有制定相应的应变措施，最终造成市场投入期延长或被迫中止项目的风险。或者，企业的创新技术或引进的技术在实施阶段才发现还存在着有待解决或无法解决的问题，这些问题都可能导致企业开发期延长甚至项目半途而废。高新技术的替代风险指有些技术在投入使用时可能是最先进的，但由于从技术到产品的转化需要一定的时间，这期间更高级的替代技术可能已经投入市场。同时，由于技术的溢出效应，可能为市场竞争对手提供开发出技术含量相同或更高，成本更低的替代品的机会。在市场上，最先开发或引进某种先进技术的往往不是最高获利者。高风险是高新技术产业的一大特点，高新技术产业化进程中企业要承担开发、经营风险以及竞争对手在本领域取得突破性研究与开发成果造成高新技术生命周期被提前结束的风险。种种风险的存在都可能挫伤企业进行技术改进的积极性。

（五）高新技术资源匮乏，技术市场服务体系不完善

目前，国家间的技术转移是具有选择性的。对于一项创新技术而言，技术的拥有者首先要出口技术开发的新产品，然后利用该技术参与国际直接投资，最后将成熟的技术进行输出，获取技术的附加价值。技术的拥有国不可能将最新的技术进行转移，所以我国的传统产业技术创新进程的一个重要的影响因素是技术源的问题。拥有一批自主知识产权的核心技术与关键技术是我国传统产业技术创新的关键。但据中国科技信息研究所统计，1999 年我国的专利授权量为 3097 件，是日本的 2.3%，美国的 3.7%。2001 年我国被 SCI、EI 以及 ISTP 收录的科技论文总量为 64526 篇，是美国的 14.4%，日本的 49%。所以，高新技术尤其核心技术的资源匮乏制约着我国传统产业的技术创新。技术市场是技术商品交换的场所，或者说是技术商品交换的总汇。技术市场可为技术成果的推广提供技术流通合作网络，加速技术成果由科研机构、高新技术产业与高校向生产领域转移。技术市场发达与否关系到一国的技术转移能力。由于在计划经济体制中，技术在各单位之间靠行政命令无偿使用，技术不是商品，当然不存在技术市场。十一届三中全会以后，我国技术市场才开始萌芽和发育。但至今，我国技术市场发育仍不完善，专业化服务水平不高。虽然我国政府制定和颁布了相应的法律法规，但由于有关科技中介服务的法律法规不健全，针对中介机构的综合性指导意见和扶持性、规范性政策几乎空白，加之执法不到位，致使中介机构服务能力弱，能够提供的信息片面、有限，缺乏前瞻性。所以说，我国目前技术市场还不能很好地将技术的需方和供方有效地联系起来，促成它们的交易。

（六）缺乏良好的宏观经济政策支持

在挪威传统产业改造中，挪威各个政府对于传统产业的技术与产品升级都予以了全面的支持，国家的经济政策和资金支持客观上对挪威的传统产业改造起到一定作用，主要有税收支持、产业发展资助、政府的采购支持、财政支持、融资支持、折旧政策、贸易政策与地区发展政策。目前，我国政府比较注重对高新技术产业的政策调整和优惠，如 2005 年，中国发展与改革委员会启动了下一代互联网宽带业务应用、生物冶金、真空冶金等首批国家工程实验室建设，以扭转当前高新产业基础技术供给能力弱化的不利状况，增强中国高新产业的核心竞争力。但是，应该看到，我国政府所采取的一系列创新激励政策中，缺少对传统产业的企业技术创新的政策支持，这使得传统企业在追求技术创新的过程中缺少指引以及各方面的支持，其创新积极性在一定程度上受到挫伤。从总体上看，目前我国政府有关传统产业技术创新的财政税收激励措施的目标不明确，针对性不强；促进技术创新的投融资体系不完善，企业技术创新资金被挪用现象严重；知识产权保护方面存在执法不严、地方本位主义严重等问题，致使许多企业不愿意冒风险投资技术开发，而是采取省钱省力风险小的技术跟进战略，坐享渔翁之利，阻碍了企业提升技术水平的积极性。总之，迄今为止，我国尚无推进传统产业技术创新的系统的、配套的政策措施。

三、中国中低技术产业技术创新政策选择

2006 年，中共中央国务院作出了《关于实施科技规划纲要增强自主创新能力的决定》，并制定了《国家中长期科学和技术发展规划纲要（2006～2020 年）》。《纲要》不仅立足国情、面向世界，以增强自主创新能力为主线，以建设创新型国家为奋斗目标，对我国未来 15 年科学和技术发展作出了全面规划与部署，而且还指出在国家自主创新能力提高的进程中政府是关键，一些发达国家政府支持企业自主创新的经验值得重视和借鉴。目前，我国已明确提出建设创新型国家，并且拟建设 100 个国家工程实验室，以改变产业核心技术严重依赖国外的局面；新建或完善 50 个国家工程研究中心，促进产业技术整体进步；支持 300 个国家认定企业技术中心，培育和提高企业创新能力。到 2010 年，中国将初步建立创新能力支撑体系框架。该政策在一定程度上将解决国内传统产业研发投入不足以及研发能力差的现状，通过自主研发，改善国内传统产业主要依靠国外核心技术的局面。但是政策不应仅仅关注高技术产业的发展或高新技术的发展，还应该制定相关配套政策，提高传统产业的吸收能力和对技术的利用转化能力，促进知识技术的循环和流通，切实地保证新技术与知识能够得到充分的利用。支持和促进传统产业进行技术创新，必须充分发挥政府的支持和引导作用，努力营造有利于传统产业自主创新的环境，形成对自主创新的有效激励。

（一）建立广泛的国家创新体系

国家创新体系是指一个国家内各有关部门和机构间相互作用而形成的推动创新的网络，是由经济和科技的组织机构组成的创新推动网络。在创新体系内，各类知识能够通过产业与企业间的广泛的合作网络得到

高效率的共享和利用，从而最大可能地实现创新。首先，政府应该发挥其战略导向、综合协调和服务功能，积极促进不同产业和企业实现以知识共享和流动为导向的战略合作关系。政府应该发挥其职能，促进和协调相关各方的合作，促进技术和知识的扩散。建立以市场为导向的中介机构，建立和完善技术、知识的交易市场，促进产业间、企业间的技术转移交易和知识共享协议。其次，传统产业应努力提高自身创新能力。一方面传统企业应积极参与到高新技术研发项目合作中去，在项目参与中吸收前沿知识，并能够直接利用研发成果。在促进国内外企业的合作的同时，从国外引进先进技术，并积极实现再创新，发展具有自主知识产权的先进技术。近年来，国际企业间的并购交易成为国内大型企业吸收外部知识和先进技术的途径之一。以联想收购 IBM 个人电脑业务部门为例。2004 年 12 月，中国最大的电脑厂商联想集团宣布，将以 6.5 亿美元现金和 6 亿美元联想股票，共 12.5 亿美元收购 IBM 的个人电脑业务部门，其中包括 ThinkPad 品牌及相关专利、原 IBM 位于美国罗利、日本大和的研发中心和超过 300 名的研发人员。通过并购，联想一举获得了包括 IBM 主动保护系统、指纹识别器、防溅水键盘、一键式恢复（RRPC）、系统移植（SMA）等 1500 余项技术专利，迅速提高了联想电脑的技术含量。另一方面，努力提高传统产业对外部知识的吸收和利用效率。企业的吸收能力从根本上讲是人才的问题，高素质的复合型人才对于具有创新可能的知识和技术具有敏锐的嗅觉，而高素质的企业家人才有胆识和意愿进行积极地创新。在知识不断更新的时代，只有通过对员工进行新技术、新知识等方面的企业内部或外部的再培训，才能有效提高员工进行新产品开发和生产的能力。同时，从知识流动的角度看，人作为知识的载体，教育和培训能通过人使知识和技术向传统产业内部扩散。传统产业的内部培训过程可以通过集体学习的手段来完成，而外部培训主要是将培训工作外包给外部专业机构来完成。

（二）引导传统企业进行信息化改造

传统产业进行信息化改革的优势是明显的。不仅能够降低企业的生产成本、内部管理成本，提高资源利用效率，更重要的是它能强化企业知识管理的能力以及接触和利用外部有价值知识的能力，是促进企业持续创新的重要步骤。第一，政府可以通过实行投资抵免所得税的办法鼓励企业投资，规定传统企业可按对信息化投资的一定比例抵减其应税收入。第二，利用金融系统对进行信息化投资的传统企业提供低息贷款。第三，加大政府对产业信息化先进技术的投资，通过引进，吸收外国关键技术，结合中国经验实现再创新，形成具有自主知识产权的核心技术和设备。第四，建立以信息化为基础的电子商务平台，促进传统产业拓展市场，并建立企业间的网络合作平台。

（三）利用财政政策引导和激励传统企业实现创新

传统企业自主创新意愿不强有多方面的原因，而主要的几点是，创新需要较大投入并且伴随着较大的不确定性，而通过粗放式的扩张也能实现盈利的增加，这就导致了传统产业技术升级缓慢，产品技术含量不高的结果。政府通过财政补贴或减免税政策引导和激励传统产业进行自主创新或引进技术的再创新。为降低企业尝试创新时所面临的风险，政府可以实行对自主创新产品和技术实行优惠采购。政府在进行采购业务时，对于具有传统产业自主创新及具有自主知识产权的产品或专利成果实行价格优惠。对于自主创新和拥有自主知识产权的产品和服务，政府可以以高于其他同类不属于自主创新产品的价格采购。同时，为避免资金浪费，对自主创新成果实行政府采购制，废除课题经费预拨制。我国长期以来促进自主创新、发展社会科学研究和自然科学研究的重要方式之一，就是设立如自然科学基金、社会科学基金等众多的课题及研究项目。而实行创新成果政府采购制，可以让更多的社会力量参与创新，而不仅仅是一些申报中标学校和科研机构，而且也在很大程度上保证了所采购的创新成果的价值。运用政府采购机制激励自主创新是一项复杂的工作，它需要建立严密的自主创新产品和技术的界定体系，以及客观公正的自主创新的评价与评估标准体系。

（四）实现传统产业融资渠道多样化，解决创新资金瓶颈

中国金融市场正日渐完善和成熟，使得传统企业在更为广阔的金融市场融资成为现实。首先，积极开拓和完善直接融资市场，大力发展证券市场。实现优质传统产业上市，通过证券融资的途径解决传统企业问题。积极开发公司债券市场，审批合格的传统企业可以通过发行公司债券实现融资。其次，完善间接融资市场。(1) 建立有效的贷款担保机制，鼓励银行为传统企业有价值项目提供贷款。但是，传统产业创新项目具有较高的风险，这样就限制了银行愿意投入的资金。因此，发展风险投资市场是弥补这一方面不足的可行措施。(2) 进一步完善投资风险法律制度。在鼓励风险投资业发展方面，我国目前最迫切的工作是要对风险投资相关领域进行立法，尽快制定和完善保护投资者的法律。(3) 降低银行、保险公司、养老基金以及外资进入风险投资业的壁垒；加速完善定位于为中小型企业服务的证券市场，为风险投资建立通畅的退出渠道。

第七章 中低技术产业技术创新问题的理论分析和政策建议

本章通过对中低技术产业技术创新问题概括性分析，以理性人选择的分析框架为基础，探讨了产业技术创新行为的分析思路，进而从技术创新的过程出发，初步探讨了产业技术生命周期对研发投入的影响机理。同时在理性人选择的分析框架指导下，通过一系列假设条件构建了模型的理论环境，由简单到复杂地逐步将本研究关注的市场规模、研发风险、产业发展等影响因素引入模型并讨论各种因素对产业研发行为的相关影响。在模型分析的基础上，对本研究关注的两个重点问题进行了解释，即：通过对产业技术生命周期和产业研发行为的关系进行分析，对中低技术产业和高技术产业在研发强度上的差异给出了理论解释；在产业技术生命周期理论的基础上，对中国和欧洲的中低技术产业技术创新的表现差异进行了解释。在此基础之上，具体探讨了历史、政策、技术、人才、观念等因素对中国中低技术产业技术创新的影响，进而提出重新认识中低技术产业对经济的作用；重新认识中低技术产业和高技术产业之间的共生关系；重新认识中低技术产业中的技术创新；最后就如何通过发挥比较优势，推动中低技术产业的技术创新提出政策性建议。

第一节 对中低技术产业技术创新的概括性理解

在前人的技术创新理论的基础上，我们可以建立一个用于分析中低技术产业技术创新的理论分析框架。首先，可以将波特教授的产业竞争力理论分析框架简化为“需求—产业—资源”框架，如图 7-1 所示，产业的功能在于利用经济体的资源满足居民需求。而从经济学的基本假定出发，产业作为企业的集合也是遵循利润最大化的原则行事的。熊彼特认为技术创新意味着一种生产要素的“新组合”，也就是说新技术的诞生意味着新的生产函数的产生。在局部均衡的经济学分析框架下，产业就是在确定的需求和资源环境中，从利润最大化的角度出发，对一系列生产函数进行选择。

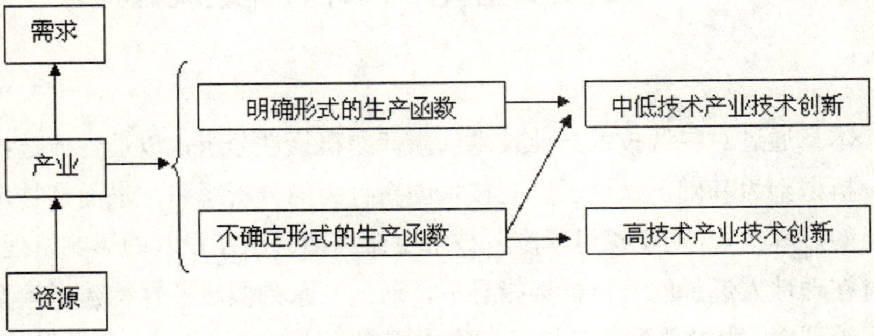

图 7-1　产业竞争力分析的“需求—产业—资源”框架

生产函数的形式可以是确定的，也可以是不确定的，新技术在研发完成之前应该被视为一种技术设想，其对应的生产函数形式必然是不确定的。新技术设想对应的不确定形式的生产函数相对于原有技术的确定形式的生产函数来说，可能存在一些优势，比如，更高的产品质量，更低的生产成本。但是不确定形式的生产函数存在着一些未知因素，比如产品功能的一些不确定影响，一些新增投入要素带来的兼容性问题，因而存在风险。

要消除新技术设想的这种不确定性，使生产函数的形式明确化，就需要产业进行研发和生产试验。而研发和生产试验必然带来成本。如果我们假设企业家是有限理性的，虽然不能预知研发成功与否，但一般情况下能够大致正确地预测技术创新带来的收益增加，同时也能够大致预测一项研发活动所需要的成本以及这项研发活动的成功率。在这个基础上，技术创新可以描述为图 7-2 所示的过程。

技术创新从需求出发，人们根据已经掌握的知识，创造性地获得新技术的灵感，通过研发获得确定新技术设想的可行性。一旦新技术的可行性得到验证，也就明确了新技术的生产函数，技术获取阶段就完成了。之后，在市场经济“看不见的手”的作用下，产业可以自然地过渡到技术应用和市场化阶段，最终完成一项技术创新。

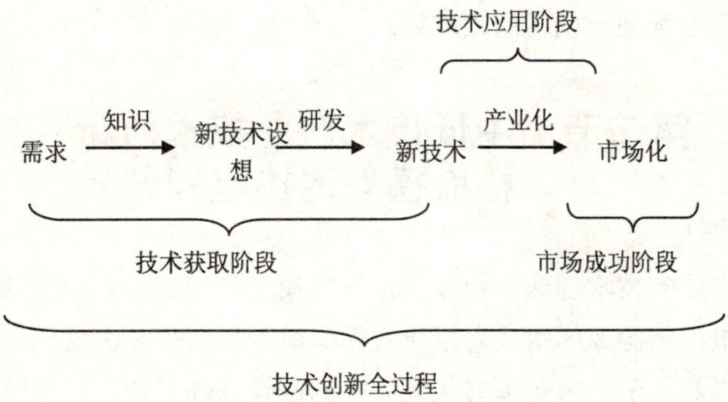

图 7-2　技工创新过程

高技术产业一般同时也是新兴产业，一个显著特点是没有或者缺少成熟的生产技术，即已知其明确形式的生产函数；另一个特点是从前一个特点自然引申而来的，一旦技术创新成功，新产品在一定范围内没有近似的替代品，厂商可以据此获得一定的垄断性技术优势，从而获得很高的利润回报，而高额的利润会吸引产业外的企业通过研发获得相应的技术从而进入这个市场，其结果是该产业在初期会迎来一个强力研发的阶段。因此，高技术产业一般面临着可观的预期收益，即使研发成本和风险很大，企业家也愿意尝试研发。

相对地，中低技术产业一般是传统产业，一个特点在于其相对成熟的技术可以基本满足市场需求。新技术可以在现有的技术基础上作改进以获得，其失败的风险相对于高技术产业来说可以大大降低，从而较为容易实现。但由于已经有了较为完善的生产技术，新技术能带来的利润增加量将比较有限，风险很大或投入很高的研发活动将会是不经济的。因此，在中低技术产业中由于受到已有技术的竞争，只有那些风险小、成本低，但收益明显的新技术才会得到研发投入的支持，因此，相对于高技术产业来说，中低技术产业的研发投入强度往往较低。

随着高技术产业的不断发展，潜在的市场需求逐渐得到了满足，竞争变得越来激烈，技术创新能带来的收益逐渐下降，通过研发进入该产业也将不再像最初那样具有吸引力。新兴产业在这时也逐渐成熟，表现出传统产业的特点。不同产业的研发强度不同，一个重要原因可能是它们所处的熊彼特创新周期的阶段不同。高技术产业处于创新的高潮期，中低技术产业则处于创新的低潮期。

第二节 中低技术产业技术创新核心模型的构建和分析

由于产业的技术创新问题涉及市场规模、生产成本、研发的不确定性、产业组织结构等因素，直接建立模型讨论所有重要因素的作用将使分析变得极其复杂，因此本书从最简单的假设条件起步，从单个经济人的研发行为出发，逐步将讨论的范围扩展至最终的目标，对中低技术产业的技术创新问题给出解释。

一、自耕农的生产和研发模型

1. 自耕农型经济人模型

我们假设一个经济人在自己拥有的土地上耕作，自给自足，从而可以建立一个最简单的模型作为分析起点。

资源集：$K=1$，$L=1$

该经济人拥有1单位土地，土地用K表示，该经济人每年都可以重复利用这1单位的土地，同时，该经济人每年拥有可支配的1单位劳动力用L表示。

生产函数：$X=F(K, L)$

该经济人拥有生产产品X的能力，生产1单位X需要消耗1单位劳动L和1单位土地K，L和K的投入量可以不是整数，只需要保持固定比例K、L投入，比例为1:1，该假设条件默示的保证了该经济人使用的生产技术固定。

效用函数：$U=\sqrt{X}-L$

在本模型中，经济人的效用取决于消费的产品X和投入的劳动L，其中消费商品X给该经济人带来边际递减的正效用。投入劳动L会给经济人带来负效用，相对于劳动，经济人更愿意享受无拘无束的自由时间。其中，劳动L的边际效用为1，这样假设的主要出发点是为了简化计算，同时，这样的假设也存在一定的合理性，因为人们在疲劳之前的工作中，劳动带来的负效用可能并不明显。

在这个模型中，经济人为了实现效用最大化，可以对产品 X 的产量进行选择。显然，要生产更多的产品 X 就需要投入更多的劳动 L。由于劳动 L 和产品 X 之间存在着 1:1 的固定比例，因此，效用函数可以写为：

$$U=\sqrt{L}-L$$

即经济人可以选择一个能使效用最大化的劳动量 L。通过 U 对 L 求导，并令其为零时，可以得到 U 的最大值，此时劳动投入 L 即为均衡的劳动投入 L^*，L^* 的取值为1/4，最大化的均衡效用 U^* 的值为1/4。

从均衡结果不难发现，经济人的理性选择并不是简单地追求产出 X 的最大化。我们在现实经济中也可以找到类似的情况。在人口稀少的农村，农民们也并不是不顾劳累地开垦所有的荒地，而是宁可更多地休息而允许一些土地处于自然的状态。

上述自耕农经济人模型是简单一般均衡分析的基础，也是最简单的经济人模型，本章的余下部分将其称为自耕农模型，将这样的经济人称为自耕农。

2. 简单的自耕农技术选择模型

自耕农技术选择模型指将一种新的生产技术（生产产品的技术）引入自耕农模型后形成的新的经济条件下的模型。自耕农按照固定的技术生产固定的产量，是一种静态的均衡。而现实经济中，类似自耕农的经济主体会有一些机会应用新技术，也就是采用新的生产函数。当自耕农获得了一种新技术时，将可以在两种技术中进行选择。

在本模型（自耕农技术选择模型）中，我们考虑这样一种情况，即自耕农获得了一种生产新产品 Y 的技术，那么此时自耕农的均衡生产行为会发生怎样的变化呢？（理论上，技术创新可以有多种不同的类型，生产一种新产品只是技术创新中的一种情况。）

首先，假设一个典型的自耕农获得了生产 Y（比如生产棉花并制作衣服）的技术，其生产函数为：

$$Y=F(K,L)$$

其中，按照固定比例，一单位 K 和一单位 L 可以生产一单位 Y。在这个假设条件下，K 依然表示土地；L_y 则表示生产 Y 所需要的劳动，L_y 的下标表示生产产品 Y 所需的劳动和生产 X 所需要的劳动在技术上存在着差异。同时，生产单位产品 Y 所需投入的资本 K 和劳动 L_y 的劳动时间仍然是相同的。在现实经济中，随着生产规模的扩大，一些新的生产技术会被应用于生产过程，从而导致产品的边际成本递减。在本假设条件下，生产技术是被固定的，资源的质量也是同质的，因此也不存在生产规模扩大而不得不使用较差的资源导致的边际成本上升的情况。

再假设自耕农消费产品 Y 的效用函数与产品 X 相似，将产品 Y 引入自耕农的效用函数，则新的效用函数为：

$$效用函数：U=\sqrt{X}+\sqrt{Y}-L$$

在这个效用函数中，Y 的消费量对消费 X 给经济人带来的效用是没有任何影响的，也就是说，包含着这样的假定：产品 X 和产品 Y 既无互补性又无替代性；综合产品 Y 的生产函数和效用函数的假设条件，意味着经济人对产品 X 和产品 Y 的需求偏好是相同的，并且生产产品 X 和产品 Y 的经济成本是完全相同的。如果调整假设使 Y 产品消耗更少的资源或带来更大的效用，那么，经济人将考虑优先生产产品 Y。但是，由于边际效用递减的假定，产品 X 也会被生产，但均衡产量将小于产品 Y 的均衡产量。

显然，消费 X 产品和 Y 产品给自耕农带来的效用是相同的，生产成本也相同，因此自耕农根据效用最大化原则，两种产品的均衡产量应该是相同的。与自耕农模型算法相似，在本模型中，两种产品均衡的产量相等，均为1/4，均衡的劳动投入量为1/2，高于只能生产 X 产品时的劳动投入量，此时总效用为1/2，相比于只生产 X 产品时也有所提高。根据模型的结果，获取一种生产新产品的新技术使得经济人愿意投入更多的劳动来生产新产品，增加总效用。

3. 带不确定性的自耕农技术选择模型

在现实经济中，新技术往往伴随着很多不确定性，如传统上种植小麦的村庄，在决定是否种植一些棉花时可能面临着很多不确定性。村民们很难在一开始就确切地知道种植棉花所需要的全部工作和最终的产出情况。比如像浇水施肥的操作细节和病虫害等问题，村民可能在初次种植棉花时对这些问题完全没有概念，要等到问题真正发生的时候才会意识到存在着需要解决的问题。那么，将这种普遍存在的不确定性引入自耕农模型将使模型更加符合现实情况，自耕农需要在原技术 T_X 和带不确定性的新技术 T_Y 之间进行选择。

首先引入自耕农模型。同简单的技术选择模型相似，假设一个典型的自耕农获得了生产 Y（比如生产棉花并制作衣服）的技术设想，我们假设这种初创的产品 Y 的生产函数存在不确定性，其生产函数为：

$$Y = F(K,L) + U_{ct}$$

其中，按照固定比例，1 单位 K 和 1 单位 L 可以生产 1 单位 Y，但存在着 50%的不确定性，在上式中用 U_{ct}（uncertainty）表示不确定性的存在；也就是说，在一年的生产中，有 50%的概率可能顺利得到 1 单位 Y 产品，但还有 50%的概率生产失败，Y 产品产量为 0（考虑棉花歉收，衣服可能因为制作得不好而不能穿，或者达不到预期的效果，如美观等情况）；当然，这里的假设隐含着自耕农可以正确地对应用新技术的风险作出判断，这跟现实不完全符合。正常情况下，人们判断一件事情的风险一般是根据历史上的经验来总结规律，不太可能在初次的尝试中就正确地估算出事件的概率，但笔者认为作这样的假设不会对本书关注的主要问题的分析产生严重的影响，因为即使自耕农不能完全正确地预估生产成败的风险，他仍然会跟根据自己认定的成功概率作出行为选择。事实上，当自耕农计划按照一种不完善的既定模式的生产技术进行产品 Y 的生产时，其能否成功可能取决于一些尚未明确的因素的影响。如表 7-1 所示：

表 7-1　应用新技术的不同结果的发生概率

可能出现的情况	事件发生的概率
新技术生产成功，获得产品 Y 的产出	50%
新技术生产失败，不能获得任何产出	50%

自耕农要在成熟无风险的生产技术 T_X 和带风险的新技术 T_Y 之间作出产量选择。与简单技术选择模型相同，假设自耕农消费 Y 产品的效用函数与 X 产品相似，将产品 Y 引入自耕农的效用函数，则新的效用函数为：

$$效用函数：U = \sqrt{X} + \sqrt{Y} - L$$

和简单的自耕农技术选择模型不同，由于风险的存在，自耕农在选择产量时的原则会发生变化，从效用最大化转变为预期效用最大化。

自耕农的效用函数为：$U = \sqrt{X} + \sqrt{Y} - L$

由于生产产品 Y 存在着不确定的结果，因此自耕农的效用成为一个服从均匀分布的离散型随机变量；其期望效用函数可以表示为：

$$E(U)=U_1P(U_1)+U_2P(U_2)$$

其中 U_1 表示产品 Y 生产成功时的效用，$P(U_1)$ 表示产品 Y 生产成功的概率；相对地，U_2 表示产品 Y 生产失败时的效用，$P(U_2)$ 表示产品 Y 生产失败的概率。

与自耕农模型相似的，有：

$$U_1=\sqrt{L_X}+\sqrt{L_Y}-(L_X+L_Y)$$

$$U_2=\sqrt{L_X}-(L_X+L_Y)$$

$$P(U_1)=1/2$$

$$P(U_2)=1/2$$

其中，L_X 表示生产产品 X 投入的劳动，L_y 表示生产产品 Y 投入的劳动。

由此可知

$$E(U)=\sqrt{L_X}+1/2\sqrt{L_Y}-(L_X+L_Y)$$

显然，当 $E(U)$ 取得最大值时，有

$$MU'_{L_X}=MU'_{L_Y}=E(U)'_{L_X}=E(U)'_{L_Y}=0$$

此时 $L_X=1/4$，$L_y=1/16$。相对于简单的自耕农技术选择模型，由于风险的引入，自耕农减少了对产品 Y 的生产。此时，自耕农的期望总效用 $E(U)=5/16$。这个结果大于没有引入产品 Y 时的总效用，小于产品 Y 无不确定性时的总效用。从不确定性的角度讲，新技术存在的失败风险降低了新技术的应用价值。

4. 自耕农自研发模型

自耕农自研发模型指允许自耕农通过研发投入获得新技术的情况下的模型。自给自足状态下的经济人可能通过引进新的生产技术（生产函数），提高自己的效用。但是新技术设想往往带有很多不确定的因素，从而带来风险。如果直接按照带不确定性的新技术设想进行大规模的尝试，一旦失败可能带来巨大的损失。因此，现实经济中往往有一些很有创意也确实可行的想法没能在一开始就立刻得到实施。一般情况下，人们用一些其他方法对新技术设想的可行性进行试验和评估。这就是研发活动，

研发活动的目的是为了减少或消除新技术的不确定性。

当企业家得到一个新技术设想时，他面临三种选择：

①维持原来的技术不变，无风险，无收益变化；

②按新设想生产，风险很大，可能带来收益，但也可能失败，遭受巨大损失；

③进行研发，在有限损失的情况下消除或部分消除不确定性。

因此，自耕农自研发模型描述的是一个自给自足的自耕农在面对一项带不确定性的新技术时，从效用最大化的角度出发是否会先进行研发活动消除新技术的不确定性，之后再应用消除了不确定性的新技术。

自耕农自研发模型可以在带不确定性的自耕农技术选择模型的基础上引入研发活动。生产产品 Y 的技术仍然是一种带不确定性的新技术，在本模型中，自耕农有可能通过研发活动来消除这种不确定性。

假设 1：首先假设研发活动需要投入1/2单位劳动，且其成功率为50%，即研发投入可能成功也可能失败，研发成功可以得到确定性形式的生产函数：

$$Y = F(K, L)$$

也就是把带不确定性的自耕农技术选择模型变成了简单的自耕农技术选择模型的情形。显然，不带不确定性的新技术可以使自耕农实现更高的总效用。研发的不确定性如表 7-2 所示。

表 7-2　研发的不同结果的发生概率

可能出现的情况	事件发生的概率
研发成功，获得新技术 T_Y	50%
研发失败，不能获得任何收益	50%

同样，为了简化，这里假设自耕农能正确地预测研发活动的成功率，研发的成功率为50%则既不太高也不太低，不至于影响到模型的合理性。在现实经济中，研发的成功率和研发的成本对企业的研发决策有很重要的影响，研发能力同样受到知识和资源的限制，根据舒尔茨对农业技术的考察，过高的研发成本对农民来说可能是无法接受的。研发的成本和成功率之间可能还存在着某种技术上的替代性，如激进的实验和谨慎的观察等。同样出于简化分析的考虑，这里假设自耕农只面对一种固定的

研发方式，其研发成功率也是固定的。

如果研发没有任何成本，那么自耕农显然愿意通过消除新技术的不确定性来增加总效用。但研发活动往往是有成本的，在有些情况下成本还非常之高。在模型中，过高的研发成本对于自耕农来所是不可接受的，现实中的研发活动也一样，企业只会选择那些成本可以接受的研发方式，成本极高、超出企业承受能力的研发项目不可能被企业采用。

因此，在假设研发活动需要投入1/2单位劳动是有合理性的，在这个假设中，研发不需要投入任何资本，主要原因在于：在自耕农模型中，土地资源K是一种比较丰裕的资源，少量的土地资源的投入事实上没有经济成本，不会对自耕农的效用产生影响，而劳动则直接和效用相关，因此假设研发活动只需要投入劳动而不涉及资本可以使模型更加简单。

假设2：自耕农对当期的1单位效用和远期的1单位效用评价相同。

由于引入了研发活动，自耕农面对的选择在研发成功前后会有所不同，在研发成功前自耕农可以在生产产品X、在一定的不确定性条件下生产产品Y和对产品Y进行研发之间作出选择。而当研发成功后，自耕农获得了确定形式的产品Y的生产技术，可以按照简单的自耕农技术选择模型的均衡结果进行生产安排。

可以假设研发活动无法在当期就给自耕农带来效用，即使在第一年研发就获得成功，自耕农也只能从第二年开始应用消除了不确定性的新技术。那么，自耕农在是否进行研发时需要对研发在当期的成本和研发成功后的效用增加之间进行权衡。

因此，模型涉及跨期选择的问题，在这里我们假设自耕农对当期的消费和未来的消费的偏好是相同的。这就意味在不同时期，自耕农的效用函数是完全相同的。这个假设可能并不完全符合现实，成年人可能不像儿童那么喜欢糖，吃一个苹果带来的效用在早上和晚上可能并不相同。经济学家考虑了利率和风险的影响一般认为当期的收入价值高于远期，心理学、社会学等对跨期选择问题也还没有明确的解释。在我们的单人模型世界里，引入利率似乎是没有必要的，因此假设不同时期的效用相同是合理的。

由于创新成功前后自耕农的均衡选择不同，模型的均衡结果也要分情况进行讨论。

首先考虑研发成功前的情况。

在带不确定性的自耕农技术选择模型中，自耕农要投入劳动生产产品 X 和产品 Y，现在自耕农还要另外投入1/2单位劳动（$L_{R\&D}$）用于研发。

在新的条件下，自耕农的效用函数为：

$$U=\sqrt{X}+\sqrt{Y}-L$$

由于研发成功前，生产 Y 仍然带有不确定性，因此，仍然有生产成功与失败两种情况。

$$U_1=\sqrt{L_X}+\sqrt{L_Y}-(L_X+L_Y+L_{R\&D})$$

$$U_2=\sqrt{L_X}-(L_X+L_Y+L_{R\&D})$$

$$P(U_1)=1/2\text{；}$$

$$P(U_2)=1/2\text{；}$$

其中，U_1 表示产品 Y 生产成功时的效用，$P(U_1)$ 表示产品 Y 生产成功的概率；相对地，U_2 表示产品 Y 生产失败时的效用，$P(U_2)$ 表示产品 Y 生产失败的概率。其中，L_X 表示生产产品 X 投入的劳动，L_Y 表示生产产品 Y 投入的劳动。

此时，自耕农的期望效用为：

$$E(U)=\sqrt{L_X}+1/2\sqrt{L_Y}-(L_X+L_Y+L_{R\&D})$$

其中，$L_{R\&D}=1/2$，新的均衡解为 $L_X=1/4$，$L_Y=1/16$。由于假设研发成本为1/2单位劳动的数值足够小，并没有改变效用最大化时的劳动投入。显然，如果研发成本被假设为3/4单位劳动或者更高，那么能用于生产产品 X 和产品 Y 的劳动量必然后被挤占。引入研发投入后，自耕农的最大化效用 $E(U)=-3/16$，比没进行研发时的均衡结果下降了1/2。

之后，考虑研发成功后的情况，由于新技术的不确定性已经消除，研发投入不再需要了。此时，自耕农面对的情况和简单的自耕农技术选择模型（2.2）完全相同。此时总效用 $E(U')=1/2$。

综合自耕农自研发模型中研发成功前后的两种情况和带不确定性的自耕农技术选择模型并进行比较可以发现，自耕农进行研发是否能够比采用带不确定性的技术生产 Y 带来更高的长期总效用，与自耕农的生命能延续多少个周期有关。如果自耕农的生命周期无限长，那么研发成功后每期增加的效用不断累积，研发带来的长期总效用增长就是无穷大的，即使研发的成功率更低一些，进行研发也总是有利可图的。但是现实中人们的寿命是有限的，而且世界是不断变化的，一项新技术不会永远先进，人们要考虑研发得到的新技术是否能在过时之前带来足够的回报，一项研发如果需要很长时间才能成功，成功之后需要很长时间才能收回之前付出的代价，那么在中间发生任何变故都可能导致当初因为研发而付出的效用损失无法弥补。

由此看来，影响自耕农是否进行研发的生命周期长度的临界点在哪里变得很关键。如果该生命周期足够短，比如只有一年时间，那么显然自耕农进行研发没有任何价值。那么，如果该生命周期是两年，三年呢？我们可以计算不同时期自耕农进行研发的预期收益对这个问题进行分析。如表 7-3 所示。

表 7-3 研发和不研发在不同时期期望效用和总效用比较表

第 i 期	研发的期望效用	不研发的期望效用	研发的期望总效用	不研发的期望总效用
1	-0.1875	0.3125	-0.1875	0.3125
2	0.15625	0.3125	-0.03125	0.625
3	0.328125	0.3125	0.296875	0.9375
4	0.414063	0.3125	0.710938	1.25
5	0.457031	0.3125	1.167969	1.5625
6	0.478516	0.3125	1.646484	1.875
7	0.489258	0.3125	2.135742	2.1875
8	0.494629	0.3125	2.630371	2.5

表 7-3 中研发的期望效用指当自耕农进行研发时，不同时期预期可以实现的效用。随着时间的延长，自耕农始终研发失败的概率越来越小，因此其研发的期望效用越来越接近于1/2，也就是研发成功时的均衡效用。而如果不进行研发，则自耕农在整个生命周期中始终按照带不确定性的生产技术生产 Y，其每期的期望效用都是5/16。第三、四列中的期望总效用指从第一期到特定的某一期自耕农各期的效用加总。根据模型的假设，自耕农以整个生命周期的总效用最大化作为自己的决策目标。在模型数值的假定条件下，从第八期开始，进行研发的期望总效用超过了不进行研发的期望总效用。显然，自耕农在考虑是否进行研发时，会考虑生命周期的长短。在本模型中，如果生命周期的长度等于 8 或大于

8，那么自耕农将选择进行研发，一旦剩余的生命周期不足 8 时，自耕农将放弃研发。例如生命周期为 10 期，自耕农愿意在前三期进行研发，如果第三期仍然研发失败，那么放弃研发就是一个更加理性的选择。

在自耕农自研发模型中，研发是一种牺牲当前的效用来换取未来更大的效用的行为。这在某种程度上类似于接受教育，上大学需要以几年时间里不能工作、没有收入为代价，但是有可能在毕业之后获得更高的工资水平。如果考虑到上大学存在的学无所成不能毕业的风险，在不十分严格的条件下，读大学也可以理解为对“更高效地使用自己劳动力”的新技术的研发行为。

二、企业家的生产和研发分析

1. 新产品市场化模型

前文建立了单一经济人的生产和研发行为模型，本节将把模型扩展到多人并引入市场。在这里我们描述这样一个市场：一个小村庄有若干名自耕农生产产品 X，过着自给自足的生活。其中一个自耕农获得产品 Y 的生产技术，他在满足自己对产品 Y 的需求之后，将可以向其他自耕农提供产品 Y 并换回产品 X，此时我们称这个拥有了新技术的自耕农为“企业家”。下面，我们需要考虑这个市场上产品 Y 和产品 X 的交换比价。

假设 1：只有企业家可以生产产品 Y。

该假设排除了自耕农通过技术模仿获得生产产品 Y 的技术的可能性，同时企业家也不能雇用自耕农进行产品 Y 的生产。

假设 2：自耕农是价格的接受者。

该假设排除了自耕农是强硬的讨价还价者（即使牺牲效用也要追求更有利的价格）的可能性。

假设 3：该经济体中有 1 个企业家和 n 个自耕农。

在模型中，假设只有企业家具有生产产品 Y 的能力，从其他自耕农的角度看，消费产品 Y 可以获得很高的边际效用，如果可以减少一些产品 X 的消费或是多生产一些产品 X 用于交换产品 Y 将可以提高自己的总效用。自耕农想要购买多少产品 Y 将取决于产品的价格，也就是 1 单位产品 Y 需要多少产品 X 用于交换。

我们可以根据自耕农的效用函数求出单个自耕农对产品Y的需求曲线。

此时，自耕农的效用函数为：

$$U=\sqrt{X_C}+\sqrt{Y_T}-(L_{XC}+L_{XT})$$

其中，X_C表示自耕农生产的用于自己消费的产品X，Y_T表示通过交易用产品X_T（为交易而生产的产品X）换回的产品Y，L_{XC}表示自耕农为生产自己消费的产品X而投入的劳动，L_{XT}表示为生产用于交易的产品X_T而投入的劳动。

令产品Y的价格P_Y为a，既1单位产品Y可以换的a单位产品X。

由于 $$X_C=L_{XC}, \quad Y_T=\frac{1}{a}X_T=\frac{1}{a}L_{XT}$$

自耕农的效用函数可以转化为：

$$U=\sqrt{L_{X_C}}+\sqrt{\frac{1}{a}L_{XT}}-(L_{XC}+L_{XT})$$

效用最大化时，由U对L_{XC}、L_{XT}求导并令导函数为0，可得：

$$L_{XT}=\frac{1}{4a}$$

由$aY_T=X_T=L_T=\frac{1}{4a}$得：

$$Y_T=\frac{1}{4a^2}$$

$$P_Y=a=\frac{1}{2\sqrt{Y_T}}$$

此函数即为自耕农对产品Y的需求函数，此时a的值应大于1/3，否则由于产品Y过于便宜，以至于自耕农愿意投入大量的劳动L以生产产品X用来与企业家交换产品Y而导致自耕农投入的劳动总量超出每年最大劳动投入量为1单位的限制条件。

从自耕农对产品Y的需求曲线不难看出，随着产品价格a的增加，自耕农对产品Y的需求量将不断下降，趋近于0。

首先，我们考虑只有一个自耕农的情形，企业家作为产品Y的唯一供给者，可以像垄断者那样定价。由于我们假设自耕农是价格的接受者，因此，在模型中不再考虑买方垄断的问题。由于企业家生产产品 Y 所投入的土地资源 K 相对充裕而没有经济成本，而投入的劳动 L 对总效用的边际影响是不变的，恒定为 1，而根据效用函数中的假定，产品 X 的消费量较小的情况下，其边际收益是很高的，在产品 X 的消费量小于1/4时，其边际效用大于 1；从企业家角度看，是在用边际效用成本固定为 1 的产品 Y 交换边际效用收益逐渐减少的产品 X，因此，对于企业家来说，应该尽量充分利用垄断定价带来的优势，用产品 Y 换得更多的产品 X。此时，企业家定价的行为类似于垄断市场上的垄断者，定价过低会导致用太多的产品 Y 换到较少的产品 X，而企业家自己也能生产产品 X，因此不用担心交换的产品 X 的数量不足的部分，定价过高意味自耕农因为不经济而不愿意交换足够的产品 X，因此，一个类似利润最大化的求解方式能得到企业家的利润最大化定价。在这里，可以认为产品 Y 的边际成本 $MC = P_{L_T} = 1$。

作为垄断者的企业家其收益函数为：

$$R = P_{Y_T} \times Y_T = \frac{1}{2\sqrt{Y_T}} \times Y_T = \frac{1}{2} \times \sqrt{Y_T}$$

边际收益

$$MR = R'_{Y_T} = \frac{1}{4\sqrt{Y_T}}$$

与常识相符，随着产品 Y 供给量的增加，其边际收益递减。当边际收益等于边际成本时，有：

$$MR = MC$$

$$\frac{1}{4\sqrt{Y_T}} = 1$$

$$Y_T^* = 1/16$$

企业家效用最大化时的产品 Y 的市场供应量为 $Y_T^* = 1/16$。企业家和自耕农的各项经济指标如表 7-4 所示。

表 7-4 企业家和单个自耕农形成的市场均衡结果

大类	细 类	企业家	自耕农
效用面	总效用	9/16	3/8
	X 的消费量	1/4	1/4
	Y 的消费量	1/4	1/16
	L 总的投入量	7/16	3/8
生产面	X 的产出量	1/8	3/8
	Y 的产出量	5/16	0
	用于贸易的 X 的产出量	0	1/8
	用于贸易的 Y 的产出量	1/16	0
	用于生产 X 的劳动投入	1/8	3/8
	用于生产 Y 的劳动投入	5/16	0
贸易面	X 的进出口情况	进口 1/8	出口 1/8
	Y 的进出口情况	出口 1/16	进口 1/16
	产品 Y 与 X 的交换比例	1:2	1:2

从表 7-4 可以看出，企业家出售产品 Y 比简单的自耕农技术选择模型中的自耕农自己生产 X 和 Y 自己消费时的 1/2 有所提高，企业家从贸易中获得好处，与不贸易的时候相比，企业家通过贸易节省了 1/16 单位的劳动投入。从自耕农的角度看，与自耕农型经济人模型中自耕农只生产产品 X 时相比，自耕农的总效用有所提升，由不贸易时的 1/4 提高到贸易后的 3/8，自耕农用增加 1/2 单位劳动的代价换得了 1/16 单位的产品 Y。正如亚当·斯密的理论所阐述，贸易对自愿参与的双方都有好处。

单个自耕农对产品 Y 的需求曲线为：

$$P_Y = \frac{1}{2\sqrt{Y_T}}$$

那么，n 个自耕农的需求加总形成的市场需求为：

$$TY_T = \sum_{i=1}^{n} Y_i = nY_T = \frac{n}{4{P_Y}^2}$$

式中，TY_T 表示市场对产品 Y 的总需求，Y_T 表示单个自耕农对产品 Y 的需求，此时两者不再相等。

市场需求曲线为：

$$P_Y = \frac{\sqrt{n}}{2\sqrt{TY_T}}$$

在新的市场需求曲线下，企业家对产品 Y 的定价以及产量决策将随着 n 的变化而发生变化。在本模型的假定情况下，企业家的决策可以分为三个阶段。

第一阶段：在一个自耕农的情形下，企业家通过自己生产产品 X 作为贸易获得的产品 X 的补充，类似于在患者较少的乡村，乡村医生同时也自己种地时的情况。而在我们通常的印象中，企业应该是专业化生产的，也就是专业化地进行产品 Y 的生产，类似于城市里医院的情况，医生们可以完全依靠行医的收入作为收入的核心来源。显然，在我们的模型中，随着自耕农数量的增多，企业家也将会通过贸易获得更多的产品 X，从而实现专业化生产。

表 7-5　两个自耕农时的企业家和典型自耕农的市场均衡结果

大类	细　类	企业家	典型自耕农
效用面	总效用	5/8	3/8
	X 的消费量	1/4	1/4
	Y 的消费量	1/4	1/16
	L 总的投入量	3/8	3/8
生产面	X 的产出量	0	3/8
	Y 的产出量	3/8	0
	用于贸易的 X 的产出量	0	1/8
	用于贸易的 Y 的产出量	1/8	0
	用于生产 X 的劳动投入	0	3/8
	用于生产 Y 的劳动投入	3/8	0
贸易面	X 的进出口情况	进口 1/4	出口 1/4
	Y 的进出口情况	出口 1/8	进口 1/8
	产品 Y 与 X 的交换比例	1:2	1:2

如表 7-5 所示，在我们的模型参数的设定条件下，两个自耕农时，企业家正好实现专业化生产。与一个自耕农时的计算方法相同，可以求得两个自耕农时，企业家和自耕农在市场均衡时的经济指标。相比一个自耕农时的情况，企业家生产了更多的产品 Y，同时不再生产产品 X。

此时，价格不变，而自耕农的效用和生产，交易情况和之前一个自耕农时一样。

值得特别注意的是，此时产品 X 带来的边际效用

$$MU'_X = \frac{1}{2\sqrt{X}} = 1$$

需要考虑这样一种情况，随着产品 X 的消费量逐渐提高，其边际效用逐渐下降，可能会低于企业家投入劳动生产产品 Y 的负的边际效用，在本书中将其称为边际效用成本。在这种情况下，企业家在为产品 Y 定价时，最大量的获得产品 X 未必能实现企业家的利润最大化，当产品 X 带来的边际效用收益小于生产产品 Y 的边际效用成本时，企业家会提高价格，用更多的产品 X 的量来对其降低了边际效用作出弥补。

第二阶段，在我们的模型中，当第三个自耕农进入市场时，企业家已经实现了专业化生产，同时产品 X 的边际效用已经与劳动投入的边际效用成本相等，此时，企业家将会调整产品 Y 的价格，以保证效用最大化。

此时企业家的效用函数为：

$$U = \sqrt{X} + \sqrt{Y} - L$$

由于此时实现了专业化生产，企业家的所有的产品 X 均来自市场，有 $X = P_Y \times TY_T$；此时，企业家消费的产品 Y 仍将保持自给自足，因此仍为 1/4；企业家的劳动投入量 $L = L_T + L_C$；其中，L_T 为生产用于贸易的产品 Y 投入的劳动，L_C 为生产企业家自己消费的产品 Y。此时效用函数可以化为：

$$U = \sqrt{P_Y \times TY_T} + \sqrt{1/4} - (L_T + L_C)$$

因为市场需求曲线为：

$$P_Y = \frac{\sqrt{n}}{2\sqrt{TY_T}}; \quad TY_T = \frac{n}{4P_Y^{\ 2}}; \quad L_T = TY_T; \quad L_C = 1/4$$

此时：

$$U = \sqrt{P_Y \times \frac{n}{4P_Y^{\ 2}}} + \sqrt{1/4} - (\frac{n}{4P_Y^{\ 2}} + 1/4)$$

可以求出当 U 最大化时，企业家的定价

$$P_Y^* = \sqrt[3]{4n}$$

基于定价，我们可以计算出随着自耕农数量变化，企业家和自耕农的经济指标的变化。

表 7-6 反映了自耕农数量从 2 增加到 16 时企业家和自耕农的部分经济指标的变化情况。

表 7-6　多个自耕农时的企业家和典型自耕农的市场均衡结果

自耕农	企业家情况					自耕农情况			
n	企业家总效用	X 的消费量	L 总的投入量	X 的进出口情况	Y 的进出口情况	产品 Y 用产品 X 标价	典型自耕农的 Y 的进口量	自耕农劳动投入量	自耕农的效用
2	0.6250	0.2500	0.3750	0.2500	-0.1250	2.0000	0.0625	0.3750	0.3750
3	0.6793	0.3276	0.3931	0.3276	-0.1431	2.2894	0.0477	0.3592	0.3592
4	0.7225	0.3969	0.4075	0.3969	-0.1575	2.5198	0.0394	0.3492	0.3492
5	0.7590	0.4605	0.4197	0.4605	-0.1697	2.7144	0.0339	0.3421	0.3421
6	0.7908	0.5200	0.4303	0.5200	-0.1803	2.8845	0.0300	0.3367	0.3367
7	0.8194	0.5763	0.4398	0.5763	-0.1898	3.0366	0.0271	0.3323	0.3323
8	0.8453	0.6300	0.4484	0.6300	-0.1984	3.1748	0.0248	0.3287	0.3287
9	0.8691	0.6814	0.4564	0.6814	-0.2064	3.3019	0.0229	0.3257	0.3257
10	0.8912	0.7310	0.4637	0.7310	-0.2137	3.4200	0.0214	0.3231	0.3231
11	0.9119	0.7790	0.4706	0.7790	-0.2206	3.5303	0.0201	0.3208	0.3208
12	0.9314	0.8255	0.4771	0.8255	-0.2271	3.6342	0.0189	0.3188	0.3188
13	0.9498	0.8707	0.4833	0.8707	-0.2333	3.7325	0.0179	0.3170	0.3170
14	0.9673	0.9148	0.4891	0.9148	-0.2391	3.8259	0.0171	0.3153	0.3153
15	0.9840	0.9579	0.4947	0.9579	-0.2447	3.9149	0.0163	0.3139	0.3139
16	1.0000	1.0000	0.5000	1.0000	-0.2500	4.0000	0.0156	0.3125	0.3125

从表 7-6 中可以看出，产品 Y 的价格不断增加，企业家的效用不断提高，典型自耕农的效用则越来越低。显然，在垄断市场上，市场规模越大，越有利于企业家而不利于单个的自耕农。

第三阶段，随着自耕农的数量不断增加，一方面企业家不断地提高产品 Y 的价格，另一方面产品 Y 的供给量也在缓慢地增长，一个比较重要的节点是当企业家把产品 Y 的产量增加到 1 的时候，由于我们的模型假设企业家只有 1 单位的土地资源和劳动力用于生产，且不能通过租赁土地和雇用其他自耕农的方式扩大生产规模，因此，企业家生产产品 Y

的产量上限为 1。在我们的模型中，当第 432 个自耕农进入市场时，产品 Y 的产量首次达到 1，之后，随着自耕农的进一步增加，再想扩大产品 Y 的市场供给就只能减少企业家自己的产品 Y 的消费量。显然，此时对企业家来说产品 X 的边际效用远远低于产品 Y 的边际效用，并且随着增加产品 X 的消费，产品 X 的边际效用将继续减少，同时减少产品 Y 的消费还会进一步增加产品 Y 的边际效用。因此，在这个节点之后，企业家提高产品价格的速度会加快，随着产品市场上产品 Y 的供给无限趋近于 1，产品 Y 的价格将趋近于正无穷。

和前两个阶段的情况不同，当企业家生产的产品 Y 产量达到 1 时，企业家的需求函数为：

$$U=\sqrt{P_Y \times Y_T}+\sqrt{1-Y_T}-(1)$$

由于 $Y_T=\dfrac{n}{4P_Y^{\ 2}}$，在企业家效用最大化的约束下，可以求出价格与自耕农数量的关系：

$$P_Y^{\ 3}-\frac{n}{4}P_Y-4n=0$$

根据一元三次方程的求根公式，可以得到该方程的解：

$$P_Y=\sqrt{\frac{n}{12}}\left[\cos\left(\frac{\arccos\left(-13\sqrt{3/n}\right)}{3}\right)+\sqrt{3}\sin\left(\frac{\arccos\left(-13\sqrt{3/n}\right)}{3}\right)\right]$$

从上式可以看出，当 n 趋于无穷大时，产品 Y 的价格 P_Y 趋于无穷，产量 Y_T 趋于 1。

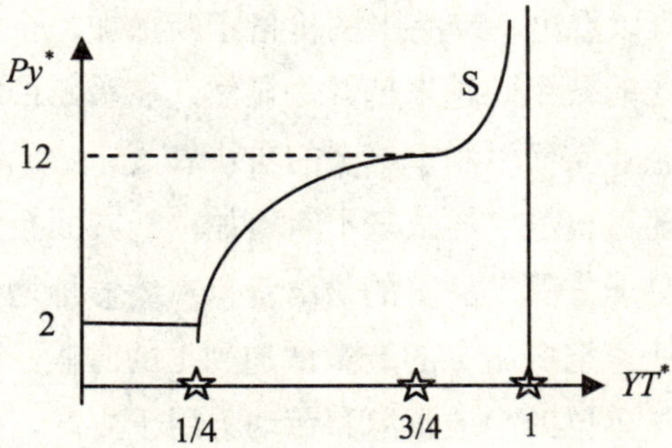

图 7-3

由图 7-3 可以看出，随着产品 *Y* 的均衡供给量的增加，产品 *Y* 的价格变化可以划分为三个阶段：

第一阶段，企业家不断专业化，产品 *X* 生产得越来越少，产品 *Y* 生产得越来越多，直到完全专业化。在这个阶段，企业家通过交换获得的产品 *X* 边际效用虽然也递减，但仍然高于为生产产品 *Y* 而投入的劳动带来的边际效用成本，企业家愿意最大限度地获得产品 *X*，因此在定价的时候像典型的垄断厂商那样希望用尽可能少的产品 *Y* 获得最大量的产品 *X*。

第二阶段，产品 *Y* 的产量扩大，价格缓慢上升，价格不断提高。同时，企业家生产越来越多的 *Y* 直到不得不减少自己的产品 *Y* 的消费。在第二阶段，企业家消费产品 *X* 的边际效用已经低于生产产品 *Y* 所要投入的边际效用成本。此时，需要更高的价格才能弥补产品 *X* 和产品 *Y* 之间的效用差。

第三阶段，产品 *Y* 产量缓慢增长，价格急剧上升。在这一阶段，企业家已经投入了所有的劳动用于生产 *Y*，继续增加产品 *Y* 的销售需要减少自己消费产品 *Y* 的数量。此时，企业家的定价需要考虑由于减少产品 *Y* 的消费而导致的效用损失。

2. 企业家的产量扩张模型

在新产品市场化模型中，我们考察了不同市场规模对市场均衡结果的影响，同时假定了企业家不能通过租用土地和劳动力的方式扩大生产规模，从而限制了产品 *Y* 生产规模的扩张。在本模型中，我们考虑放松这一假定的情况，即当企业家可以通过租用土地和雇用劳动扩大生产规模时，市场均衡结果会发生怎样的变化。

假设 1：在我们的模型世界中，只有企业家和自耕农两种经济主体。现在要引入兼并，我们可以把兼并理解为企业家通过租用自耕农的土地和劳动力扩大产品 *Y* 的生产。此时，被企业家雇用的自耕农成为了一种新的职业，即自带土地的工人，同时我们假设成为工人的自耕农不再生产产品 *X*，企业家把产品 *X* 作为工资支付给工人，工人虽然在企业家的管理下生产产品 *Y*，但也需要在市场上用产品 *X* 来购买产品 *Y*。这样，由于将工人引入了模型，也就将要素市场引入了模型。在要素市场上，企业家是工人劳动（和土地资源）的购买者。

假设 2：考虑到交易成本和企业家管理能力的限制，我们假设企业家每期只能雇用一个自耕农成为工人。

假设 3：自耕农的总数不变，保持为 n。该假设意味着企业家增加工人将导致生产产品 X 的自耕农的减少。在产品 Y 的价格水平不变的情况下，将减少企业家通过交换获得产品 X 的总量。

由于在本模型中，工人和自耕农在能力方面没有任何差别，因此，工人实现的个人效用应该和自耕农相同。因为，如果工人的收入太低以至于效用低于自耕农，那么没有人会接受企业家提供的工作。反之，如果工人实现的效用高于自耕农，那么其他的自耕农将愿意接受更低的工资来提供同样的劳动力。

因此，可以通过自耕农和工人的均衡效用相等来计算工人的工资水平。自耕农的效用函数为：

$$U_A = \sqrt{X_A} + \sqrt{Y_A} - L_A$$

其中 U_A 表示自耕农的效用，X_A 表示自耕农消费的产品 X，Y_A 表示自耕农消费的产品 Y，L_A 表示自耕农投入的劳动总量。与之前的模型相似，$X_A = 1/4$，$P_Y \times Y_A = L_A - 1/4$。

此时，

$$U_A = \sqrt{1/4} + \sqrt{\frac{L_A - \frac{1}{4}}{P_Y}} - L_A$$

效用最大化时，即 $U'_{A_{L_A}} = 0$ 时，

$$L_A = \frac{1}{4P_Y} + \frac{1}{4}$$

可得：

$$U_A = \frac{1}{4P_Y} + \frac{1}{4}$$

此时，工人的效用函数为：

$$U_C = \sqrt{X_C} + \sqrt{Y_C} - L_C$$

其中U_C表示工人的效用，X_C表示工人消费的产品X，Y_C表示工人消费的产品Y，L_C表示工人投入的劳动总量。由于工人通过劳动换取产品X作为工资，之后再用工资的一部分在市场购买产品Y，因此总收入等于总消费。

$$P_L \times L_C = X_C + Y_C \times P_Y$$

可得：

$$U_C = \sqrt{X_C} + \sqrt{Y_C} - \frac{X_C + Y_C \times P_Y}{P_L}$$

当工人效用最大化时，可以用U_C对X_C和Y_C求导数，得：

$$X_C = \frac{1}{4} P_L^{\ 2}$$

$$Y_C = \frac{1}{4} \frac{P_L^{\ 2}}{P_Y^{\ 2}}$$

效用函数可以化为：

$$U_C = \frac{1}{4}\left(P_L + \frac{1}{P_Y} \right)$$

由于自耕农和工人的效用相等，可得：

$$U_A = \frac{1}{4P_Y} + \frac{1}{4} = U_C = \frac{1}{4}\left(P_L + \frac{1}{P_Y} \right)$$

$$P_L = 1$$

根据推导，可知企业家在为劳动定价时，可以按照1单位劳动支付1单位产品X的工资水平定价。由于一个自耕农生产产品X的生产函数也是1单位劳动生产1单位产品X，因此，对于一个自耕农来说，自己生产产品X在市场上交换Y和作为工人为企业家生产产品Y并获得工资是无差异的。

此时

$$U_C = L_C = \frac{1}{4P_Y} + \frac{1}{4}$$

工人会投入的劳动量取决于产品Y的市场价格。价格越高，工人愿意投入的劳动量越少。

当企业家可以用$P_L = 1$的工资水平来雇用工人扩大生产时，用一单

位产品 X 的成本雇用工人生产 L_C 单位的产品 Y，显然，出售这些产品 Y 可以获得远超出作为工资成本的产品 X 的数量，对企业家来说，雇用生产是有利可图的。

当考虑企业家的雇用行为时，企业家面对的市场规模是一个很重要的影响因素。根据新产品市场化模型中的情形，随着市场规模的扩大，企业家逐渐实现了专业化，当企业家的产能达到极限后，价格将快速上升。在三个不同阶段企业家有不同的定价方式，因此有必要分别考察企业家在不同市场规模下的雇用决策。

在市场规模较小的时候，对应模型中 n 从 1～2 的阶段。此时，企业家在向市场提供产品 Y 的同时，也自己生产产品 X，尚未实现生产的专业化。按照模型的假设，企业家可以在要素市场上雇用唯一的自耕农生产产品 Y 支付产品 X 作为工资，同时在产品市场上以相对高的价格像工人出售产品 Y 回收部分产品 X。然而，由于工人可以选择不接受企业家的雇用，所以企业家为工人提供的总效用不可能低于自耕农时的水平。然而，自耕农转变为工人虽然增加了产品 Y 的供给，但是也减少了产品 X 的生产，因此这样做可能并不能提高企业家的总效用。

当市场规模较大的时候，对应模型中 n 从 2～432 的阶段，此时企业家实现了专业化生产，产品 Y 的市场价格较高。企业家通过雇用工人，适当降低产品 Y 的价格，增加产品 Y 的销售量，可以实现效用的增加。

与之前的情况不同，当企业家生产的产品 Y 产量达到 1 时，企业家的效用函数为：

$$U=\sqrt{X}+\sqrt{Y}-L$$

其中 $X=P_Y\times Y_T-mP_L\times L_C$，企业家消费的产品 X 等于销售产品 Y 获得的收入 $P_Y\times Y_T$ 与支付给工人的工资的差额，考虑雇用 m 个工人的情况，$mP_L\times L_C$ 表示工人的总工资，其中 $P_L=1$；$L_C=\dfrac{1}{4P_Y}+\dfrac{1}{4}$。$Y=Y_{BC}+mY_C-Y_T$；企业家自己生产的产品 Y_{BC} 加上工人生产的产品 mY_C 是产品 Y 的总产量，减去在市场上出售的产品 Y_T 就是企业家消费的产品 Y 的量。企业家此时只生产产品 Y，随着雇用工人的数量增加，企业家自己生产的产品 Y 将越来越少。企业家的效用函数可以化为：

$$U=\sqrt{P_Y\times Y_T-mP_L\times L_C}+\sqrt{Y_{BC}+mY_C-Y_T}-Y_{BC}$$

式中的$Y_T=\dfrac{n}{4P_Y{}^2}$，$L_C=Y_C=\dfrac{1}{4P_Y}+\dfrac{1}{4}$。效用函数可以化为：

$$U=\sqrt{P_Y\times\frac{n}{4P_Y{}^2}-m\left(\frac{1}{4P_Y}+\frac{1}{4}\right)}+\sqrt{Y_{BC}+m\left(\frac{1}{4P_Y}+\frac{1}{4}\right)-\frac{n}{4P_Y{}^2}}-Y_{BC}$$

此时，令U对Y_{BC}求导等于可以求得效用最大化时

$$Y_{BC}=\frac{1}{4}-m\left(\frac{1}{4P_Y}+\frac{1}{4}\right)+\frac{n}{4P_Y{}^2}$$

效用函数进一步化为：

$$U=\sqrt{P_Y\times\frac{n}{4P_Y{}^2}-m\left(\frac{1}{4P_Y}+\frac{1}{4}\right)}+\sqrt{\frac{1}{4}}-\left[\frac{1}{4}-m\left(\frac{1}{4P_Y}+\frac{1}{4}\right)+\frac{n}{4P_Y{}^2}\right]$$

这时得到了产品Y的定价和企业家效用的关系。令U对P_Y求导等于0，理论上可以得到一个n和m作为参数的一元三次方程。通过解方程，可以得到用n和m表示的P_Y。

由于计算比较复杂，在这里我们只对企业家雇用工人的情况进行定性的讨论。如果市场规模很大，企业家已经投入了所有的劳动力，产品Y的产能达到了极限，也就是市场化模型的第三阶段，此时，从消费产品X、产品Y和劳动的边际效用情况看有：

$$MU_X<MU_L<MU_Y=MU_{Y\times P_Y}$$

当企业家获得了更多的产品Y时，首先企业家将按比例地增加产品Y的消费和出售，使增加的产品X和产品Y的消费带来的效用增加相等。这个过程持续到产品Y的消费增加到1/4时。此时，进一步增加工人对产品Y的生产，将允许企业家减少劳动投入。在这个过程中，企业家不会增加产品Y的消费，直到企业家自己的劳动投入下降到0。之后，进一步增加工人对产品Y的生产，企业家将再次在保持产品X和产品Y消费的效用增量相等的条件下，同时增加产品Y的消费和出售，这个过程持续到产品市场上的边际效用收益等于边际效用成本，作为一个垄断厂商，产品市场上产品Y的均衡价格将高于边际效用成本。

从消费者的角度看，随着产品 Y 的生产规模扩大，消费者可以用更低的价格购买到更多产品 Y，产业的扩张是一个有利于消费者的过程。

在前面的模型中，我们假定自耕农直接获得了产品 Y 的新技术。产品 Y 相对于产品 X 来说是一种全新的产品，增加产品 Y 的消费并不会影响消费者消费产品 X 获得的效用。然而，这只是新技术诸多可能情形中的一种。根据熊彼特对技术创新的定义，新技术可能对应多种情况。熊彼特划分了创新的五种类型。借鉴熊彼特的创新分类，从生产函数的形式出发，可以将技术创新分成三类。一个典型的生产函数包括三个要素，即投入、产出、生产工艺。而这三个要素的变化都可以实现利润的增加，下面我们就分别讨论三类技术创新。

第一类技术创新，通过增加有效产出实现技术创新。这里所强调的增加有效产出特指在生产函数的投入和产品都不发生明显变化的情况下，通过减少无效的劳动和资源的浪费来提高生产效率，增加有效产出。如同亚当·斯密在制针工厂的案例中所描述的，一个工人专门从事一项工作，就可以减少在多项工作间频繁转换造成的时间浪费。即使扣针的投入品和扣针本身的质量都无明显变化，只是通过减少了不必要的损失就提高了生产率。从生产函数的角度看，投入的人力、工具和材料都没有发生变化，产出的扣针质量没有明显变化，但扣针的产量却得到了大幅度的提升。这种变化将通过函数形式的变化体现出来。

改进工具比通过分工提高效率的情况更为复杂，当新的生产工具引入生产过程时，必然伴随着投入品的变化。如果新生产工具的引进不显著增加生产成本，如工人自制了手工工具用于辅助生产，那么改进工具和分工在提高生产率的效果方面作用是接近的。但如果新工具本身成本很高，如将蒸汽机引进纺织作坊，那么，这种情况将更接近第二类技术创新。事实上，不同类型的技术创新之间并没用绝对的界限。在一项技术创新中，一般情况下，生产工艺、投入和产出会同时发生变化，只是有些变化对经济上的成本和收益没有显著影响，因而可以忽略。

第一类技术创新可以用如下两个生产函数表示：

原生产函数： $X_1=F_1(K, L_1)$

新生产函数： $X_2=F_2(K, L_2)$

第二类技术创新，通过引入廉价要素实现技术创新。在不改变产品质量的情况下，能够用充足廉价的生产要素代替昂贵稀缺的生产要素，可以实现利润的显著提升，一个典型的例子是胶合板代替实木板材生产门，用实木板材制作门成本相对高昂，而将胶合板替代实木板没有明显的改变门的质量，但是有效地降低了生产成本。

原生产函数：　　　$X=F(K1, L)$

新生产函数：　　　$X=F(K2, L)$

生产工具的重大变化也体现为廉价要素的引入和替换。如上文提到的将蒸汽机引入纺织作坊代替手工织机的情况，投入的资本要素发生显著的变化。通过蒸汽动力代替人力可以提高生产效率，生产更多的产品，从而降低单位成本。为了强调设备的重要性，我们可以在生产函数中用E表示设备。

原生产函数：　　　$X=F(K, E_1, L_1)$

新生产函数：　　　$X=F(K, E_2, L_2)$

第三类技术创新，通过提高产品质量实现技术创新。当新产品的产品质量发生变化时，如可以实现一些新功能、获得一些新属性，可以帮助消费者实现更高程度的效用。需要特别注意的问题是新产品和旧产品之间的替代性如何，或者说新产品和旧产品之间的差异有多大。实际上，可以根据新产品和旧产品的替代性大小不同来区别根本性创新和渐进性创新。

如果新产品和旧产品的差异足够小，那么新产品和旧产品间将接近于完全替代。两种产品将像同一种产品的情形一样，存在着统一的边际效用递减的情况。例如两个品种的苹果如果差别不大，那么消费者在吃了一个苹果之后再吃第二个就会产生边际效用递减的结果。而如果这两种苹果差别足够大，那么消费两种苹果带来的效用就应该是独立的。类似在自耕农模型中，如果产品Y和产品X的差异足够大，引入产品Y后的效用函数为：

$$U=\sqrt{X}+\sqrt{Y}-L$$

与根本性创新不同，如果新产品和旧产品具有较强的替代性，则效用函数的形式应为：

$$U=\sqrt{X_1+X_2}-L$$

当一个消费者可以同时消费两种不同质量的产品，而这两种产品存在着较强的替代性时，那么消费这两种产品的次序就将影响到总效用。从理论上看，先消费高质量产品，后消费低质量产品是有利于实现效用最大化的。因此，能用高质量产品就先用高质量产品。当高质量产品问世时，消费者会优先购买高质量产品，而且由于消费者优先消费高质量产品，因此，高质量产品带来的边际效用也高，为了获得高质量产品，消费者愿意付出更高的代价，从而使高质量的产品比低质量产品价格高很多。

假设产品 Y_2 的质量比产品 Y_1 高一倍，也就是在消费相同数量的情况下，产品 Y_2 带来的效用比产品 Y_1 高一倍。那么，如果一个消费者要消费产品 Y_1 和 Y_2 各一单位，那么消费者将先消费产品 Y_2 。如图 7-4 所示，消费者的总效用为：

$$U=2\sqrt{Y_2}+\left(\sqrt{Y_2+Y_1}-\sqrt{Y_1}\right)$$

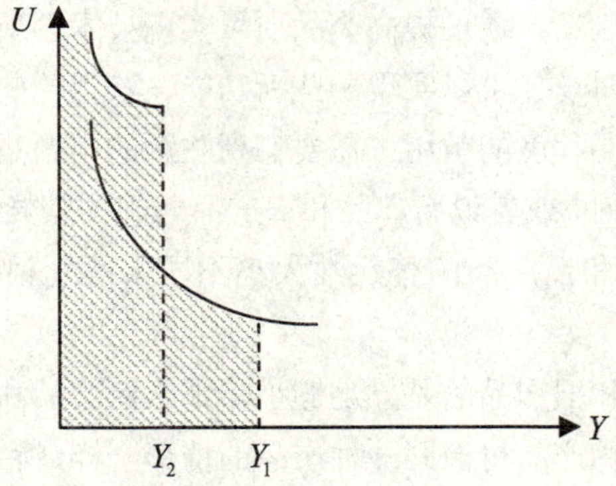

图 7-4

因此，在理论假设条件的基础上，可以认为，一旦通过渐进性创新获得了高质量产品的生产能力，那么高质量产品将会在市场上代替低质量品，这也将成为企业家进行渐进性创新研发投入的原动力。

在根本性创新和渐进性创新之外，还应该关注模仿性创新的情况。有时候人们认为模仿性创新类似“山寨”根本算不上技术创新。然而模仿确实能使一个经济人获得新技术，并且在历史上和现实中，通过这种方式实现的技术进步，可能比知识产权交易、直接投资等典型意义上的技术扩散更加源远流长和普遍存在。因此，模仿性创新也应该得到重视。

模仿性创新与渐进性创新不同，渐进性创新的前提条件是已经掌握了一种产品的生产技术，要在已有的生产技术的基础上进行升级和完善。模仿性创新则不具备相应的技术基础。同时，模仿性创新也与根本性创新不同，根本性创新没有成功的案例可以借鉴，而模仿性创新允许对成功的根本性创新进行观察，从而降低研发失败的风险。舒尔茨在《改造传统农业》中指出，新技术的扩散速度主要由潜在收益决定。本书认为更重要的是要重视“等待”的作用，“等待”而不是立刻开始投资于“研发”可以更多地对其他企业进行观察，收集更多的信息，从而降低研发的风险。Everrett M. Rogers 在《创新扩散》（*Diffusion of Innovations*）中指出，美国农民在采用一项新的农业技术时会经历认识、说服、决定、实施、证实五个阶段。通过各种不同渠道获得技术的相关信息在模仿创新过程中非常重要。观察可以降低研发失败的风险，但要获取新技术最终还是要付诸实践的检验，而这个实践检验的过程也就是模仿创新中的研发过程，我们可以称这个过程为模仿。那么，模仿性创新可以分成观察和模仿两个阶段。模仿性创新要进行的研发也仍然存在着不确定性和研发成本，一般来说，模仿性创新的研发成本会远低于根本性创新的研发成本。

三、产业研发规模的影响因素分析

在我们的模型中，经济主体包括企业家、工人、自耕农三类。经济主体间的区别在于掌握的资源、技术以及从事的工作不同。因此，不同经济主体面对的生产和研发活动的选项不同，如表 7-7 所示。

表 7-7　经济主体的生产研发行为选择表

经济主体	生产活动	模仿性创新	渐进性创新	根本性创新
自耕农	生产产品 X	研发模仿产品 Y		研发产品 Z
企业家	生产产品 X，Y		升级产品 Y_2	研发产品 Z
工人	生产产品 Y	研发模仿产品 Y		研发产品 Z

如果关注不同经济主体在研发选择差异上的细节，以下几点可能具有普遍的意义。

第一，工人由于参与到产品 Y 的生产中，通常会比自耕农更了解产

品 Y 的生产技术，因而模仿创新更加便利。但是一般来说工人无法掌握企业家生产产品 Y 的所有技术，要独立地生产产品 Y 仍然需要进行研发。

第二，企业家对于产品 Y 的渐进性创新可能是为了提高生产效率，也可能是准备通过引入廉价要素降低生产成本而不一定就是为了提高产品质量。实际的渐进性创新可能在不同程度上同时实现这三种目标，或者牺牲某一个目标来换得整体效益的提高。

第三，产业 Y 中的企业对产品 Z 的根本性创新也应该视为产业 Y 中的研发。从历史经验的角度看，新的产业总是从已有的产业中孕育并独立出来。因此新产品 Z 在研发的早期很可能被看作是产业 Y 的一部分。例如制造业在没有实现产业化之前是农业的一部分，农民自己加工农具辅助农业生产，因此农民对制造技术的开发也可以算作是农业中的技术创新，直到制造农具形成一定规模，出现专业化的企业，新的产业才在观念上正式产生。

总之，如果我们只关注产业 Y 的研发情况，那么我们可以发现产业 Y 中的研发包含着自耕农、企业家和工人三类经济主体的模仿创新、渐进性创新和根本性创新三类创新方向。如果每个经济主体都是根据效用最大化原则在生产、研发之间进行资源配置方案的选择，那么，任何影响到生产成本、研发风险、现有产品的市场价格和新技术潜在收益的影响因素都会影响到经济主体的行为选择，进而影响到产业整体的研发投入，最终会长期影响产业的技术进步。

第三节 中低技术产业技术创新能力不足的原因与对策

一、中低技术产业的研发强度低于高技术产业的原因分析

根据前文的分析，中低技术产业和高技术产业之间没有本质的区别，而只是产业发展所处的阶段不同。按照模型分析的框架，中低技术产业的产业环境对应于产业 Y 的发展末期，而高技术产业对应产业 Y 发展的前期，中高技术产业则对应产业 Y 发展的中期。如图 7-5 所示：

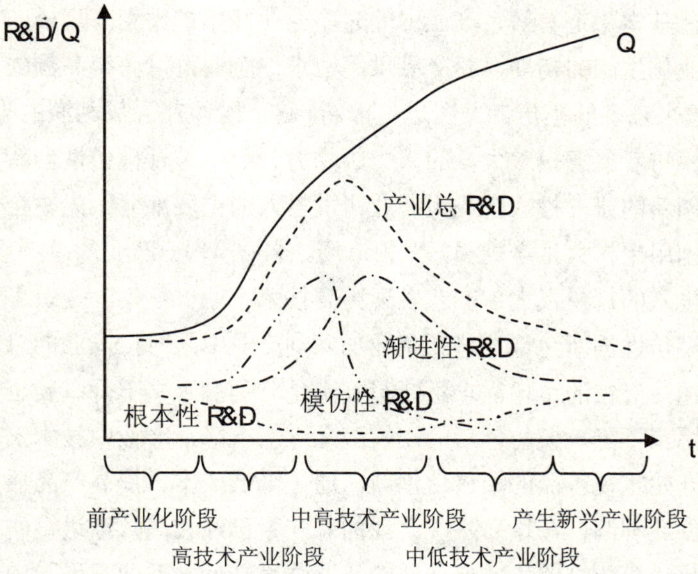

图 7-5

图 7-5 中纵轴表示研发投入规模和产品产量，横轴表示时间。图中画出了五条曲线，由上至下分别是产量线、产业的研发投入总量线、渐进性研发投入线、模仿性研发投入线和根本性研发投入线。

从产业的产量情况看，随着时间的推进，整个产业的产品总量不断增加，潜在的市场需求不断得到满足。无论市场竞争的形式如何，产品的价格和产业的利润率都将趋于下降。在产业发展初期，利润较高，产量线从较低水平快速上升，新产品迅速普及。当产量达到一定程度时，市场需求得到了很大程度的满足，企业提高产量的利润空间不大，需要市场规模的扩大才能推动产量的进一步增加。

按照创新方向的先后次序来说，首先占主导地位的是根本性创新，这个阶段可以称为前产业化阶段。此时，生产技术尚不成熟，可能存在生产成本较高、产品质量存在缺陷等情况，技术还不足以支撑大规模的产业化。在这个阶段，为数不多的产业先驱们可能为了一些存在巨大潜在需求的技术设想进行着勇敢的研发和生产尝试，研发失败的概率一般会远大于成功的概率。

当根本性创新的技术逐渐成熟，产品生产成本下降，产品质量提升，生产工艺基本稳定有效，产业中的先驱企业开始扩大生产规模。此时进入了产业化生产的初期，新产品供不应求，企业可以获得高额的利润。此时，越来越多的模仿者试图进入市场。这一阶段在高额利润的吸引下，众多的模仿者愿意投入大量的人力、物力、财力进行模仿性创新。此时模仿性创新的研发投入会成为产业研发投入的主要部分。先驱企业的主要精力则用来扩大生产规模，占领市场。这一阶段，产业的总产量较小，但研发投入的规模很大，产业表现为高技术产业。

当模仿性创新允许一些新企业加入到产业中来时，产业的总产量也不断增加，潜在的市场需求不断得到满足，利润水平下降。新企业进入产业的愿望下降，模仿创新的规模随之逐渐下降，产业中技术实力较强的企业开始重视产品的渐进性创新，通过降低成本，提高产品质量争夺市场，创造利润。在这一阶段产业的总产量已经较高，渐进性研发的重要性会超过模仿性的研发，产业的研发强度降低，产业表现为中高技术产业。

当产量进一步扩大， 渐进性研发的预期收益下降，同时容易实现的渐进性创新已被应用，进一步实现渐进性创新的难度可能因此而不断增加。渐进性研发的总规模也会下降。在这一阶段，初级的产业技术可能已经变得公开化，模仿性研发的重要性变得可以忽略不计。这一阶段，产业的产量接近达到顶峰，随着渐进性研发规模的下降，产业的研发强度进一步降低，产业表现为中低技术产业。同时，产业开始孕育新的根本性创新，新一代的产业先驱开始试图通过新的技术范式来开创新产业。

最后，根本性创新的研发投入在产业中比重越来越高，随着不断的探索，革命性的新技术的轮廓逐渐成形。人们可以预见到一个新产业从原来的产业中分离出来，或者是原来的产业将迎来第二次的发展高潮，又进入一轮新的产业技术生命周期。

从理论假设出发，可以定性地探讨理想状态下产业的技术生命周期，用来解释高技术产业和中低技术产业的研发强度差异。在现实经济中，产业的技术生命周期可能时间长短不同，有些产业可能走不完全部的生命周期历程就有新一轮的研发投入增长。加之根本性创新和渐进性创新之间没有绝对清晰的界限，因此本书所定义的产业技术生命周期的各个阶段未必能严格地在现实经济中得到反映。

同时，由于产业技术变迁往往时间较长，一个产业可能在几年甚至几十年里都处于同一个阶段，保持稳定的研发强度水平。新产业在全球的技术扩散可能需要较长的时间，发达国家的中低技术产业可能成为发展中国家的高技术产业。但是，从产业发展的历程上看，工业化早期的钢铁、纺织等当时的新兴高技术产业现在都已经成为了中低技术的传统产业。因此，本书的产业技术生命周期的观点在较长的历史时期里可以得到经验的支持。

二、中国中低技术产业研发强度低于欧洲国家的原因分析

通过中国和欧洲国家的中低技术产业的技术创新情况比较，发现欧洲的中低技术产业研发强度要高于中国的相应产业。根据本书的分析框架，中国和欧洲国家虽然处于全球化的大市场中，但仍然是两个相对独立的市场。在欧洲市场上，中低技术产业的技术水平领先于中国，中国的中低技术产业从发展历程来看是欧洲技术的模仿者。欧洲国家的中低技术产业一般通过渐进性研发推动产业发展，中国则可以享受到发展中国家的后发优势，通过引进外资等方式间接获得欧洲国家和其他发达国家、地区的较为先进成熟的技术，迅速提升产业技术水平，扩大产品产量。作为后发国家，中国的模仿性创新成本较低，也因此在产业研发强度上落后于欧洲国家，但是，随着中国经济的不断发展和产业技术水平的迅速提升，中国的研发投入规模也在迅速提高。由于中国人口更多，国内市场的一体化程度更高，并且中国已经成为世界上最主要的出口大国，获得了“世界加工厂”的称号，中国中低技术产业未来的研发强度有可能超过欧洲国家，中低技术产业的技术水平可能通过不断的研发努力最终达到全球领先的水平。

三、中低技术产业技术创新能力不足的原因分析

1. 历史原因

（1）国际原因

18 世纪自英国发起的技术革命被称为产业革命或第一次工业革命，它开创了以机器体系代替手工工具的时代。在这一时期，以纺织、钢铁等行业为代表的现今被称为中低技术产业的各个制造业部门初步确立并

得到迅速发展，“干中学”和“用中学”等形式的技术创新频繁出现在生产活动的各个环节。这种以直接从事生产活动的工程师和技术工人所推动的技术变革大多并非以科学知识为基础，并不需要或只需要应用很少的科学知识，工艺导向和试错过程对这一时期的技术创新起到了极大的推动作用。

随后的第二次、第三次工业革命，HMT 产业、高技术产业逐步取代中低技术产业的各个部门成为技术创新的主角，大型企业有组织的研发活动与公共研发机构之间密切的互动以及国家创新体系的重要性日益显现，以科学为基础、以研发为驱动的技术创新逐渐向中低技术产业扩散。相比之下，中低技术产业的技术创新表现得较为理性，大规模、激进式的技术变革已让位于小规模、渐进式的技术改造、技术引进等微小变革。传统的“干中学”、“用中学”等非研发性技术活动和增加资本品投资、应用新设备等间接 R&D 活动仍在中低技术产业的技术创新活动中占有重要地位，虽然在这一时期中低技术产业的研发投入也大为增加，但 R&D 强度远不能与 HMT 产业和高技术产业相提并论。

（2）国内原因

改革开放以来，我国的制造业发展突飞猛进，取得了长足的进步。从改革开放初期到 20 世纪 90 年代初，以轻纺工业为代表的中低技术产业迅猛发展。这些产业在我国大多属于劳动密集型的产业，对劳动力数量的需求相对超过了技术需求，从我国人口众多、科技素质普遍不高的资源禀赋特征来看，支撑这类产业发展的主要因素在于较低的人工成本。这些产业在快速发展中虽然吸收了大量的城乡就业，缓解了我国沉重的就业压力，但这种劳动密集型的产业发展模式和劳动力对技术的替代效应也在一定程度上抑制了中低技术产业内部的技术创新。在知识经济时代，这种人工成本优势是不可持续的。此后，我国制造业开始进行结构调整和产业提升，高新技术产业比重上升明显，整体实力显著增强。尽管部分劳动密集型的中低技术产业仍然维持着一定的增长速度，在制造业当中还占有相当份额，但是比重已开始下降。人工成本的上升和人口红利的减少导致近年来不断出现“用工荒”，这种用工压力也在促使各个企业重视技术创新。

2. 宏观政策因素

改革开放30多年来，我国通过积极承接国际产业转移取得了举世瞩目的变化，真正具有了现代化的意义。以1979年通过的《中华人民共和国中外合资经营企业法》为标志，我国首次以法律的形式允准了承接国外产业转移的合法性。此后，国家又相继出台了一系列政策促进产业转移。由于我国当时的低水平技术起点，在最初所承接的产业转移中，纺织、服装、食品加工等劳动密集型的中低技术产业占有相当大的比重，以“三来一补”、“两头在外”为代表的“珠三角”发展模式曾引起各地政府的争相效仿。但是，这种产业转移模式主要基于全球价值链分工，使得我国只能承担加工、组装等附加值较低的环节，由于没有核心技术，研发和营销等高附加值的环节没有掌握在自己手中，使得“珠三角”地区的制造业长期处于相对的低水平循环之中，升级路径陷于锁定状态。

20世纪90年代，美国“新经济”崛起所带来的持续性高速增长引起各国的普遍关注，我国也由此开始重视高新技术产业发展对经济的影响，积极探索一条不同于传统模式的新型工业化道路。各级政府相继出台了一些鼓励高新技术产业发展的新政策。截至目前，对高技术产业的政策扶持力度已远远超过了中低技术产业。虽然早在2002年原国家经贸委就出台了《关于用高新技术和先进适用技术改造提升传统产业的实施意见》，但是，对高技术产业的过分关注分散了政策制定者和学者们的注意力。与高技术产业的各种政策扶持相比，“以高新技术和先进适用技术改造传统产业”缺少强有力的技术和政策支持。以渐进创新、“干中学”和“用中学”等非研发性的技术活动为主要特征的中低技术产业技术创新，在政府的创新政策中仍然常常被忽视。

另一方面，近年来部分中低技术产业基于传统生产模式的种种缺陷日渐暴露，更有部分行业盲目投资，实行低水平扩张，钢铁、电解铝、铁合金、电石等高耗能、高污染的行业不同程度地出现生产能力过剩的现象。这种趋势，引起了政府部门的高度警觉，不断出台打压政策，以致于中低技术产业的技术创新和产业内部升级，处于更为不利的状态。

3. 技术因素

产业生命周期理论认为，一个产业从出现到退出经济领域，大致要经历四个发展阶段：幼稚期、成长期、成熟期和衰退期。在制造业领域，中低技术产业的各个部门大多处在产业的成熟期，生产制造技术在原有的技术体系下已非常成熟，新产品和产品的新用途开发十分困难，在这种条件下实现这些产业的根本性技术革命是十分困难的，也是不现实的。仅仅基于中低技术产业的内部力量推动的技术创新，效果毕竟有限。

在高技术的应用方面，是高技术产业化还是中低技术产业升级，国内学者对产业发展的侧重点一直存有争议。高技术产业化的结果未必能够诞生高技术产业，高技术产业的范围毕竟是有限的；中低技术产业升级的方向也不只是产业结构的调整，基于价值链的产业内升级模式同样可以实现中低技术产业的改造和提升。将高新技术和先进适用技术引入中低技术产业，以此实现中低技术产业的产业内升级，可以使中低技术产业呈现出全新的面貌。尽管高新技术和先进适用技术的商业化应用可能会获得丰厚的利润回报，但高额利润往往有高额风险相伴。将高新技术和先进适用技术引入中低技术产业，在一定程度上意味着需要颠覆原有的技术体系并构建起新的技术体系，可能会引发一系列连锁反应，其结果往往是难以预料的。在原有技术系统的基础上进行小规模的技术改造，还是引进高新技术和先进适用技术进行一场彻底的技术变革，对每个企业都是一项艰难的抉择。实践表明，只有少数实力雄厚的大型企业选择采用高新技术并成功实现了商业化应用，多数企业满足于既得利益，创新意识不强。

4. 人才资源因素

我国多数中低技术产业长期属于劳动密集型产业，人工成本优势是这些产业保持持续稳定增长的重要因素之一。但任何事物普遍具有两面性，需要一分为二地看待。人工成本较低一方面说明企业具有人工成本的比较优势，另一方面也说明该企业技术水平不高、技术人才不足。人才短缺是导致中低技术产业中的众多企业陷入“低技术陷阱”的重要原因，也是制约中低技术产业升级的瓶颈。随着国际产业转移和国内产业升级的不断深入，近年来不断出现的“用工荒”不断对原有的低人工成本模式造成冲击，使这些产业的人工成本优势难以维持，也使一些企业不得不进行产业技术升级。

熊彼特的创新理论认为，知识是财富的最终源泉，人作为知识的载体和创造者，是技术创新的主体。根据国际劳工组织的报告，劳动者的技术水平直接决定着经济发展水平。随着我国教育水平的不断提高，劳动者的知识结构有了很大改善，但总体上仍处于较低水平，在中低技术产业尤其如此。作为中低技术产业技术创新的主要推动者之一，技术工人在全部工人中的比重仍然很低，尤其是高级技师、技师和高级技工严重短缺，其社会地位和薪酬水平与所付出的劳动不太相符，成为制约中低技术产业技术创新的一大瓶颈。在高技术竞争时代，信息技术以不同方式渗透到各个产业，中低技术产业的人才需求也相应发生了很大变化。中低技术产业要实现可持续发展，不仅需要大量的技术人才和技术工人，也需要管理人才和复合型人才，拥有合理的人力资源结构对企业发展十分重要。虽然近年来人才总量的供给不断增加，但面对不断变化的人才市场需求，供需的结构性矛盾也日益突出。

5. 观念因素

（1）对技术创新存在误区

OECD 对高技术产业的界定旨在研究高技术产业对经济增长的贡献，但产业技术分类的唯一界定指标 R&D 强度往往被误用于识别创新。高技术产业以其较高的 R&D 强度被认为是高度创新的，中低技术产业由于 R&D 强度较低被认为是创新程度较低或不存在技术创新。基于这种误导，中低技术产业的许多非 R&D 活动都被错误地排除在技术创新之外，中低技术产业的创新潜力被人为地严重低估了。

（2）将中低技术产业视为“夕阳产业”

在迈向知识经济的过程中，产生、使用和吸收新知识的能力逐渐被视为经济成功和社会发展的关键。在这一背景下，西方传统智慧将高技术、研究密集型和以科学为基础的产业视为未来经济繁荣的关键驱动力。这些产业被视为高尖端产品的主要来源，在别处难以模仿。而非研究密集型产业，即所谓的中低技术产业，被视为“衰退产业”或“夕阳产业”，对未来的经济增长贡献很少，在产业结构高级化过程中只能消亡。因此，西方一些学者认为，工业化国家应集中于促进高技术制造业和高技术服务业的发展，不要在工业化初期就已出现的产业上浪费金钱、时间和精力。

（3）将产业升级仅仅理解为产业结构调整

人们对产业升级的认识往往是片面的，一般理解为国家宏观经济层面的产业结构调整。实际上，产业升级包括产业间升级和产业内升级，产业间升级即产业结构升级只是产业升级的一种形式。一般认为，产业间升级是指不同产业此消彼长的替代过程，产业内升级是指同一产业成长发展的进步过程。从国家宏观经济结构的角度考虑，各级政府更关注产业结构的升级。降低农业比重，控制工业总量、适度降低第二产业比重，加快服务业发展，一直是产业结构调整升级的基本目标。在制造业内部，强调加快高技术产业发展。基于对产业升级和产业生命周期理论的简单理解，产业升级被视为高技术产业和新兴产业取代中低技术产业和传统产业的过程。中低技术产业的产业内升级在一定程度上被政府和学者们忽视了。

四、提升中低技术产业技术创新能力的对策

1. 重新认识中低技术产业对经济的作用

PILOT 分析表明，在产业结构的技术密集性和整个经济的增长水平之间没有发现任何直接联系的证据——发达经济体并不等于高增长经济体，不同的经济体可以通过不同途径实现经济增长。尽管 OECD 国家正在经历一场结构性的革命，新的经济部门不断出现，也有一些部门消失，但并不能解释实际发生的经济增长过程。增长不是主要基于新部门的创造，而是基于现存部门的内部变革，基于这种认识，中低技术产业的多数部门并不是所谓的“夕阳产业”①。发达经济体未来的工业增长源于 ICT 等高技术产业，也同样依赖纺织、服装、钢铁、食品加工等中低技术产业。因此，PILOT 认为不应过分强调高技术产业的作用，而忽略了发达经济体增长的主要因素。为确保发达经济体未来持续的增长前景，政策制定者需要把重点放在所有部门的创新和创造过程，而不仅仅是高技术产业。

改革开放前后，中低技术产业始终对我国的经济增长贡献巨大。近年来，随着经济发展和科技进步，世界各国的高技术产业发展迅速，中低技术产业的比重有所下降，但世界各国高技术产业增加值占 GDP 的比重仍然很低，对发展中国家而言则更低，中国 2010 年仅为 10%左右。

① 美国在线刊物企业家网站 2007 年选出 10 种 10 年内“绝迹”的产业，包括唱片行、传统底片制造商、喷洒农药飞机、同志酒吧、报纸、公用电话、二手书店、存钱罐、电话营销和电玩店。

从就业的角度看，中低技术产业虽然在吸收高技术人才方面表现不佳，但一直是吸纳普通劳动者就业的主要经济部门。目前，中低技术产业创造的产值、利税和就业机会仍远远高于高技术产业，有着庞大的规模和雄厚的基础。在今后相当长时期内，中低技术产业仍将是我国国民经济的重要组成部分，是促进经济增长的基本力量，是实现现代化的重要基础。

与 HMT 产业和高技术产业相比，中低技术产业大多属于工业化初期的传统产业，研发强度很低，不是“高新技术产业”。但是，中国目前依然是一个发展中国家，工业化远远没有完成，中低技术产业的历史使命远未终结。发展中低技术产业，要在工艺、技术、质量、管理等方面升级，即实现中低技术产业的产业内升级。从产业竞争的角度来讲，一个产业无所谓高低，最具有竞争力的企业不一定属于高技术产业。可口可乐不是一种高端饮品，但可口可乐公司却誉满全球。同样从事服装生产，意大利和法国的时装引领时尚潮流，利润颇丰。用高新技术和先进适用技术改造中低技术产业，大力推进中低技术产业优化升级，充分发挥比较优势，积极参与国际产业分工，对于提高我国国民经济的运行质量和效益，实现综合国力持续增强有着重要的现实意义和深远的历史意义。

2. 重新认识中低技术产业与高技术产业之间的共生关系

鉴于目前与发达经济体的现实差距，我国的很多产业需要升级，但升级并不意味着国家不再需要技术含量低、劳动密集的中低技术产业。一方面，市场需求本来就是多元、多层次的，有高端需求也有低端需求，发达经济体的高技术产业在本国具有比较优势，但仍需大量进口初级产品；再者，中国目前依然是一个发展中国家，工业化远远没有完成，中低技术产业仍将在经济发展中发挥其比较优势。在此意义上，我国并不存在夕阳产业。我国需要全方位的产业发展，也需要全方位的产业升级，产业升级的本质不仅仅是生产技术的升级，不能把产业升级狭隘地理解为仅仅是用所谓的高技术产业替代低技术产业。

PILOT 也认为，制造业发展不是批量地以新部门取代旧部门的结构调整，也不是以新技术取代旧技术。改革过程虽是部门和技术系统的结构调整，但产业内部的转变也同样重要。未来欧洲的工业发展并不取决于在高技术产业与 LMT 产业之间如何选择，所有这些制造业部门都有着千丝万缕的联系。中低技术产业作为高技术部门的客户，其生产设备的更新、改造、升级和资本投资是高技术产业拓展营销渠道的一个重要方向；高技术产业的许多产品引入中低技术产业，以间接 R&D 的形式将“已获得的技术”成功扩散到这些产业。这两类产业之间的互动意味着高技术产业的发展将不可避免地与仍然具有活力的 LMT 产业相联系，这种共生关系往往被忽视。

3. 重新认识中低技术产业中的技术创新

随着第三次科技革命的到来，特别是各国国家创新体系建设的不断深入和完善，各国政府和学者越来越意识到创新对经济发展的重要性。但是，由于高技术产业的飞速发展和技术创新的时代特征，他们往往侧重于高新技术产业方面，中低技术产业中的技术创新因研发强度的拖累而被忽视。

正是因为中低技术产业中的低研发强度，中低技术产业中的原创性创新较少，但这并不影响中低技术产业的发展。PILOT 的案例分析表明，许多中低技术产业的技术创新与高技术领域的知识创造活动有关，虽然这些产业本身与研发活动并无直接关联，但某些高技术领域的最新知识成果一直是这些产业的关注对象，如现代生物技术和 IT 技术。

作为第一次工业革命的“始作俑者”，纺织业是较为典型的中低技术产业之一。然而，纵观纺织业发展史，始终有高技术应用的痕迹。早在 20 世纪初，处于第二次工业革命前沿的化学纤维技术就应用于纺织面料的生产；20 世纪中叶，与塑料工业发展同步的“合成纤维”技术也渗透到纺织业领域。近年来，IT 技术、基因工程、纳米技术等前沿科技也已逐步应用于纺织业的各个环节。类似的情况也出现在食品加工业中。

PILOT 还发现，技术创新扩散的途径是复杂多变的，涉及所有的经济部门，并不只是从高新技术产业到中低技术产业那样简单的单向流动（如图 7-6 所示），还包括从中低技术产业到高新技术产业的逆向扩散过程（如图 7-7 所示）。

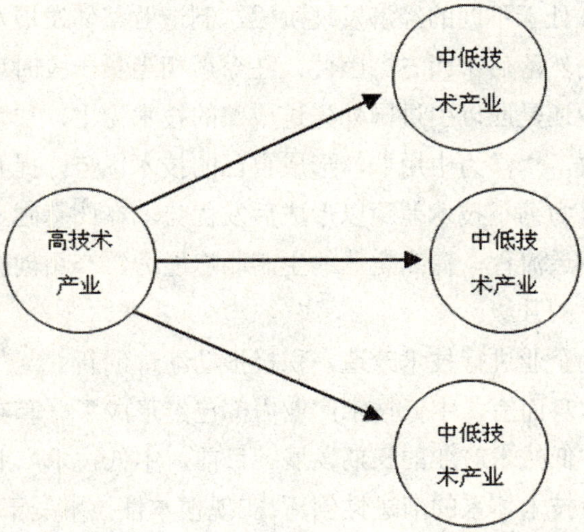

图 7-6　高技术产业的技术扩散

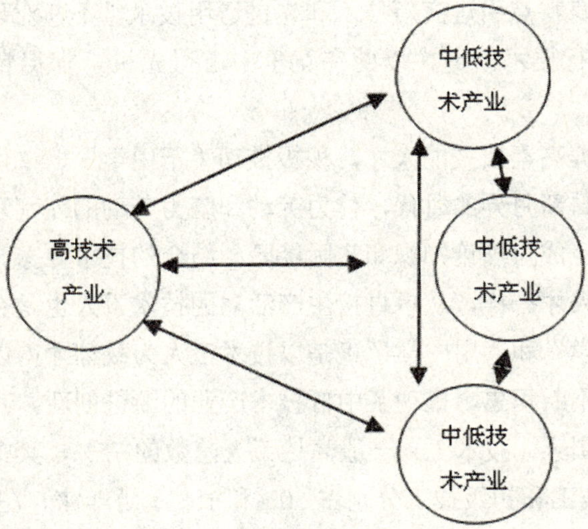

图 7-7　高技术产业与中低技术产业之间的技术扩散

4. 充分发挥比较优势，积极推动中低技术产业的技术创新

（1）积极引进、消化和吸收国外先进技术工艺

从世界范围来看，自第一次产业革命以来，中低技术产业历经几个世纪的发展，已逐渐步入成熟阶段。特别是在发达经济体，中低技术产业各种生产工艺已然定型，技术成熟且先进、产品稳定。在我国，由于

与发达经济体处于不同的经济发展阶段，制造业整体发展水平较低，中低技术产业仍然落后于西方。因此，在今后相当长一段时期内，我国的中低技术产业还是应以引进国外先进成熟的技术为主，加强对引进技术的消化、吸收，“洋为中用”，形成自己的技术优势，提升产品和制造技术水平，努力缩小技术差距以形成后发优势。在此基础上，改进现有工艺设计和制造流程，提高企业的生产制造能力、产品创新能力，推动中低技术产业的升级。

（2）鼓励企业进行技术改造，积极推动渐进创新

就产业本身而言，中低技术产业内部已经形成了一套完整的技术体系，支撑着中低技术产业的长期发展。目前，中低技术产业技术创新主要是基于现有技术体系的渐进性创新，实现根本性技术变革的几率不大。在中国，企业大多没有能力进行根本性的技术变革，相比之下，多数企业在渐进性创新方面拥有较强的比较优势。结合中国国情，应鼓励各个企业根据自身特点引进高新技术和先进适用技术，不断对现有工艺、技术、产品进行技术改造，以此在竞争中占得先机，求得自身的生存和发展。

（3）培养高素质技能人才，积极推动“干中学”、“用中学”

在科技日新月异的时代，体力劳动和脑力劳动的差别逐步淡化，许多技术工人已成为理论知识和实际经验相结合的技术专家。与科技人才和高级管理人才一样，从事直接生产活动的技术工人也是企业发展的基石，“干中学”和“用中学”正是以技术工人为载体才得以实现实践知识和技术的不断积累，推动了中低技术产业的渐进创新。

在发达国家，技术工人一般高达工人总数的75%，其中高级技工占35%，中级技工和初级技工分别占50%和15%。近年来，在北京、上海、深圳等地，“技工荒”频频出现。而我国技术工人严重缺失，高级技术人才尤其匮乏。全国7000万技术工人只占工人总数的23%，其中高级技工仅占技工总数的5%，中级技工和初级技工分别占35%和60%，并呈低学历、老龄化趋势。另外，我国技工的社会地位和薪酬水平较低，与其社会贡献存在较大反差，职业技能证书难以与一般的学历证书相比。

培养高素质的技术工人，就是要打破重文凭轻技能的观念，积极培养和善待这些技术人才。要以合理的薪酬吸引和留住技术工人（尤其是

稀缺的高中级技术工人)，有针对性地加强对技术工人的文化学习和技术培训，鼓励职工的技术创新，形成有效的激励机制，增强他们的荣誉感、自豪感和责任感。

（4）加强产、学、研结合，积极推动合作创新

在中低技术产业中，多数企业专注于生产、制造、加工和组装环节，技术研发能力极其有限，自主创新的比重更低。有些企业虽有技术创新的意愿，但限于资金、技术、人才的缺乏，只能选择放弃。因此，应积极引导政府的资源配置，加大支持产、学、研结合的力度，鼓励大学和科研机构的科技成果转化，并向企业尤其是中小企业转移。

构建公共服务平台，共享产、学、研合作的信息，促进资金、技术、人才、设备的有效对接，有效解决信息不对称。充分发挥各行业协会的优势，积极组织和推动中低技术产业的产、学、研结合。

（5）适当进行原创性创新

与高技术产业和 HMT 产业相比，中低技术产业的研发强度较低。从世界范围来看，中低技术产业技术创新的比较优势并不在研发环节，而在于非研发性的技术创新和间接 R&D 方面。因此，通过大幅提高研发强度以增强中低技术产业的技术创新能力并不是一种理性行为，在国内现有的经济条件下也是不现实的。要根据整个制造业的研发投入情况，有计划地适度提高中低技术产业整体的研发强度，进行具有前瞻性意义的原始创新。要充分发挥制造业各部门的比较优势，有所为有所不为，选择有一定研发能力的行业或企业，对其进行政策、资金、技术等方面的支持，鼓励它们进行自主研发。

后　记

历时两年多的辛勤努力，今天终于可以付梓了！

对于中低技术产业技术创新问题的研究，国内学术界研究较少，系统的研究成果更不多见。为此，我们非常庆幸在完成天津市教委重大课题“技术创新与产业发展”项目（项目号：2006ZH92）的研究之后，又能够承担国家教育部人文社科规划项目“中低技术产业技术创新与我国传统工业振兴”（批准文号 09YJA790148）研究。研究领域也从对技术创新问题的一般理论研究，到产业技术创新能力的探讨，又聚焦到中低技术产业的技术创新研究。研究内容不仅涉及“中低技术产业”、“中低技术产业的技术创新”概念，也对中低技术产业技术创新特点、技术创新方式进行了比较深入的探讨，特别是运用比较方法和案例分析法，在对中欧中低技术产业技术创新比较、中低技术产业和高新技术产业的技术创新比较研究基础上，探索了中低技术产业技术创新的规律和检验技术创新程度的指标体系，提出了我国传统技术产业振兴的对策建议，无疑对落实党的十八大提出的“推动中国传统产业振兴”有着积极的意义。虽然该问题的研究尚存在许多不足，也有诸多问题尚需要进一步探讨，但却是我们课题组成员两年来努力探究的见证，我们很珍惜几年来团队合作研究的机会。

本书能够顺利出版，得益于各位专家学者的支持和指导。特别是天津商业大学刘书瀚教授、中国人民大学的贾根良教授对研究的重点问题和研究路线的热情指导和极大帮助，为本书的研究奠定了基础。他们精深的理论修养和博大的学识功底使我受益匪浅。课题组全体成员及我的研究生认真的研究态度、勇于探究的精神使我感动，他们克服了资料缺乏、数据统计不全等诸多困难，多次到北京、广东、内蒙古等地考察调研，收集了大量资料，为该项目的顺利完成创造了条件。团队成员多年来的精诚合作和研究生们的努力进取精神不得不让我在此再对他们深表诚挚的谢意！同时，本书能够顺利出版，也得益于南开大学出版社王乃合先生的大力支持，他严谨、认真的工作作风和对事业高度负责的精神令我们钦佩，在此深表敬意和感谢！

在该书的写作过程中，课题组成员分工合作，白玲承担全书总体构思、结构设计和审稿。书稿撰写由团队成员集体完成，具体分工是：刘辉群第一章；白玲、韩雷第二章、第三章；贾根良、秦升第四章；白玲、徐罂第六章；徐罂第五章、第七章，并负责全书的编辑和校对等工作。

中低技术产业技术创新是一个前沿课题，课题组的研究为分析中低技术产业技术创新的相关问题奠定了研究基础，同时也为未来的进一步研究提出了值得思考的问题。笔者认为将来可以通过理论分析进一步解释高技术产业和中低技术产业技术创新的互动关系。同时，对机械化、电气化和信息化、自动化为代表的两次技术革命和产业技术生命周期之间关系的研究等将是非常有意义的研究方向。

白 玲

2012 年 11 月于天商

参考文献

[1] Amsden, Alice H. *The Rise of the Rest: Challenges to the West from Late-Industrializing Economies*[M]. Oxford University Press, Oxford, 2001

[2] Alfred, R., and Jürgen, S. Low-tech, innovation and state aid: the austrian case [J]. *International Entrepreneurship and Management Journal*, 2006, DOI 10. 1007/s11365- 006-0028-6

[3] Bain, J. S. *Barriers to new competition* [M]. Harvard University Press, 1956

[4] Bain, J. S. *Industrial Organization* [M]. Second Edition, John Wiley and Sons, Inc, 1959

[5] Benavente, Jose Miguel, Gustavo Crespi, Jorge Katz, and Giovanni Stumpo. Changes in the industrial development of Latin America. *CEPAL Review*, 1996 (60)

[6] Branstetter, Lee, and Mariko Sakakibara. When Do Research Consortia Work Well and Why? Evidence from Japanese Panel Data. *American Economic Review* 92, no. 1: 143–59.

[7] Breschi, S., and Malerba, F. Sectoral Innovation Systems: Technological Regimes, Schumpererian Dynamics and Spatial Boundaries [A]. In Edquist, C. (ed.) *Systems of Innovation: Technologies, Organizations, and Institutions* [C]. London: Pinter, 1997

[8] Carlsson, B., and Stankiewicz, R. On the Nature, Function, and composition of Technological Systems [J]. *Journal of Evolutionary Economics*, 1991 (1)

[9] Chen, E. K. Y. Economic Restructuring and Industrial Development in the Asia-Pacific: Competition or Complementarity? *Business & The Contemporary World*, 1998 (Spring)

[10] Christensen, Clayton M. *The Innovator's Dilemma: When New Technologies Cause Great Firms to Fail* [M]. Boston, Massachustts, U.S.A.: Harvard Business School Press, 1997

[11] Edquist, C. Systems of Innovation: Technologies, Institutions and Organizations, 1997; http://www.goodle.co.jp/books?id=Sf0POROff WEC &printsec=frontcover&hl=zh-CN#v-onepage&g&f=false

[12] Enos, J. L. *Petroleum Progress and Profits: A History of Process Innovation* [M]. The MIT Press, Cambridge MA, 1962.

[13] Facundo, Albomoz, and Yoguel, Gabriel. Competitiveness and Production Networks: the Case of Agrentine Automative sector [J]. *Industrial and Corporate Change*, volume 13, number 4, 2004

[14] Frank W. Geels. *From Sectoral Systems of Innovation to Socio-technical systems Insights about Dynamics and Change from Sociology and Institutional Theory* [M]. Research Policy 2004 (33) 6-7: 897-920

[15] Freeman, C. *The Economics of Industrial Innovation* [M]. The MIT Press, 1982

[16] Gerd Bender, F. Garibaldo, M. Hancock, K. Heanue, D. Jacobson, Staffan Laestadius, T. E. Pedersen and K. Schmierl. Peculiarities and Relevance of Non-Research-Intensive Industries in the Knowledge-Based Economy. Final Report of the PILOT, 2006

[17] Gerd Bender. The PILOT took off: Research on the Importance of Low-Tech Industries in High-Tech countries. Paper for PILOT NEWSLETTER, 2003

[18] Gerd Schienstock. Embracing the Knowledge Economy. *The Dynamic Transformation of the Finnish Innovation System*. 2003, pp. 65-84

[19] Hansen, P. A., and Serin, G. Will low technology products disappear? The Hidden Innovation Processes in Low Technology Industries [J]. *Technological Forecasting and Social Change*, 1997 (55): 179-191

[20] Hartmut Hirsch-Kreinsen, David Jacobson and Paul Robertson. 'Low-Tech' Industries: Innovativeness and Development Perspectives. A Summary of a European Research Project PILOT, 2005

[21] Hartmut Hirsch-Kreinsen. Low-Tech Industry: Innovativeness and Development Perspectives. Contribution for the PIOLT, 2005

[22] Hartmut Hirsch-Kreinsen, David Jacobson, Staffan Laestadius, and Keith Smith. Low-Tech Industries and the Knowledge Economy: State of the Art and Research Challenges. Paper for the PILOT, 2003

[23] Hatzichronoglou, T. Revision of the High Technology Sector and Product Classification. STI Working Paper, 1997/2, OECD

[24] Hauknes, Johan and Knell, Mark. On Measuring Linkages Between High Tech and Low Tech Industries. Mimeo. Oslo: NIFU STEP, 2005

[25] Helen Shapiro. Industrial Policy and Growth. DESA Working Paper No. 53, ST/ESA/2007/ DWP/53, August 2007

[26] Hodgson G. M. *Economics and Evolution: Bringing Life Back into Economics* [M]. Cambridge, UK and Ann Arbor (MI): Polity Press and University of Michigan Press, 1993

[27] Hofman, Andre. Economic growth and performance in Latin America. *Series Reforms Economics*, No. 53, CEPAL, Santiago, (2000)

[28] Högselius, P. Connecting Systems of Innovation: An Analysis of Innovation in the Estonian Telecommunications Sector and its Reorientation towards Sweden and Finland. LSE European Political-economy Infrastructure Consortium 2nd Research Workshop, 2002. http://www.lse.ac.uk/ collections/EPIC/documents/C2W2.htm .

[29] Horst Hanusch, and Andreas Pyka. *Principles of Neo-Schumpeterian Economics* [M]. Augsburg University Press, 2005

[30] Humphrey, J., Schmitz, H. Governace and Upgrading: Linking Industrial Cluster and Global Value Chains Research [R]. IDS Working Paper, No. 12. Institute of Development Studies, University of Sussex, 2000.

[31] Jacobson, David. Low-Tech Policy, Paper for PILOT NEWSLETTER,

2003

[32] Jacobson, David. Problems in Policy for Innovation. Paper draw on Andresso, B., and Jacobson, D. *Industrial Economics and Organization: A European Perspective*. McGraw-Hill, 2005, Chapter 11 'Technological Change and Innovation'

[33] Jacobson, D., and Heanue, K. Implications of Low-Tech Research for Policy. In H. Hirsch-Kreinsen, D. Jacobson and S. Laestadius. (eds.) *Low-Tech Innovation in the Knowledge Economy*. Peter Lang, Frankfurt, 2005

[34] Humphrey, John. The Global Automotive Industry Value Chain: What Prospects for Upgrading by Developing Countries [J]. United Nations Industrial Development Organization, Vienna, 2003

[35] Joseph E. Stiglitz, and Shahid Yusuf. (eds.) *Rethinking the East Asian Miracle*. Oxford: Oxford University Press, 2001

[36] Justin Barnes, Raphael Kaplinsky, and Mike Morris. Industrial Policy in Developing Economies: Developing Dynamic Comparative Advantage in the South African Automobile Sector, May, 2003

[37] Kaloudis, A., and Smith, K. Structural Change, Growth and Innovation: The Roles of Medium and Low Tech Industries, 1980-2002. In Conference Low-Tech as Misnomer: The Role of Non-Research-Intensive Industries in the Knowledge Economy, 2005

[38] Kaplam, David. Industrial Policy in South Africa: Target, Constrains and challenges [J]. Meeting of Expert on 'FDI, Technology, and Competitiveness', 2007

[39] Keith Smith. What is the 'knowledge economy'? Knowledge Intensity and Distributed Knowledge Bases. United Nations University, Institute for New Technologies, UNU/INTECH, 2002

[40] Kleinknecht, A., van Montfort, K., and Brouwer, E. The Non-trivial Choice Between Innovation Indicators [J]. *Economics of Innovation and New Technology*, 2002, 11 (2): 109-121.

[41] Kojima Kiyoshi. Hitotsubashi. *Journal of Economics*, 13 Feb. 1993

[42] Lall, Sanjaya. Reinventing Industrial Strategy: The Role of Government Policy in Building Industrial Competitiveness. Paper prepared for The Intergovernmental Group on Monetary Affairs and Development (G-24), UNCTAD, Geneva, 2003

[43] Lall, Sanjaya, Manuel Albaladejo, and Mauricio Mesquita Moreira. Latin American Industrial Competitiveness and the Challenge of Globalization. INTAL-ITD Occasional Paper-SITI-05, Inter-American Development Bank, Washington, D.C., 2004

[44] Lawrence, Robert Z., and David E. Weinstein. Trade and Growth: Import-led or Export-led? Evidence from Japan and Korea. In Joseph E. Stiglitz, and Shahid Yusuf. (eds.) *Rethinking the East Asian Miracle*. Oxford: Oxford University Press, 2001

[45] Lee, Jong-Wha. Government Interventions and Productivity Growth in Korean Manufacturing Industries. *Journal of Economic Growth*, 1996, 1, no. 3: 391-414

[46] Llord, P. J. The Role of Foreign Investment in the Success of Asian Industrialization [J]. *Journal of Asian Economics*, 1996, 7 (3)

[47] Luis, D. B., Casimiro, A. H., Margarita, M., and Jacinto, G. P. An Analysis of Productive Efficiency and Innovation Activity Using DEA: An Application to Spain's Wood-based Industry [J]. *Forest Policy and Economics*, 2006, (8): 762-773

[48] Lundvall, B. A. (ed.) *National System of Innovation — Towards a Theory of Innovation and Interactive Learning*. London: Pinter Publisher, 1992

[49] Malerba, F. Sectoral Systems of Innovation: How and Why Innovation Differs Across Sectors. In Fagerberg *et al*. (eds.) *Oxford Handbook of innovation*. Oxford University Press, 2004

[50] Malerba, F. Sectoral Systems of Innovation: A Framework for Linking Innovation to the Knowledge Base, Structure and Dynamics of Sectors [J]. *Economics of Innovation and New Technology*, 2005, vol. 14 (1-2): 63-82

[51] Malerba F. (ed.) *Sectoral Systems of Innovation: Concept, Issues and*

Analyses of Six Major Sectors in Europe. Cambridge University Press, Cambridge, 2004

[52] Malerba, F. Innovation and the evolution of industries. Working paper No. 172, Universita Commerviale 'Luigi Bocconi' Milano, 2005

[53] Malerba, Franco. Sectoral systems of innovation and production [J]. *Research Policy,* 2002,vol. 31 (2): 247-264

[54] Marcelo de Paiva Abreu. Which "industrial policies" are meaningful for Latin America? Departamento de Economia, http://www.econ.puc-rio.br

[55] Marcus Noland, Howard Pack. The Asian Industrial Policy Experience: Implications for Latin America. Working Paper No.13, April 2003

[56] Marcus Noland, Howard Pack. The East Asian Industrial Policy Experience: Implications for the Middle East. Working Paper Series. December 2005

[57] Marcus Noland. Industrial Policy, Innovation Policy, and Japanese Competitiveness. Working Paper Series. May 2007

[58] Martin Schaaper. OECD 划分高技术产业、测度 ICT 和生物技术产业的方法 [EB/OL]. http://www.sts.org.cn/fxyj/ffyj/documents/OECD swff.htm

[59] Rosenberg, N. *Inside the Black Box*[M]. London: Cambridge University Press, 1982

[60] Natalie Lubenets. Industrial Strategy Proposal For Estonia, University College Institute, 2003

[61] Nelson R. (ed.) *National systems of Innovation: A Comparative Study.* Oxford: Oxford University Press, 1993

[62] Nelson R. R., and Winter, S. G. Evolutionary theorizing in economics [J]. *Journal of Economic Perspectives*, 2002, 16: 23-46

[63] Noland, Marcus, and Howard Pack. Industrial Policy in an Era of Globalization. Washington: Institute for International Economics, 2003

[64] Noland, Marcus. Research and Development Activities and Trade Specialization in Japan [J]. *Journal of the Japanese and International Economies*, 1996, 10, no. 2: 150-68

[65] Noland, Marcus. Selective Intervention and Growth: The Case of Korea. In Michael G. Plummer. (ed.) *Empirical Methods in International Trade*. Cheltenham, UK: Edward Elgar, 2004

[66] Nooteboom, B. Innovation, Learning and Industrial Organization [J]. *Cambridge Journal of Economics*, 1999, 23:127-150

[67] OECD Science,Technology and Industry Scoreboard.Paris: OECD, 2001

[68] OECD Science,Technology and Industry Scoreboard.Paris: OECD, 2003

[69] Olav Wicken. Innovation Systems, Path Dependency and Path Creation. The Historical Construction of a National Innovation System in Norway, University of Oslo, 2007

[70] *Oslo Manual Guidelines for Collecting and Interpreting Innovation Data* [M]. Third edition, OECD, 2005.

[71] Pack, Howard. Industrial Policy: Growth Elixir or Poison? *World Bank Research Observer*, 2000, 15, no. 1: 47-68

[72] Pavitt, K. Sectoral Patterns of Technical Change: Towards a Taxonomy and a Theory [J]. *Research Policy*, 1984 (13): 343-373

[73] Porter, Michael. *The Competitive Advantage of Nations* [M]. New York: The Free Press, 1990

[74] Professor Wolfram Latsch. Impatience and Incentives: Sanjaya Lall and the Possibility of Industrial Policy. UNCTAD, Palais des Nations, Geneva, March 2007: 8-9

[75] Robertson, P. L., Smith, K. H., and von Tunzelmann, N. Innovation in Low- and Medium-Technology Industries [J]. *Research Policy*, 2009, 38 (3): 441-446

[76] Rosenberg, N. Perspectives on Technology [M]. Cambridge: Cambridge University Press, 1976

[77] Rosenberg, N. *Inside the Black Box.* Cambridge: Cambridge University Press, 1982

[78] Ross, D. F. *Competing Through Supply Chain Management: Creating*

Market-Winning Strategies Through Supply Chain Partnerships. Chapman & Hall, 1998

[79] Sandven, Tore, Smith, Keith, and Kaloudis, Aris. Structural Change, Growth and Innovation: The Roles of Medium and Low-Tech Industries, 1980-2000. In Hirsch-Kreinsen, H., Jacobson, D., and Laestadius, S. (eds.) *Low-Tech Innovation in the Knowledge Economy*. Frankfurt: P. Lang, 2005, pp. 31-59

[80] Sanjaya Lall. Reinventing industrial strategy: The Role of Government Policy in Building Industrial Competitiveness. The Intergovernmental Group on Monetary Affairs and Development (G-24) September 2003 (Second draft)

[81] Sanjaya Lall. 'Market-Stimulating' Technology Policies in Developing Countries: A Framework with Examples from East Asia. *World Development*, 1998, Vol. 26, No. 8 pp. 1369-1385

[82] Sekiguchi, and L. B. Krause. Direct foreign investment in ASEAN by Japan and the United States. In R. Garnaut .(ed.) *Asean in Changing Pacific and World Economy*. Australian National University Press, 1989

[83] Spilling, Olav R., and O. A. Rosenberg. Technology Regimes, Innovation Systems and Evolution of the Telecommunication Sector: The Case of Norway. Paper Presented at Knowledge and Regional Economic Development. Open Conference, Barcelona, Spain, 2005 (june)

[84] Staffan Laestadius, Know-How in a Low-Tech Company: Chances for Being Competitive in a Globalised Economy. Paper for Pilot Newsletter, 2003

[85] Stallings, Barbara, and Wilson Peres. Growth, Employment and Equity: The Impact of the Economic Reforms in Latin America and the Caribbean. CEPAL, Santiago, and Brookings Institution, Washington, D. C., 2000

[86] The Economist 1998: The Strange Life of Low-Tech America, October 17th, pp. 85-86

[87] William Lazonick. Business Organization and the Myth of the Market Economy: William Lazonick, Evolution of the New Economy Business Model [J]. *Business and Economic History On-Line*, 2005, 3

[88] William Lazonick. The Theory of Innovative Enterprise: Organization of Innovation in the "Learning Economy".

[89] Winter, S. G. *Economic 'Natural Selection' and the Theory of the Firm* [M]. *Yale Economic Essay* 4, 1964, pp. 225-272

[90] Winter, S. Schumpeterian Competition in Alternative Technological Regimes [J]. *Journal of Economic Behaviour and Organization*, 1984, 5: 287-320

[91] Winter, S. G., Kaniovski, Y. M., and Dosi, G. A baseline modelof industry evolution [J]. *Journal of Evolutionary Economics*, 2003, 13: 335-383

[92] 埃里克·S. 赖纳特著．穷国的国富论（中译本）[M]．北京：高等教育出版社，2007

[93] 埃里克·冯·希普尔著．技术创新的源泉（中译本）[M]．北京：科学技术文献出版社，1997

[94] 克瑞斯提诺·安东内利著．创新经济学：新技术与结构变迁（中译本）[M]．北京：高等教育出版社，2006

[95] 白玲．我国传统工业如何以技术创新应对国际金融危机[J]．社会科学辑刊，2010（5）

[96] 白玲．技术创新与产业竞争力研究[M]．经济管理出版社，2009

[97] 白玲．知识密集型服务业与服务创新[J]．财贸研究，2006（1）

[98] 白玲，邓玮．科技创新在中低技术产业中为什么同样重要[J]．社会科学战线，2008（6）

[99] 白玲，刘辉群．跨国公司研发对我国国家创新系统的影响[J]．中国软科学，2007（1）

[100] 迈克尔·波兰尼著．许泽民译．个人知识——迈向后批判哲学[M]．贵阳：贵州人民出版社，2000

[101] 陈德智．技术跨越[M]．上海：上海交通大学出版社，2006

[102] 陈劲，张方华．社会资本与技术创新[M]．杭州：浙江大学出版社，

2002
[103] 陈清泰．关注汽车产业发展的政策因素[J]．商业汽车杂志，2006（10）
[104] 陈寿雨．中低技术产业创新综述[J]．商业时代，2011（5）
[105] 陈志，李钢，金碚．产业竞争力研究新进展[J]．中国网（www.china.com.cn, 2007-11-29）
[106] 代恒猛，颜永琦．社会变迁与欧洲福利国家的结构性危机[J]．中共福建省委党校学报，2010（12）
[107] 窦义粟，陈雯，于丽英．产业集群的创新机制分析[J]．产业研究，2007（8）
[108] 杜传忠．产业组织演进中的企业合作——兼论新经济条件下的产业组织合作范式[J]．中国工业经济，2004（6）
[109] 发改委．国家发改委关于汽车工业结构调整意见的通知[J]．商业汽车杂志，2007（1）
[110]（挪）詹·法格博格，（美）戴维·莫利，（美）理查德·纳尔逊主编．柳卸林，郑刚，蔺雷，李纪珍译．牛津创新[M]．知识产权出版社，2009
[111]（英）弗里曼等著．华宏勋等译．工业创新经济学[M]．北京：北京大学出版社，2004
[112] 冯晓琦，万军．从产业政策到竞争政策:东亚地区政府干预方式的转型及对中国的启示[J]．南开经济研究，2005（5）
[113]（澳）约翰·福斯特，（英）斯坦利·梅特卡夫主编．贾根良等译．演化经济学前沿——竞争、自组织与创新政策[M]．北京：高等教育出版社，2005
[114] 傅家骥．技术创新学[M]．北京：清华大学出版社，1998
[115] 关志雄．中国经济的崛起和日本[J]．经济研究，2003（3）
[116] 郭克莎．我国工业结构变动在加入 WTO 后面临的综合性影响[J]．中国工业经济，2003（6）
[117] 韩丽艳，安立奎，徐殿军．从“技术”的概念定义看丛林效应[J]．中国科技术语，2009（1）
[118] 何骏．技术创新的国际互动链[M]．上海：上海财经大学出版社，

2007 年
[119] 何兴蓉，凡福善. 中日汽车产业政策的比较分析及启示[J]. 经济与管理，2006（4）
[120] 基斯·史密斯著. 创新测度.（挪）法格博格，（美）莫利·纳尔逊主编. 柳卸林等译. 牛津创新手册. 北京：知识产权出版社，2008，148～177
[121] 贾根良，张文杰. 部门创新体系：理论、经验及对自主创新的意义——产业自主创新与创新政策选择论文集. 中国商务出版社，2007
[122] 贾根良. 奥地利学派的解释学转向演化经济学的综合[J]. 学术月刊，2005（4）
[123] 贾根良. 创新体系与东亚模式的精髓[J]. 南开学报，2001（5）
[124] 江剑，官建成. 中国中低技术产业创新效率分析[J]. 科学学研究，2008（6）
[125] 姜振寰. 技术思想与技术观概念浅析[J]. 哈尔滨工业大学学报版，2002（4）
[126] 金碚. 中国工业经济竞争力——理论方法与实证研究. 广州：广东经济出版社，2003
[127]（韩）金麟洙. 从模仿到创新（中译本）[M]. 北京：新华出版社，1998
[128]（美）克雷顿·克里斯滕森. 创新者的窘境（中译本）[M]. 南京：江苏人民出版社，2001
[129] 郎贵飞. 美日德的汽车产业政策及其启示[J]. 经济问题探索，2006（11）
[130] 李守伟，钱省三，沈运红. 基于产业网络的创新扩散机制研究[J]. 科研管理，2007（4）
[131] 李晓. 论日本在东亚经济发展中的地位和作用[J]. 世界经济，1995（1）
[132] 辽宁省科技厅科技统计分析中心. 中国高技术统计现状及面临的主要问题[EB/OL]. http://www.sts.org.cn/fxyj/ffyj/documents/HT21.HTM

[133] 林毅夫．技术创新、发展阶段与战略选择．光明日报，2003-8-27
[134] 林震．试比较东亚模式与拉美模式之异同[J]．莆田高等专科学校学报，2001（6）
[135] 林致远．建立公共财政与提高产业竞争力[J]．财政研究，2001（1）
[136] 刘辉群．竞争力理论的古典经济学渊源[J]．北京工商大学学报（社科版），2003（2）
[137] 刘辉群．跨国公司 R&D 投资对国家创新系统的影响——基于东道国分析[J]．国际贸易问题，2006（11）
[138] 刘辉群．跨国公司在华研发投资对我国国家技术创新体系的影响[J]．中国软科学，2007（1）
[139] 刘书瀚．新熊彼特服务创新研究：服务经济理论的新发展[J]．经济社会体制比较，2005（4）
[140] 刘书瀚，白玲，刘小军．服务创新与区域服务业竞争力[M]．北京：中国社会出版社，2005
[141] 刘书瀚，白玲等．创新与产业组织、企业组织研究[M]．北京：中国商务出版社，2007
[142] 刘志铭．动态竞争与产业组从熊彼特到现代奥地利学派[J]．当代经济研究，2005（7）
[143] 路爱国．国外产业政策研究若干新进展[J]．经济学动态，2006（10）
[144] 吕明洁，陈松．我国高技术产业政策绩效及其收敛分析[J]．科学学与科学技术管理，2011（2）
[145] 吕明元．技术创新与产业成长[M]．北京：经济管理出版社，2009
[146] 马克思．资本论（第一、二、三卷）[M]．北京：人民出版社，1975
[147] 马克思思格斯选集（第一～四卷）[M]．北京：人民出版社，1972
[148] 梅其君．技术环境与乡镇企业技术创新[J]．安徽农业科技，2000（19）
[149]（美）理查德·纳尔逊著．汤光华译．经济增长的源泉[M]．北京：中国经济出版社，2001
[150]（美）理查德·纳尔逊著．作为经济增长驱动力的技术与制度的协同演化．福斯特，梅特卡夫主编．演化经济学前沿．北京：高等教育出版社，2005

[151] 尼克·冯·图兹曼，弗吉尼亚·阿查著．“低技术产业”的创新．（挪）詹·法格博格，（美）戴维·莫利，（美）理查德·纳尔逊主编．柳卸林，郑刚，蔺雷，李纪珍译．牛津创新[M]．知识产权出版社，2008，398～422

[152] 乔天宝．促进高技术产业技术创新的税收优惠政策实证研究：[硕士学位论文]．重庆：重庆大学，2010

[153] 尚勇．当今世界技术创新与科技成果产业化[M]．北京：科学技术文献出版社．1999

[154] 孙南申，彭岳．技术创新的法律保障与制度建构[J]．理论参考，2010（5）

[155] 汤美芳．生产性劳动和非生产性劳动区别标准的选择[J]．生产力研，2010（10）

[156]（日）小宫隆太郎．日本的产业政策[M]．东京大学出版社，1984

[157]（美）熊彼特（J. A. Schumpeter）著．何畏，易家详译．经济发展理论[M]．北京：商务印书馆，1979

[158]（美）熊彼特著．绛枫译．资本主义、社会主义和民主主义[M]．北京：商务印书馆，1979

[159] 徐永昌，张晶，李兴权，董丽娅．我国高技术产业界定方法的研究[EB/OL]．http://www.sts.org.cn/fxyj/zbtx/documents/gjscyjdff.htm

[160] 许超．略论我国中低技术产业发展的路径选择——兼评欧盟低技术产业政策与创新[J]．山西科技，2011（1）

[161]（日）伊元重等编．产业政策的经济分析[M]．东京大学出版社，1988，第1章

[162] 亚当·斯密著．（英）坎南编．陈福生，陈振骅译．关于法律、警察及军备的演讲[M]．北京：商务印书馆，1982，172～244

[163] 亚当·斯密著．晏智捷等译．国富论[M]．华夏出版社，2004．第一篇“论劳动生产力逐步提高的原因及产品在不同阶层之间自然分配的顺序”，第一章“论分工”

[164] 亚当·斯密．国民财富的性质和原因的研究（下卷）[M]．北京：商务印书馆，1988

[165] 杨健，韩立新．科技创新政策及法律环境研究[J]．科技政策与管

理，2010（1）

[166] 游光荣.我国产业发展侧重点在哪里——是高技术产业化还是中低技术产业升级[J]. 华夏星火，1993（3）

[167] 游光荣. 中低技术依然“垄断”中国产业[J]. 中国科技信息，1998（14）：4～6

[168] 游光荣. 中国产业何时摆脱中低技术局面[J]. 中国经贸导刊，1998（20）：23～24

[169] 张红，李燕义. 我国中低技术产业发展与升级问题的思考[J]. 科技进步与对策，2000（11）

[170] 张明哲. 20 世纪 90 年代以来欧洲经济增长研究：[博士学位论文]. 北京：中国社会科学院研究生院，2010

[171] 张其仔. 比较优势的演化与中国产业升级路径的选择[J]. 中国工业经济，2008（9）

[172] 张小蒂，赵榄. 干中学——企业家人力资本和我国动态比较优势增进[J]. 浙江大学学报（人文社会科学版），2009（5）

[173] 张治河，赵刚，谢忠泉. 创新的前沿与测度框架——《奥斯陆手册》（第三版）述评[J]. 中国软科学，2003（3）

[174] 朱红恒. 熊彼特的创新理论及解释[J]. 社会科学家，2005（1）

[175] 曾方. 技术创新中的政府行为——理论框架与实证分析：[博士学位论文]. 上海：复旦大学，2003